险资运用新时代

国际模式与中国实践

中国保险监督管理委员会◎指导
中国保险行业协会◎编著
波士顿咨询公司◎执笔

中信出版集团 · 北京

图书在版编目（CIP）数据

险资运用新时代：国际模式与中国实践 / 中国保险行业协会编著；波士顿咨询公司执笔 . -- 北京：中信出版社，2017.3

ISBN 978-7-5086-7232-8

Ⅰ . ①险… Ⅱ . ①中… ②波… Ⅲ . ①保险资金－资金管理－研究 Ⅳ . ① F830.45

中国版本图书馆 CIP 数据核字（2017）第 009883 号

险资运用新时代：国际模式与中国实践

编　　著：中国保险行业协会
执　　笔：波士顿咨询公司
出版发行：中信出版集团股份有限公司
（北京市朝阳区惠新东街甲 4 号富盛大厦 2 座　邮编　100029）
承 印 者：中国电影出版社印刷厂

开　　本：787mm×1092mm　1/16　　印　　张：15　　字　　数：200 千字
版　　次：2017 年 3 月第 1 版　　印　　次：2017 年 3 月第 1 次印刷
广告经营许可证：京朝工商广字第 8087 号
书　　号：ISBN 978-7-5086-7232-8
定　　价：52.00 元

编委会

序言一

现代保险起源于14世纪的意大利，蓬勃发展于18世纪末的英国、法国和德国。保险业在西方一些发达国家已经有数百年的成长历史，在行业发展和监管领域积累了丰富的成功经验和风险教训，值得我们深入研究和学习借鉴。

《险资运用新时代：国际模式与中国实践》较为系统地比较和研究了美国、德国、英国、日本、新加坡、中国台湾和中国香港7个有代表性的国家和地区的保险资金运用现状、发展经验以及监管框架等内容，分析了大量保险资金运用案例，提出了有针对性的政策建议。这些研究观点和政策建议，对于促进我国保险资金运用稳健发展、有效防范风险和强化监管，都具有十分重要的指导意义。《险资运用新时代：国际模式与中国实践》通过研究分析成熟市场的保险资金运用，发现了一些共同的规律和经验，主要包括：

形成审慎稳健的投资理念。尽管不同的国家在宏观经济、法律体系、金融市场和监管政策等方面存在不少差异，但稳健的投资理念是共同的。从保险资金配置结构看，以债券等固定收益类或类固定收益类资产为主，而且这些领域的投资占比保持在80%左右。从长期来看，各大类资产的相对配置比例基本保持稳定。在投资行为准则和流程规范方面，强调审慎投资原则，注重投资过程中的全面风险评估。

开展多元化投资并积极服务保险主业。保险资金主要来源于保险责任准备金，本质上是保险公司的负债。根据负债特性开展多元化资产配置，是保险资金获取长期稳定收益和有效防范风险的重要方式。国际实践上，各国保险机构大都采用多元化投资策略，以满足负债的资产配置要求，更好地服务于保险主业的发展。同时，由于保险资金具有长期、稳定和追求绝对收益等特点，更倾向投资于与负债相匹配的资产，比如在股权投资方面，主要以财务投资为主，以获得稳定的投资收益为首要目标；在股票投资方面，主要集中于分红持续稳定的股票等。

保险资金的投资风格受多种因素影响。不同的国情形成了差异化的保险产品需求、投资收益预期及风险承受能力，进而产生了不同的投资风格。比如在英国，养老金和投资型保险产品较为发达，投连险、万能险等保险产品占比高，加之监管几乎在全球最为宽松，使得英国保险资金的股权投资占比很高，达到48%。而在美国、德国等国家，保险公司一般账户的投资风格相对保守和稳健，以固定收益类投资品种为主，股权投资占比较低，如2014年德国保险机构固定收益类资产投资占比达到84%，从长期来看，资产配置结构体现出高度稳健和稳定的特点。

资金运用监管体现在定量与定性相结合。在定量监管方面，主要体现为建立以风险为导向的偿付能力监管约束，发挥资本约束力，还有的国家和地区在可投资资产领域、投资比例、投资集中度等方面制定监管比例；在定性监管方面，各国都认为健全的公司治理机制和内控体系建设是风险防范的基础和保障，并制定一系列监管准则或指导原则，引导公司健全内部控制机制。

在我国，保险资金运用正逐步走出一条符合自身规律的改革与发展之路。1995 年《中华人民共和国保险法》出台前，保险资金投资管理机制不健全，投资领域过多过杂，不良资产大量增加，产生了一定的系统性风险。1995 年《中华人民共和国保险法》颁布实施后，保险资金运用的混乱局面从根本上得以扭转。2003 年以来，保险资金运用逐步走上集中化、专业化、规范化的良性发展轨道。2012 年开始，保监会大力推进保险资金运用市场化改革，按照“放开前端、管住后端”的总体思路，拓宽投资领域、减少投资限制、转变监管方式、强化事中事后监管，在风险可控的前提下，充分发挥市场在资源配置中的决定性作用。

经过几年的探索和实践，保险资金运用市场化改革取得了有目共睹的成绩。2013 年，实行基础设施投资计划注册制改革，大大提升了产品发行效率。2014 年，成立中国保险资产管理业协会，在搭建交流平台、加强专业培训和支持业务创新等方面发挥了重要作用。2015 年，组建中国保险投资基金，整合行业资源，对接国家重大工程和重大战略。保险资金多元化配置格局基本形成，股权、不动产、基础设施等另类投资成为主要投资渠道，改变了过去保险资金只能“做做存款，买买债券”的状态。保险资产管理产品得到长足发展，在基础设施债权投资计划的基础上，2013 年开始试点股权投资计划、股债结合等，2015 年启动资产支持证券、保险私募股权投资基金等，以满足实体经济不同融资需求。同时，保险资金投资收益显著提升，2012 ~2015 年行业投资收益率分别为 3.4%、5.04%、6.3%、7.56%，平均收益率稳定保持在6% ~6.5%。

在推进市场化改革的同时，我们不断强化监管和防范风险，近年来保险资金运用稳步发展，并没有出现大的投资风险，风险总体可控。但我们也要清醒地认识到，当前保险资金运用风险形势较为严峻。一是资产端和负债端的矛盾日益突出。在“资产荒”和资产收益下行的背景下，居高不下的负债成本不仅带来了潜在利差损风险，还倒逼保险机构提升风险偏好，加大高风险投资。二是个别机构公司治理缺陷导致经营行为激进。个别公司治理存在重大缺陷，股权结构复杂且不透明，“一股独大”成为导致激进的产品、激进的销售、激进的投资和虚假偿付能力，最后出现投资失败、偿付能力不足、流动性风险等问题的深层次原因。三是再投资风险和流动性风险。“长钱短配”和“短钱长配”现象同时存在，“长钱短配”带来再投资风险，“短钱长配”带来流动性风险。当前，“短钱长配”的风险更为突出。四是债券市场违约频发且呈蔓延趋势，保险资金投资组合的信用风险敞口不断提升。五是金融产品日益复杂，交易环节逐渐增加，投资链条不断延长，风险跨监管、跨行业传染和叠加，风险识别和应对难度加大。

如何应对和有效防范上述风险和问题，一个重要方面就是我国保险行业需要认真吸取国际经验和教训。我们看到，国际寿险行业经历快速扩张后，通常会经历危机事件。比如，20 世纪 80 年代，美国寿险行业出现危机；20 世纪 90 年代，日本寿险行业 8 家大公司连续倒闭。我国保险行业在快速发展时要引以为鉴，避免重蹈覆辙。我认为，在未来一个时期，保险行业及保险资金运用在推进持续健康发展中应着重把握以下原则：

“保险姓保”和保险资金运用服务保险主业。保险业发展和保险资金运用应坚守三点原则：首先，保险应该以风险保障和长期储蓄类业务为主，短期理财类业务为辅；其次，保险资金运用应以固定收益类或类固定收益类业务为主，股权、股票、基金等非固定收益类业务为辅；最后，股权投资应以财务投资为主，以战略投资为辅。这才是保险行业和保险资金运用安身立命和健康稳健发展的根基。

资产负债管理和审慎稳健的经营理念。在低利率环境下，负债端和资产端的矛盾是个大问题，怎么解决？关键要从负债方入手，负债定价要审慎和保守，切实降低负债端成本，为保险资金运用风险减压。一味地希望通过投资解决问题将出大风险。同时，资产端也要坚持审慎稳健的理念，守住风险底线，不得盲目投资、激进投资。

不断加强投资能力建设。投资能力、风险管理能力是防范风险的基础屏障，也是抓住改革红利和市场机遇的先决条件。保险机构要切实在投研能力和风控水平上加大投入，特别是对新形势、新风险、新趋势，要努力做到先知先觉、心中有数、应变有度、措施得力。

牢牢守住规则红线和风险底线。从行业来看，要持续加强制度、规则建设，真正做到用制度、用规则来管人、管事、管投资、管风险，从体制和机制上做好风险防范工作，这才是防范风险的根本所在。从监管来看，要不断创新保险资金运用监管方式。灵活运用“技术监管”和“监管干预”，对经营稳健和风险水平较低的公司，更多采取风险监测、压力测试、偿付能力监管等“技术监管”方式；对经营激进、风险很高、治理不健全的公司或高风险业务，直接采取叫停业务、叫停投资等“监管干预”方式，及时防止风险的扩大和蔓延。

中国保险行业协会组织业内外知名专家和波士顿咨询公司等著名国际机构，在国际保险资金运用领域开展了广泛调查和深入研究，经过近半年的努力，完成了《险资运用新时代：国际模式与中国实践》，本书内容详实、逻辑严密、论证充分、观点明确，是不可多得的优秀成果，其中很多观点对于当前形势下我国保险资金运用的改革发展有着较强的理论价值和现实意义。希望保险行业能够继续深入研究，形成更为丰富的研究成果，为我国保险资金运用发展贡献力量。

陈文辉

中国保监会副主席

2016 年 10 月 10 日

序言二

风险与收益的平衡艺术

中国的保险公司近年来发展迅猛，建立了叹为观止的资金规模，产生了极大的投资需求，特别是险资对上市公司的举牌和大型海外并购活动吸引了众多眼球。我们研究发现，险资投资活跃的背后实际上反映了中国保险业当前所面临的许多新机遇与挑战，如宏观新常态下“资产荒”、整体利率下行而信用风险上升、金融市场化改革提速、监管对风险和创新的平衡、险资运用监管“放开前端、管住后端”，以及在这些大环境下万能险等投资类保险产品规模的迅猛增长等。因此，需要思考的问题是，究竟是什么因素在驱动保险公司的投资行为？这些投资行为是否足够审慎？对金融市场乃至实体经济有什么影响？

我们认为，中国市场正在经历的趋势与变化并非独有，国际上许多其他市场在历史的不同时期都面临过类似的趋势或变化，值得我们深入研究。例如，对于最近很受关注的股权投资，保险业最发达的英国和美国市场的股权投资比例就有很大差异：美国保险公司的股票投资在一般账户中的占比一直都较低，寿险约为5%，财产险为15%～20%；而反观英国，寿险的股权投资占比却在30%左右。我们发现，这种差异其实源于两国的资本市场结构、消费者偏好、监管框架（对保险行业的定位）、历史文化等多方面因素，有着其内在的形成原因与发展逻辑。如果能够仔细研究上述市场的历史经验，并结合中国实际加以分析和运用，将可能对中国保险业提供宝贵的建议和启示，这也是《险资运用新时代：国际模式与中国实践》一书的意义所在。

本书从各个市场险资运用的历史、现状和趋势出发，遵循严谨的分析框架，分析及总结其背后的驱动因素，并指出这些驱动因素如何影响市场中保险公司的战略与行为。同时，针对特定历史时期，总结不同市场代表性的保险公司应对类似挑战和变化时的成功经验与失败教训，以期提炼出对国内保险公司制定战略、调整投资策略和提升支撑能力的启示。无论是成功者的经验还是破产者的教训，历史证明保险公司的投资一定逃不开风险与收益的平衡艺术，我们认为中国保险公司在强调提升投资能力和收益的同时一定要在战略层面重视与之相匹配的风险管理体系与能力建设，尤其需重点关注以下三点：

第一，需建立完善成熟的风险管理能力与机制。国际上许多保险公司在风控方面已经提供了前车之鉴，如美国20世纪80年代末两家曾盛极一时的保险公司 Executive 人寿和 Mutual Benefit 人寿，由于采用了激进的资产配置策略以追逐高收益率，最终在20世纪90年代走向破产。而这两家公司孤注一掷地配置高风险资产的主要原因之一，是其强销售、弱投资的团队构成。受到激烈的市场竞争压力，被负债端牵着鼻子走、盲目追求高收益，将会使保险公司处于非常危险的境地。目前，中国保险公司的风险管理体系仍不完备，在资产负债匹配的管理实践上仍存在较大的进步空间。加强风险管理是一个较为漫长的过程，需要领导层的决心和自上而下的共识和执行。从发达市场的经验来看，确保风控部门的独立性和整体协调能力，以及建立一套完整的以风险为导向的绩效考核体系，是落实风控的关键。

第二，应坚持多元化资产配置，不盲目在股市上争高低。当主流固定收益类产品收益不佳的时候，保险公司首先增加的往往是在二级市场的股权投资。但是，真正的强者会把眼光放得更长远。若能在传统公开市场以外建立更强的投资能力，建立多层次的资产配置体系，利用保险资金长期性和灵活性的优势，拓宽投资范围、探索海外投资，则可获取更持久、稳定的投资回报。例如，美国大都会人寿保险公司采用在非公开市场高配私募股权、私募债务的策略；同时，从 20 世纪 80 年代开始加快了海外投资的步伐，逐步将投资触角延伸至欧洲、拉美、亚洲等几十个国家，海外投资比例从 5% 上升到约 15%。上述多元化的资产配置策略，帮助大都会人寿保险公司取得了优于行业的投资业绩。

第三，对于战略投资，要能与保险主业形成协同，并设计与落地有利于业务发展的并购计划。我们不鼓励保险公司通过庞大的资金优势去进行不加筛选的战略并购，但打造与自己主营业务紧密相关的生态圈，从而试图通过协同效应创造超额价值，却是世界上最优秀的保险公司不约而同的想法。一个成功的案例是美国的 Aetna 保险，不断通过合作及兼并收购的方式拓展合作网络及产业，覆盖健康保险、医生组织、医院组织等领域，打造拥有强大生命力和竞争力的生态圈。成功的并购和业务协同的激发通常并不能依靠个别出色的人才，而是需要一个强大的团队。但目前许多保险公司并不具备这一能力就开始盲目并购，反而会对自身和所并购企业的发展带来困扰。

波士顿咨询公司很荣幸能够在中国保监会的指导下，与中国保险行业协会一起对保险资金运用这一充满现实意义和重要性的课题进行研究，并将主要成果展现于《险资运用新时代：国际模式与中国实践》一书。希望能够对相关的中国保险从业者有所启发，为中国保险业的健康可持续发展贡献一份力量。

波士顿咨询公司全球主席

2017 年 1 月 10 日

前　言

2012年以来，中国保险监督管理委员会按照“放开前端、管住后端”的总体思路，以问题为导向，通过市场化改革，化解资金运用配置渠道单一、收益率长期低下等突出问题和矛盾，取得了较好效果，释放了改革红利，保险资金投资收益率持续提升，服务实体经济能力显著增强，得到了社会各界普遍积极的评价，取得了有目共睹的成绩。同时，我们也观察到，在当前经济下行周期，保险资金运用风险挑战日益复杂，保险资产配置难度不断加大，资产端和负债端矛盾突出，风险应对难度日益加大。为此，我们开展了对全球七大主要成熟保险市场的保险资金运用情况研究，希望借助这些市场已经走过的道路和获得的经验，从我国实际国情出发，有所扬弃、辩证取舍，从而为我国保险资金运用的健康发展献计献策、添砖加瓦。

本书的第一章，从宏观环境、监管环境、竞争环境、消费者需求、资本市场五大外部因素入手，分析国内保险资金运用面临的机遇与挑战。接下来，在本书的第二章至第八章，基于翔实的数据分析和案例研究，逐一观察了美国、德国、英国、日本、新加坡、中国台湾和中国香港七个较成熟市场的保险资金运用实践。从各市场的监管环境、保险资金运用的特点、发展驱动因素和历史发展经验四大维度着手，思考对中国保险资金运用的启示。此外，在第九章，我们还针对国际领先的四家保险公司——德国安联、法国安盛、美国大都会人寿、日本生命，开展了以保险公司为视角的案例研究，分析了领先保险资产管理公司在资产配置、组织架构等方面的关键成功要素和领先实践。最后，基于对上述发达市场和保险企业的资金运用研究，我们从战略方向把控、资产配置调整和关键支撑能力提升三个方面，探讨了中国保险公司下一步的发展方向。希望能够以全球经验为借鉴，帮助中国保险公司取长补短、坚持改革创新，以发挥保险资金更大的积极作用。

在本书编写的过程中，我们要特别感谢保险资金运用监管部的各位领导与专家对本书给予了宝贵的内容指导与支持；同时也要感谢包括中国人寿、平安人寿、太平人寿、太平金控、新华人寿、阳光集团、华泰资管和众安保险等多家保险公司的保险资金运用专家，为我们提供了非常独到的观点；还要感谢德国保险业协会、英国保险业协会，以及阿希姆·施韦特利克（Achim Schwetlick）、菲利普·莫雷尔（Philippe Morel）、帕尔米萨诺·爱德华多（Palmisani Edoardo）等BCG（波士顿咨询公司）全球专家和多名海外保险行业专家，提供了全球视野以及大量海外市场的经验教训。

目录

contents

第一章

新常态下中国保险资金运用的市场机遇与挑战

纵观全球成熟市场的经验，一个国家保险业的资金运用受到包括宏观环境、监管环境、竞争环境、消费者需求、资本市场这五大外部因素的影响。

第一，一个国家保险业所处的宏观环境（如利率、通货膨胀和财政政策）会对保险资金运用产生基础性的影响，涉及中长期战略方向、大类资产配置策略和重大风险管理等多个层面。第二，监管规定从产品设计和投资限额两方面对保险公司的资金运用限定了操作边界。第三，竞争环境的激烈与否直接影响保险资金运用在优化资金来源和发掘投资标的方面的难易度，以及获取投资管理能力路径的选择。第四，消费者需求会影响资金端产品的特点，包括保险产品的类型、分布、回报水平及回报结构等，是保险资金运用决策的基础，决定了保险资金在流动性、收益性、安全性等投资管理目标之间的排序和平衡。第五，资本市场的条件和表现包括各类可投资工具的类型、规模、风险收益特征等，为保险资金的投资划定了可选范围。此外，值得一提的是，除了外部因素，各公司自身能力、所处的发展阶段、业务战略及目标等内部因素，也会导致资金运用在个体层面存在差异。

第一节　宏观环境

宏观环境方面，中国经济逐步进入新常态，转型期经济增速放缓和结构调整带来了信用风险、“资产荒”与低利率三大挑战。经济增长呈 L 形走势已经成为广泛的社会预期。如图 1.1 所示，根据各大研究机构预测，未来 5 年国内生产总值增长率将下滑至 6.5% 左右。这背后有一系列来自宏观经济需求侧和供给侧的因素所造成的叠加影响。

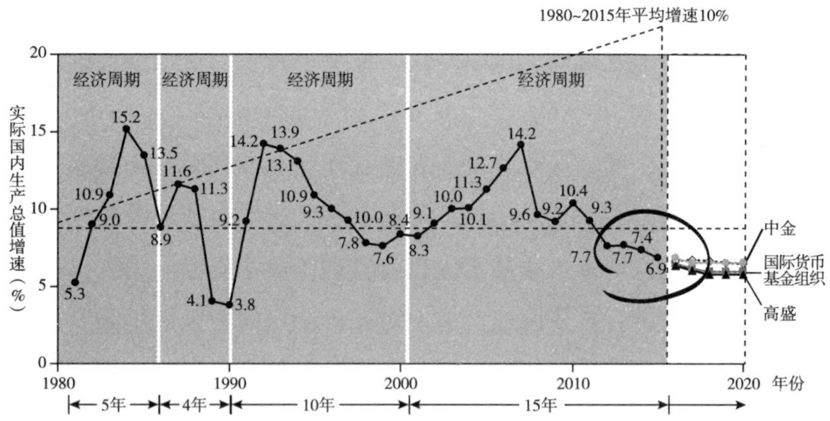

图 1.1　1980～2015 年中国实际国内生产总值增长率

注：一个经济周期是指从一个国内生产总值增速谷底到另一个国内生产总值增速谷底的时间循环。

资料来源：国家统计局、国际货币基金组织、波士顿咨询公司

从需求侧来看，近年来其对经济的拉动作用日渐乏力。

第一，出口。中国已经是全球第一大出口国，2014 年中国出口总额占全球的比重已达到 11%。而随着中国比较优势的下降，如

人民币升值、劳动力成本上升等，期望继续依赖出口拉动经济增长是不现实的。

第二，投资。投资在我国生产总值中的占比自2009年以来始终保持在46%～48%，而其他主要经济体，如美国、日本、德国、英国、巴西等，其投资在国内生产总值中的占比通常为20%左右。因此，投资增速的放缓从长远来看是必然趋势，并且，政府主导的投资虽然在短期能带来一定刺激作用，但从长期来看会加剧产能过剩、资源挤出和经济波动。

第三，消费。中国消费市场仍有巨大的发展潜力，至2020年有望超过40万亿元人民币，但消费的增长更多是经济增长、城镇化水平提升的结果，而不是驱动因素。

从供给侧来看，劳动力、资本、生产效率、创新等要素也面临挑战。

第一，劳动力。适龄劳动人口占总人口的比重未来数十年将迅速下降，从2040年开始低于世界平均水平，社会抚养负担不断加重，劳动力素质也亟须提升。

第二，资本。大量金融资源并没有很好地传导至最具活力、经营效率最高的企业中去，整体资本利用效率较低。

第三，生产效率。产能过剩问题加剧，钢铁、水泥等主要行业的产能利用率仅为70%左右，拉低了整体生产效率，产品价格不断下降，行业盈利水平为十年来最差。

第四，创新。企业创新意愿和资源投入产出效率都较低，配套机制不到位等问题仍然突出。

中国经济发展由于受到上述需求侧和供给侧的掣肘，产生了大规模产能和库存过剩、资本边际投资回报降低、金融资本“脱实向虚”、居民财富差距加大、环境污染和金融杠杆过高等问题。为了解决上述问题，国家已开始推动供给侧结构性改革，中国经济预计将经历巨大的结构调整，包括从投资和出口驱动向消费服务驱动、从制造业向服务业转变、从传统产业向战略性新兴产业转变，以及从低成本制造向创新升级驱动转变等。

在宏观经济增速放缓与结构巨变的背景下，保险资金运用将面临如下三大挑战：信用风险、优质资产短缺和低利率环境。

第一，信用风险在部分产能过剩、高杠杆的行业不断累积。自2015年上半年以来，债券市场先后发生了“ST湘鄂债”、“天威MTN2”和“10中钢债”等兑付危机。受产能过剩影响，钢贸行业更是成了信用危机的重灾区：自2011年长三角地区爆发钢贸企业大规模违约以来，危机不断发酵，部分地区钢贸企业从“抱团欠款”转为“抱团逃废债”，中小企业与大型企业集团的风险暴露均有增加。反观房地产行业，针对深圳房地产龙头企业佳兆业的“违约门”事件，市场普遍表达了对房地产风险释放期到来的担忧。信用风险的累积对保险公司的信用风险评估能力提出了更高要求。值得注意的是，传统上认为违约概率极低的央企和地方国有企业也陆续出现了信用风险，例如东北特钢、中铁物资，债市风险从民营企业向国有企业蔓延，进一步加大了保险公司管理信用风险的难度。

第二，“资产荒”中短期内将持续。“资产荒”并不是指没有可投资的资产，而是指在资产端缺乏相对高收益、低风险的优质基础资产。在中国经济转型的大背景下，传统的投资驱动型经济增长正在向消费驱动型转变，企业投资普遍减慢，传统的好资产，如有长期稳定现金流和担保的地产、基础设施项目等，正在变得越来越稀缺。

以信托产品为例，1～2年期限的房地产信托预期收益率相比

2015 年年初的 9.6% 已下降至 8.3%，下降幅度达 1.3 个百分点；房地产投向的季度新增资金信托连续 3 个季度同比负增长；基础设施投向的资金信托产品也呈现相似的趋势。从债券市场看，以 AAA 级和 AA 级为代表的企业债券收益率持续下行，AAA 级企业债券与 10 年期国债的收益率差距持续收窄，反映出市场上大量资金缺乏优质投资标的。从股票市场看，2015 年股市上行阶段曾涌现出“类非标”的配资业务，优先级资金有望获取较高的固定收益，比如二级市场结构化配资业务、券商融资融券收益权、首次公开募股（IPO）和定向增发的配资业务等。但是，2015 年下半年以来，高杠杆投资减少，监管清理场外配资业务，银行等理财资金配置的空间被大幅压缩，券商的场外配资账户和伞形信托遭清理。

从本质上来看，“资产荒”是一个伪命题，它诞生于我国资金端刚性兑付的环境下，客户资金成本黏性高，客户并不真正承担自身投资的风险，而资产管理机构难以持续获得匹配的低风险优质资产，从而对整个大资管行业的产品收益率、新增规模和风险管理造成叠加影响。具体到保险公司而言，资产端实现良好的风险调整收益的难度大大提升，负债端也承受了较大的预期收益管理压力。

第三，利率不断下行与潜在的低利率环境。随着全球市场范围内基准利率的不断下行及长期低利率预期的持续存在，市场上充足的流动性加剧了对优质资产的竞争，进而拉低了各资产类别的预期收益率，抬升了优质安全资产的价格，给保险公司庞大的固定收益类投资组合带来了巨大的收益率管理挑战。此外，利率市场波动与汇率市场波动形成叠加影响，刺激部分企业提前偿还部分债券，加大了保险公司的早偿风险，对部分短期限资产的再投资风险管理提出了很高的要求。对于保险公司来说，如果无法将资产端固定收益资产回报下行的压力转嫁到负债端，负债端的预期回报率始终居高不下，将会导致保险公司直接承担利差损失，影响当期损益。

第二节　监管环境

政策与监管方面，“新国十条”带来的政策利好将推动行业发展，而随着偿二代的落实，保险监管从“管前端”向“管中后端”的过渡则带来了新的机遇与挑战。

第一，“新国十条”明确了保险业在经济社会发展中的重要地位，将为完善与发展中国现代保险服务业提供政策支持。2014 年，国务院印发《关于加快发展现代保险服务业的若干意见》，被称为“新国十条”。“新国十条”重申了保险业在经济社会发展中的重要地位，提出了加快发展现代保险服务业的总体要求，并明确了未来保险行业的增长目标：到 2020 年，保险深度①将上升至 5%，保险密度②将达到 3 500 元/人。预计未来 5 年，保险行业将在该目标的指引下实现较快增长。同时，政府对保险的购买需求也会不断增加，保险业将享受较大政策红利。

第二，“放开前端、管住后端”监管理念的落实将为保险资金运用放开更大空间，但也对保险公司的风险管理与投资能力提出了更高要求。2013 年，保监会正式立项“以风险为导向的偿付能力监管体系”（偿二代），标志着中国保险监管向发达国家偿付能力监管转型的开始。短短 3 年间，保险监管经历了从“管前端”向

① 保险深度：保费收入占国内生产总值之比。
② 保险密度：人均保费收入。

“管中后端”的剧烈转变，一方面，资金运用的前端限制不断放开，如不同资产类别的投资权限仅需报备，无须审批，股权与海外投资的比例限制日渐宽松等，保险资金运用获得了更大的施展空间。另一方面，偿二代细化了保险风险、市场风险、信用风险的定量资本要求，增加了包括操作风险、流动性风险在内的定性监管要求，同时加强披露，引入市场约束机制，对保险公司风险管理能力与资本利用能力提出了更高的要求。

偿二代是一个以风险为导向的新监管体系，对保险资金运用的影响主要体现在3个方面：资产风险刻画细而全面、另类投资比例提升和投资战术日趋重要。

一是资产风险刻画细而全面。偿二代下，市场风险和信用风险在保险公司，尤其是寿险公司风险中占据了大部分比重，而市场风险和信用风险主要是资产端风险，与保险资金运用密切相关。由于偿二代对不同大类资产、同一大类资产项下不同小类资产的最低资本计量均设计了不同的基础因子和特征因子，因此相较于偿一代，在偿二代规则之下，在什么样的时点、以什么样的价格买入或卖出什么样的资产，对保险公司的偿付能力充足率将产生不同程度的影响。因此保险公司在投资时不仅要考虑绝对收益，还要关注资产的不同特征，综合考虑风险调整后的收益；综合考虑交易类及可供出售类债券最优的规模与久期分布，以及对定期存款、协议存款、金融债的投资。

二是另类投资比例提升。根据测算结果，于保险公司而言，权益价格风险是市场风险中除利率风险之外最大的资本占用。在偿二代下，上市公司股票的风险因子相比之前大幅提高，相对于偿二代中其他资产而言，具有较大的风险因子，保险公司为此需要提取的最低资本要求变高。因此，从趋势上来看，保险公司对上市公司股票的配置动力或将下降。相对于同评级的企业债券、资产证券化产品、不动产债权计划等，偿二代中对无法穿透的固定收益类信托计划计提的交易对手违约风险因子大幅提高，其资本占用远大于其他资产。因此，偿二代下保险资金对信托的收益要求大幅提高。如果信托的收益率难以达到合适的水平，保险公司在信托的配置上将有所降低。

三是投资战术日趋重要。偿二代下，保险投资战术的运用与调整将更加凸显出重要性。保险公司可通过一些投资战术调整降低对公司最低资本的要求，比如通过对上市公司股票“一卖一买”的浮盈积极管理、增加大盘蓝筹股配置比例而相应减小中小市值股配置比例、利用衍生品进行套期保值等投资战术，可以达到提升阶段性偿付能力充足率的目的。

第三，其他重要政策。2014 年 2 月，保监会发布了《关于加强和改进保险资金运用比例监管的通知》，对保险资金运用的体系进行了重构，将金融资产分类，并取消了具体品种投资比例限制，有助于提升保险资金应用效率，支持实体经济。2015 年 8 月发布了《养老保障管理业务管理办法》，全面推进和规范了个人养老保障业务。2015 年 12 月发布了《关于加强保险公司资产配置审慎性监管事项的通知》和《保险资金运用内部控制指引》，防范险资配置出现流动性风险，并指导保险公司提升内部控制管理水平及风险管理能力。2016 年 7 月发布了《保险资金间接投资基础设施项目管理办法》，简化了行政许可，放宽了保险资金可投资基础设施项目的行业范围，增加了政府和社会资本合作（即 PPP 模式）等可行投资模式，并解除了债权和股权投资的基础设施项目资本金比例以及自筹资金比例等资金约束。

第三节　竞争环境

竞争环境方面，未来5年跨行业竞争与业内竞争的格局将会长期并存。一方面，保险产品由于同时具备风险管理和理财储蓄的功能，所以始终面临着来自“泛资管”机构的跨行业竞争；另一方面，在保险行业内部，互联网保险公司、创新型中小保险公司的不断涌现也会给传统保险公司带来更多压力。

“存款搬家”为“泛资管”行业的发展提供了重要驱动力，但同时保险公司也面临着激烈的竞争。“存款搬家”的动力在于居民存款利率始终与较低风险的理财产品收益率存在明显差距，同时金融科技也为居民投资理财提供渠道上的便利，因此这一现象近年来一直在持续。居民理财意识觉醒，互联网理财尤其是货币基金互联网销售的发展进一步加速了居民“存款搬家”现象。2015年第四季度银行业住户存款季度余额同比增速已放缓至约9%，与2010～2014年平均超过15%的增速形成反差。住户存款占银行业金融机构总资产的比例下降至28%，相比2010年下降了6个百分点。而对于保险公司来说，保险产品兼具风险管理和理财储蓄的功能，因此保险公司必须重视自身资金运用和资管能力的建设，以巩固自身的主营业务。同时，对部分高现金价值的产品来说，其保费收入的规模依赖于预期收益率的高低，因此难以避免地需要和其他资产管理机构展开直接竞争。

如图1.2所示，保险资金运用（含第三方保险资产管理产品规模）2015年已超过15万亿元人民币，2012～2015年的年均增长率约为29%，占整个资产管理市场93万亿资产管理规模的16%（见

图 1.3）。从规模来看，保险与银行仍是大资管行业的中坚力量。此外，根据发达市场经验，资产管理行业“赢者通吃”现象非常显著，目前，中国前二十大资产管理机构市场份额总计已达46%，而细分行业集中度更高，前十大商业银行资产管理集中度高达68%。在利率市场化的大背景下，“泛资管”行业共同竞争有限资金，保险公司负债端对资金的争夺将面临更大压力。

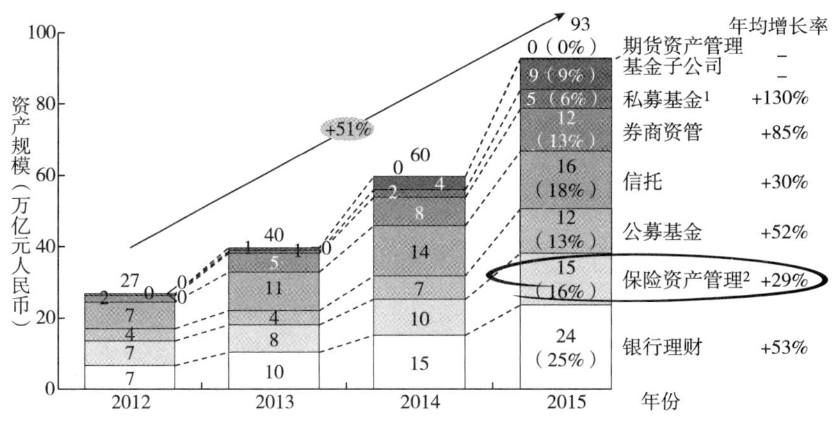

图 1.2　2012～2015 年中国资产管理规模

注：1. 私募基金采用私募基金管理机构认缴规模。

2. 保险资产管理含保险公司资金运用余额和第三方资产管理业务。

资料来源：万得资讯（Wind）、波士顿咨询公司

从保险业内部看，中国保险公司的规模集中度有降低趋势，中小保险公司市场份额增长迅猛。根据中金公司研究部的报告显示，2012 年至 2015 年 10 月，中国前十大保险公司的市场份额从 84%降到了 68.4%。依托于更灵活和市场化的机制与更激进的经营策略，中小保险公司实现了市场份额的快速提高，例如，安邦人寿同期市场份额从 0.1%增长至 3.4%，生命人寿从 2.5%增长至 6.8%，华夏人寿更是从 0.6%增长至 6.5%，保险业内在负债端的竞争有加剧的趋势。

	2015年规模占比（%）	2020年预测占比（%）	变化+／（-）	原因
银行财理	25	27	↑ +2%	·存款理财化程度进一步提升 ·非标转标，向净值型权益类产品转型 ·在“刚兑”被打破的过程中，回归“代客理财”本质
保险资管	16	16.3	↑ +0.3%	·获监管和政策支持，投资渠道放宽，市场化加速 ·养老金市场占据优势（全牌照，渠道优势明显） ·第三方资管占比有望进一步上升
公募基金	13	15	↑ +2%	·主动股票型、被动指数型基金和货币基金规模上升 ·借助互联网金融的大潮进一步拓宽销售渠道 ·进一步强化自身服务机构客户的能力，如养老金
信托	18	14	↓ （4）%	·监管趋严，竞争激烈，传统通道业务面临瓶颈，“去信托化”趋势明显 ·积极探索创新业务，如TOT（信托的信托）、MOM（管理人的管理人基金）、私募基金管理等
券商资管	13	11	↓ （2）%	·传统定向资产管理的通道类业务发展受限 ·需结合传统券商业务能力和客户资源，加强产品创新，如私募债权、资产证券化专项、母基金投资等
私募基金	6	9	↑ +3%	·私募证券基金策略和产品日趋多样化 ·私募股权基金交易结构灵活，解决经济转型痛点 ·风险投资基金支持创新创业，政策利好频出
基金子公司	9	7	↓ （2）%	·与券商资管类似，通道类业务同样面临发展局限 ·需开展高附加值业务，走差异化、专业化发展道路
期货公司	0.1	1.1	↑ +1%	·期货资管整体上处于萌芽状态，未来增速有较大的不确定性，依赖于监管层对金融风险的整体把控 ·多元化对冲基金策略将驱动股指期货和商品期货产品的资产管理需求

图 1.3　2012～2015 年中国资产管理市场格局

资料来源：万得资讯、波士顿咨询公司中国资产管理 2020 模型预测

第四节　消费者需求

消费者需求方面，随着居民财富增长、养老金体系的建立和老龄化趋势的加深，市场对保险产品的需求将不断增加，这将为保险业带来新的机会。中国虽然是保险大国，但在保险密度和保险深度上与世界平均水平尚有差距，未来仍有巨大提升空间。从数量来看，根据保监会和各省市政府工作报告的统计数据显示，2014 年全国保险密度仅为1 479元/人，约合 237.2 美元/人（见图 1.4），保险深度为 3.18%（见图 1.5），无论是和“新国十条”制定的 2020 年达到 3 500 元/人（约合 538 美元/人）和 5% 的增长目标，还是和 2014 年全球市场 804 美元/人和 7.5% 的平均水平相比，都

有较大差距。从结构来看，随着人口老龄化的加剧与独生子女政策所带来的人口结构问题的凸显，通过寿险和健康险寻求生活保障的需求会进一步上升；同时，随着居民收入水平的上升，汽车、旅游等消费需求将保持快速增长，进一步催生财险、意外险、旅游险等保险产品的需求。

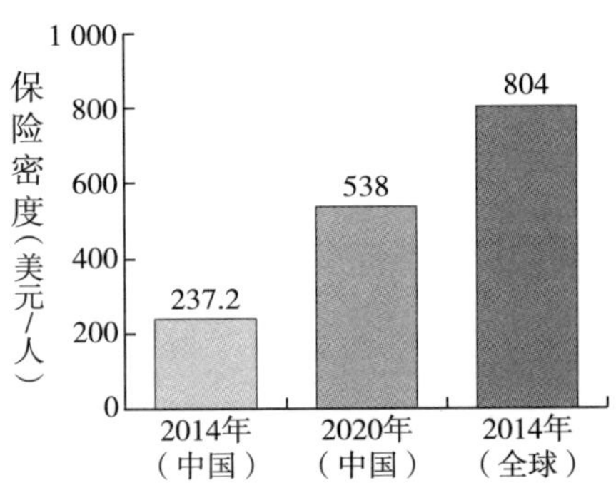

图 1.4　保险密度国际比较

资料来源：Timetric 数据库

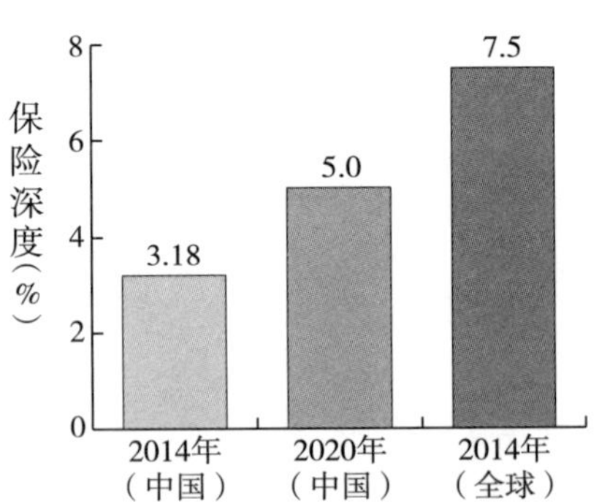

图 1.5　保险深度国际比较

资料来源：Timetric 数据库

第一，居民财富持续增长。根据波士顿咨询公司财富管理数据库的测算，2015 年年底中国个人可投资资产总额大约为 113 万亿元人民币，其中高净值家庭（家庭可投资资产在 600 万元人民币以上）财富约占全部个人可投资资产的44%，总额约为50万亿元人民币。未来5年，随着中国经济迈入新常态，私人财富累积增速将有所放缓，但仍将以15%左右的年均复合增长率平稳增长至2020年的200万亿元人民币，其中高净值家庭财富约占全部个人可投资资产的51%，总额约为103万亿元人民币。不断积累的居民财富将催生大量的投资理财需求。

居民财富配置将从以房地产为主导，逐渐转为以金融资产为主导，实现财富重新配置。截至2014年年底，我国居民可投资资产达到91万亿元人民币（见图1.6），并预计仍将保持高速增长。但目前，我国家庭资产配置仍主要集中在房地产。这一方面是因为过去十年我国房地产业经历了爆发式增长，另一方面是因为资产管理行业发展时间较短，针对普通居民的银行理财产品于2005年才正式问世。不过，近年来，随着三四线城市房地产市场的调整和资产管理行业的成熟，房地产占我国居民资产配置的比重已有下降迹象：2004年中国家庭资产配置中房地产占比为62%，2012年下降至55%，而2014年美国家庭资产配置中房地产占比仅为24%（见图1.7）。参照美国市场现状，未来我国居民家庭资产配置中房地产的比重将进一步下降，财富将更多地配置于金融资产。

第二，养老金的快速增长将为保险资金运用带来新的机会。随着财富的增长和人口老龄化的加剧，中国居民的养老体系和观念将会不断成熟，对养老金的需求也会有所上升。同时，政府相关养老政策的完善也将助力企业年金和个人年金的发展。预计未来十年，依赖于改革政策的助力，企业年金与个人养老金市场将会经历快速增长。作为这些养老金的合格管理人，保险资产管理公司将获得更多机会。

从国外的经验来看，养老资金由于其规模大、期限长，是重要

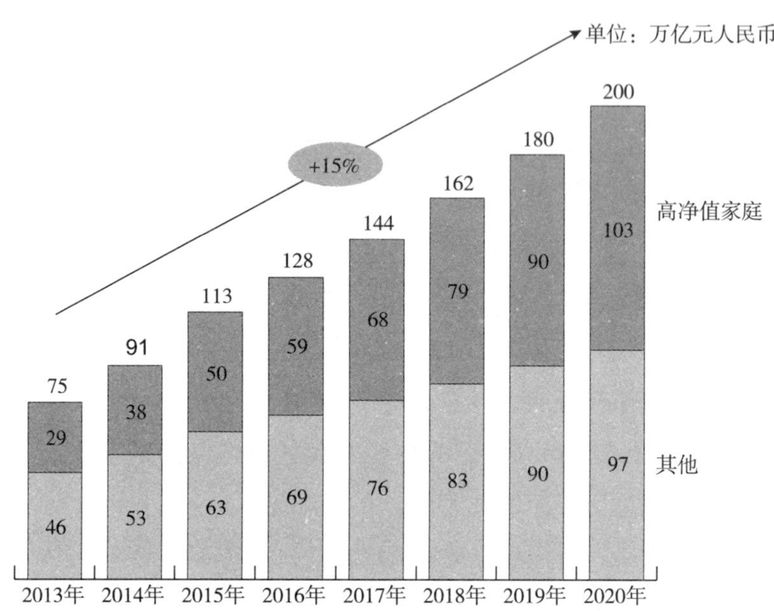

图 1.6　2013～2020 年中国居民财富

注：汇率使用 1 美元兑换 6.20 元人民币；高净值家庭指家庭可投资资产达 100 万美元以上的家庭；2017～2020 年为预测值。

资料来源：波士顿咨询公司、万得资讯、东方证券研究报告、美联储网站

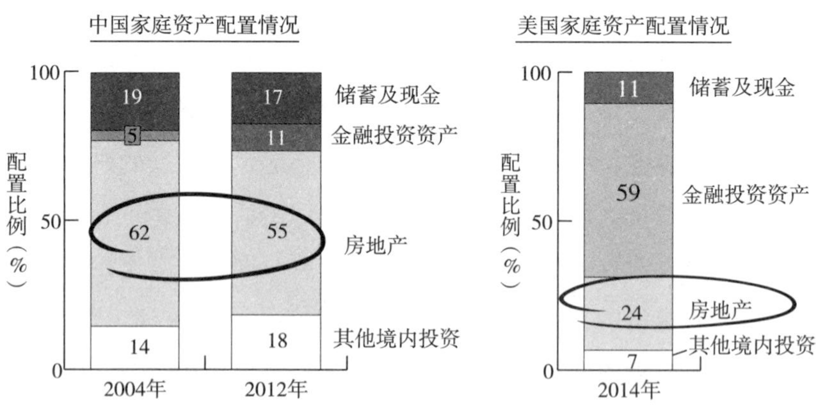

图 1.7　中美家庭资产配置对比

注：由于四舍五入，部分数据之和可能不等于 100%。

的机构投资者。目前，我国养老资金在资产管理市场所占比例仍极其有限，但未来有望显著提升，成为资产管理市场最重要的机构投资者。这主要得益于我国正在逐步形成的三大养老支柱：包括企业职工养老保险和城乡居民养老保险的基本养老保险体系是第一支柱，企业年金及职业年金是第二支柱，商业养老保险是第三支柱。

从发展机遇看，近年来，随着养老保障规模的增加以及国家对基金运用的管理，社会养老保险资金结余稳步增长。截至2015年年底，企业职工养老保险和城乡居民养老保险累计结余近4万亿元，近几年当年结余在3 000亿~4 000亿元。若按照未来5年当年结余2 000亿~4 000亿元估计，到2020年第一支柱资金规模将达到5万亿~6万亿元。

过去，基本养老保险基金通常仅投资于国债及存款，回报较低。为了提升养老金投资运营的效率，国务院于2015年8月印发了《基本养老保险基金投资管理办法》，为养老金增加了20多种新的投资途径，包括股票、股票基金、混合基金、股票型养老金产品等，但同时规定此类产品合计规模不得高于养老基金资产净值的30%。这意味着，到2020年养老金将会给资本市场带来1.5万亿~2万亿元的资金量。

同时，企业年金及职业年金作为第二支柱，受到国家政策的大力鼓励。2015年年底我国企业年金覆盖单位75 454个，职工2 316万人，累计结存9 525亿元，2010~2015年年均复合增长率达到28%，未来5年如按年均复合增长率25%计算，则2020年规模近2.5万亿元。此外，职业年金也将贡献年均1 000亿~1 500亿元的新增规模。而作为第三支柱的商业养老保险，在税收递延等政策优惠的刺激下也有望迎来快速发展。

此外，全国社会保障基金于2000年成立，专门用于人口老龄化高峰时期的养老保险等社会保障支出的补充、调剂。凭借财政拨款、国有资本划转等资金来源，该基金规模快速增长，2015年已达约1.8万亿元，若未来5年增速保持在15%～20%，则2020年基金规模将达到3.5万亿～4万亿元，也是资产管理市场不容忽视的机构投资者。

第三，我国老龄化趋势会进一步促进投资理财需求。根据波士顿咨询公司人口数据库的测算，50岁以上人口占全国人口的比例在2010年为24%，到2020年将上升至33%，这十年间退休人口预计增加1.5亿人（见图1.8）。此外，根据联合国的测算，中国社会抚养比（即100个适龄劳动力需要抚养的0～19岁和65岁以上人口的数量）在2015年达到历史最低的48，即人口抚养负担最轻，但从2016年开始，抚养比将持续快速攀升，到2050年预计超过80，2060年预计超过100，社会抚养负担与日俱增。尽管我国最近已全面放开二胎政策，但新政策能带来多大影响仍是未知数。

老龄化趋势在短时间内不可逆转，而现有的社会保障体制仍较难满足日益增长的养老需求。根据人力资源与社会保障部的统计，

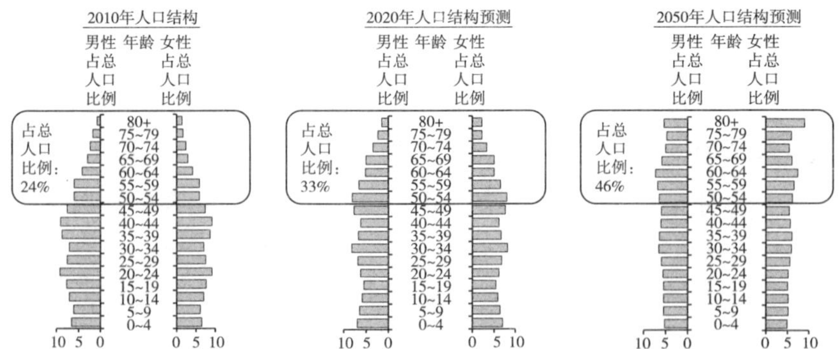

图1.8　中国2010年人口结构和2020年、2050年人口结构预测

资料来源：波士顿人口数据库、统计公报

截至2014年年底，全国城镇职工基本养老保险覆盖3.4亿人，离退休人员月人均养老金为2 061元；城乡居民养老保险覆盖5亿人，月人均养老金为90元。因此，在政府社保体系之外，具备保值增值能力和跨期配置属性的金融产品，如商业养老保险、理财规划、理财产品等成为重要的替代型养老手段，拥有巨大的增长空间。

此外，参考日本经验，伴随着老龄化的加剧，可能会出现居民金融资产配置的结构性变化，增加保险的配置。1995～2014年，日本65岁以上的人口占比从14%上升至26%，是老龄化速度最快、程度最高的国家之一。同一时期，日本家庭资产配置整体上呈现向保险类产品和低风险的储蓄类产品倾斜的趋势。从资产规模余额来看，保险及退休金在1994～2014年的年均复合增长率最高，为2.13%；现金及存款为2.04%；两类产品均高于金融资产整体1.82%的增速（见图1.9）。伴随着多次养老金体系改革，日本形成了相对完善和庞大的养老金体系，养老金已成为日本人重要的资产配置，是老年人生活开支必不可少的资金来源。

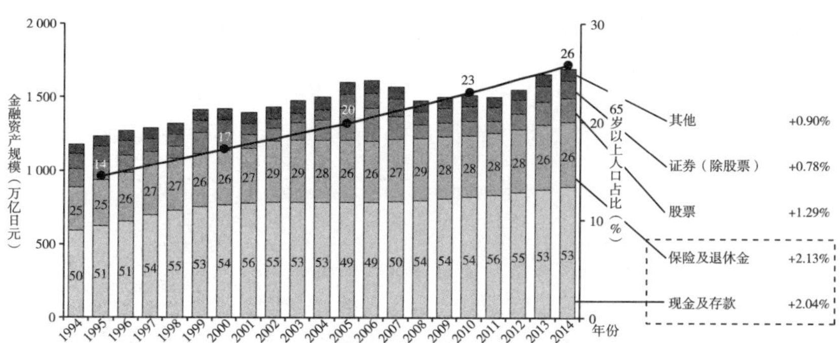

图1.9　1994～2014年日本居民金融资产配置与老龄人口比例

资料来源：日本内阁府

第五节　资本市场

资本市场方面，近阶段中国资本市场发展程度仍相对较低，保险资金运用的工具有限，对保险公司的投资收益率和资产负债匹配管理提出挑战。当前金融市场以间接融资为主导，可投资工具有限，预计未来直接融资市场将加速发展（见图 1.10），投资机会增加。以债券市场为例，根据国开证券的调查显示，2012 年年底，中国债券市场存量规模占当年国内生产总值的比重只有约 50%，而 2011 年美国与日本这一比例分别达到 175% 与 255%，中国在股票市场与私募融资市场方面与美国和日本也有较大发展差距。未来，在相关政策扶持下，国内融资结构预计将向直接融资加速转移。根据国务院 2014 年印发的《关于进一步促进资本市场健康发展的若干意见》，健全多层次资本市场体系、丰富金融工具和产品供给、扩大直接融资有利于满足多元化投融资需求，推动经济结构战略调整并增加金融市场稳定性和抗风险能力，这将是未来国家政策措施的重点发展方向，会获得较大的政策扶持。随着直接融资市场的加速发展，适合保险资金投资的各类投资工具将继续增加，为保险资金运用带来更多机会。

在固定收益投资标的方面，目前市场可供投资的固定收益产品数量与类型较少，预计未来随资本市场深化发展将有所提升。和发达市场相比，中国资本市场长期限的企业债券、高收益债券、资产支持证券等固定收益工具明显匮乏。以占美国险资债券配置 1/4 的资产支持证券为例，国泰君安的研究显示，目前中国资产支持证券市场规模远小于美国发展初期水平。1985 年，美国资产支持证券处于发展初期，其市场规模占债券市场总额的 8.7%，自 2005 年发

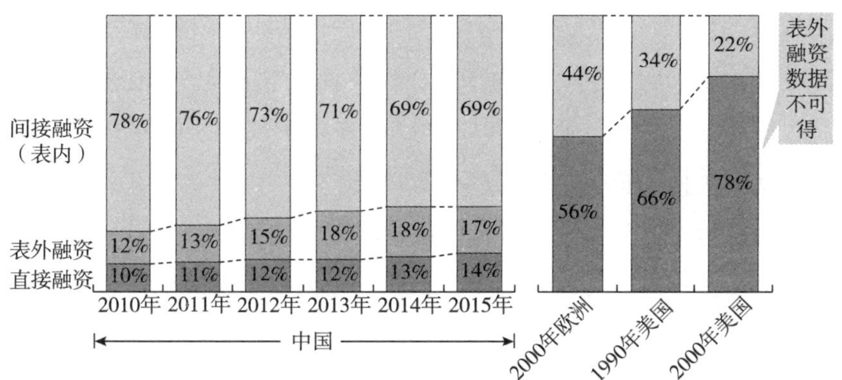

图 1.10 2010～2015 年中国社会融资存量结构与发达国家对比

注：根据人民银行公布的2015 年存量结构与每年的增量数据推算历史存量。发达国家直接融资比例以存量法计算，直接融资比例 =（股市市值 + 政府债券余额 + 非政府债券余额）/（银行贷款余额 + 股市市值 + 政府债券余额 + 非政府债券余额）×100%。

由于四舍五入，部分数据之和可能不等于100%。

资料来源：人民银行、银监会访谈、波士顿咨询公司

展至2014 年年底，我国资产支持证券余额仅占债券市场存量的0.86%，仍有很大的发展空间。未来，随着政策推动多层次资本市场体系的健全与直接融资的扩大，适合保险资金投资的固定收益产品数量与类型将进一步丰富，为保险资金配置带来更多空间。

在股票方面，目前中国股市价格波动较大，分红连续性与稳定性差，预计未来股市将不断趋于成熟。虽然中国股市已经是全球仅次于美国的第二大股市，然而极度波动仍是其典型特征，基准股指在数小时内的振幅常常高达10%，不利于保险资金短期持有。虽然我国上市分红公司占比水平不低，但是分红连续性与稳定性较差，对保险资金投资较为不利。根据深交所研究报告，2010 年，中国连续5 年分红公司数量占全市场上市公司数量的百分比仅为17.96%，而美国则高达36.53%，若以每个市场5 年中股息支付率

的极差[①]作为分红稳定性的衡量指标，中国2010年极差达到2.04，显著高于美国的1.08。然而未来，伴随着资本市场的深化发展，机构投资将成为主流，股票市场也将逐步趋于成熟，向发达市场靠近，从而为保险公司带来更多投资机会。

在房地产方面，核心房地产供给有限，收益率较低，且缺少上市交易房地产的直接投资工具。目前，国内适合保险资产投资的核心商业地产，如带长期租约的写字楼等供给有限，而且租金回报率较国外偏低，如美国住宅租金收益率高达6%，而中国一线城市住宅租金收益率仅为2%左右，投资价值较低。此外，中国金融市场还缺少类似房地产信托投资基金（REITs）的上市交易房地产直接投资工具，保险资金在房地产投资时的选择余地较小。

在另类资产方面，目前市场仍缺少投资能力，相关能力的建立将带来更多机会。中国另类资产投资发展时间较短，市场上缺少拥有足够业绩证明的好管理人，而要在短时间内自建另类投资能力难度也较大。在未来，随着相关能力的成熟与市场的不断发展，另类投资存在较大机会。

在贷款方面，因政策原因无法投资。中国监管不允许保险公司直接放贷或持有贷款，而贷款则是发达国家保险投资市场重要的组成部分，例如，德国保险业一般账户中，贷款占比高达27%，几乎与债券相同。该限制进一步制约了国内保险资金可使用的工具。

① 极差：计算每家公司5年中最大股息支付率与最小股息支付率的差，并进行标准化处理，作为衡量该公司分红稳定程度的指标，极差越大，分红越不稳定。

第二章

美国市场

本书对美国市场保险公司资产配置研究的重点是一般账户。与一般账户相对的是独立账户，对应投连险、万能险、变额年金/养老金等，这类账户由投保人自己承担所有投资波动风险，保险公司无须单独计提风险资本。监管上，独立账户需符合美国证券交易委员会（SEC）的相关规定，主要保护个人投资者的利益（如限制关联交易），投资策略相对自由，但需在保单中明确注明。独立账户占保险公司总资产的比例为20% ~30%，相对较小（见图2.1），以管理费为主要收入来源。一般账户包括一些有固定给付的传统寿险、有固定给付或最低保证的养老金/年金产品、非寿险产品。在一般账户中，保险公司自身承担风险，且需要按监管要求单独计提风险资本。一般账户受到各州保险监督官的监管，适用美国保险监督官协会（NAIC）的相关规定，有严格的投资规定和监管披露规则。一般账户占保险公司总资产的比例为70% ~80%，以利差为主要收入来源（见图2.1）。

独立账户由客户独立承担风险并自主选择投资策略，其资产配

	一般对应的保险产品	风险承担方	监管特点	总资产占比	保险公司收入类型
一般账户	· 有固定给付的传统寿险 · 有固定给付或最低保证的养老金/年金产品 · 非寿险产品	· 保险公司自身（即股东承担风险） · 保险公司需要按监管要求计提风险资本	· 受到各州的保险监督官的监管 · 适用NAIC的相关规定 · 严格的投资规定 · 严格的监管披露规则	70%～80%	利差
独立账户	· 投连险 · 万能险 · 变额年金/养老金	· 投保人自己承担所有投资波动风险 · 保险公司无须单独计提风险资本	· 适用于SEC的相关规定，主要保护个人投资者利益（如限制关联交易） · 投资策略相对自由，但在保单中需明确	20%～30%	管理费

图 2.1　美国保险公司一般账户与独立账户的区别

置相对灵活，产品间、公司间可千差万别，因而不作为本书研究的重点。以独立账户规模排名全美第二的美国大都会人寿保险公司（MetLife，以下简称大都会人寿）为例，相对于一般账户，其独立账户配置高度偏股，2015 年第二季度末公司股票占账户余额的 55%，而同期一般账户公司股票只占 3%（见图 2.2）。大都会人寿独立账户的投资范围涉及 80 多只主题各异的基金，包括股类基金、债类基金和其他基金。独立账户的配置是根据投资者偏好确定的，由于投资者风险偏好不同，独立账户资产配置可选策略非常宽泛。在大都会人寿的独立账户中，股类资产、债类资产、美国国内资产、国际资产所占比例的差异非常大。基于以上原因，独立账户的资产配置不作为本书对比研究的重点。

第一节　美国保险资金运用监管

美国保险资金运用监管与整体保险业的监管框架相似，是以属地主义为原则，各州政府拥有对保险公司一般账户的监管权力，而

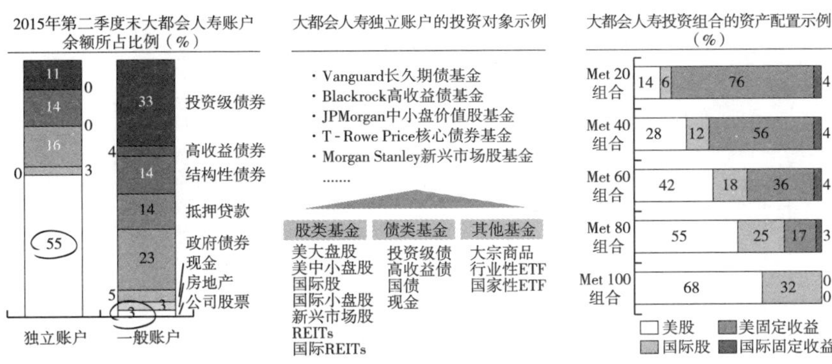

图 2.2　大都会人寿独立账户的特点

注：由于四舍五入，部分数据之和可能不等于 100%。

资料来源：大都会人寿

联邦政府较少涉及具体的监管行为。对保险业投资行为的监管主要包括 3 个方面：资产配置的量化比例监管、偿付能力监管，以及行为准则和流程规范监管。图 2.3 中前两条是定量的监管规定，而第三条是定性的监管规定。定量与定性原则结合，共同构建了美国保险资金运用的框架体系。

第一，在比例监管方面，允许投资的资产范围非常广泛，但是对多个资产种类的持有比例、境外投资比例和集中度均有限制。美国监管允许保险资金配置的类别较广，现金及货币市场产品、债券、贷款、股票、不动产、另类和资产支持证券是 7 个被明确允许的资产类别，其他未明令允许的投资类型也可以小额度投资，唯一禁止的是投机性衍生品交易。然而，在 20 世纪 80 年代出现两个中型保险公司破产的极端案例之后，美国监管吸取教训，采取了严格的比例监管限制，如图 2.4 所示，对不同险种公司可投资的工具种类、每类工具最高持有比例、投资的集中度均进行了明确要求。

第二，在偿付能力监管方面，逐步向欧洲偿二代体系靠拢。美

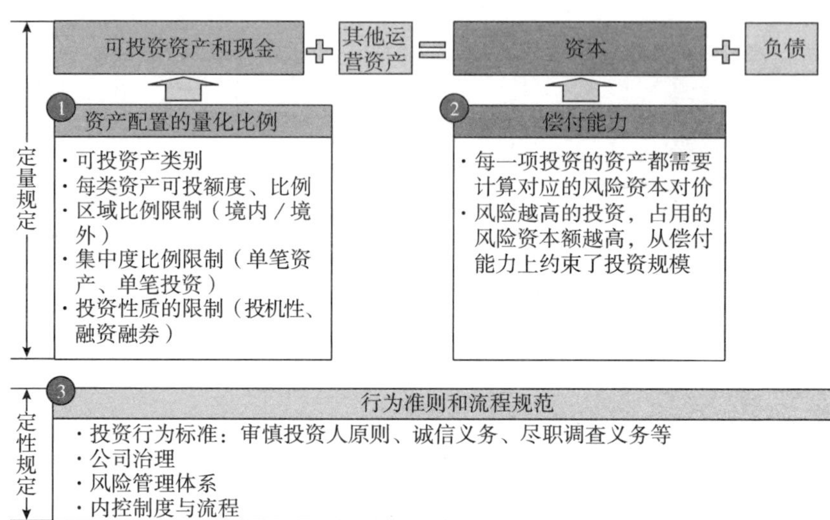

图 2.3　美国保险业投资行为的监管框架

资料来源：美国保险监督官协会、波士顿咨询公司

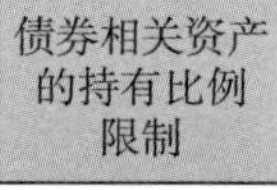

债券相关资产的持有比例限制	· 投资等级为中级或低级的债券：不超过20% · 投资等级为低级的债券：不超过10% · 被NAIC的证券估值办公室（SVO）评级为5或6的证券：不超过5% · 被NAIC的证券估值办公室（SVO）评级为6的证券：不超过1%
除债券外其他资产的持有比例限制	· 股票：寿险公司不超过20%，非寿险公司不超过25% · 直接贷款（由房产、信托或其他资产抵押的）：寿险不超过45%，非寿险不超过25% · 营利性不动产：寿险公司不超过20%，非寿险公司不超过10% · 国际发展组织发行的债券：不超过2% · 营利性的个人有形资产：不超过2%
境外投资限制	· 境外资产（包括债券、股票、不动产、贷款、存款）：不超过20%
集中度	· 单个机构（除了美国政府）发行的证券：寿险公司不超过3%，非寿险公司不超过5% · 银行等存款机构的投票类股权：不超过5%

图 2.4　美国保险监督官协会对投资行为的监管规定

注：持有比例均指该资产占总投资资产的比例。

资料来源：美国保险监督官协会、波士顿咨询公司

国从 20 世纪 90 年代即开始实行基于风险资本的偿付能力管理，对于高风险的资产要求占用较高的资本额度。例如，股票的资本占用

系数是债券的20倍，间接限制保险资金在股票上的配置。在金融危机前，美国的偿付能力监管主要是基于一个标准的量化模型，以此确定各公司应持有的基于风险的资本水平。然而在金融危机时，很多公司虽然满足了法律规定的风险资本水平要求，却依然走向了破产。因此危机后，美国对偿付能力的监管进行了调整：政府只规定最小的风险资本水平，但要求每家公司根据自身的情况，评估确定自身所应持有的能够保证公司持续偿付能力的风险资本（Own Risk Solvency Assessment，简称ORSA）。监管机构不再等到公司的资本水平接近最小风险资本水平时再进行干预，而是等到公司的风险资本降到ORSA之后就开始采取干预措施。此处的最小风险资本水平和ORSA在性质上基本对应欧洲偿二代体系下的最小资本要求（MCR）和充足资本要求（SCR）。相比之下，欧洲偿二代的方法更为因地制宜、合理灵活，但从企业操作方面也更加复杂、监管成本更高。

第三，在行为准则和流程规范监管方面，审慎投资原则是行为监管的核心。保险公司要依据审慎评估标准（prudence evaluation criteria）对特定投资决策进行通盘考量。审慎评估标准是美国对保险公司投资行为的监管标准，它要求保险公司在进行投资活动时应充分考虑多项因素，包括整体经济情况，可能的通货膨胀或通货紧缩影响，税务影响，风险收益特征及其与投资组合的关系，投资分散水平（包括单个投资、资产类型、行业集中度、久期特征、地域5个方面），关联股权的质量和流动性，该投资内含的各类风险（包括流动性风险、信用与违约风险、市场风险、利率风险、债券的提前偿还/召回/延期风险、货币风险以及外国主权信用风险），保险公司的资产、资本、盈余、承保保费、有效合同等业务相关因素，保险公司的负债水平及充足度等。

同时，美国监管在内控体系的建立和投资政策的制定上提供了指导原则。根据美国监管的要求，在建立内控体系时，保险公司应达到以下目标：投资人员应具备相应能力和声誉；公司应进行阶段性的评估，具备监控措施以审查投资政策和战略的有效性；管理层的绩效与投资政策的目标应保持一致；每年应进行至少一次的资产负债现金流分析。此外，美国监管要求保险公司制定一个内部的投资指引，该指引对整体的投资策略、资产组合目标和边界设定、可投资类型和需避免类型、资产与负债的匹配管理方式、可承担的风险水平、如何落实审慎评估标准等各个方面均有明确、具体的规定和描述。该投资指引每年需要通过董事会的审阅和批准，而公司也需要严格按照该指引进行投资操作。由于该指引的存在，保险业在投资上的反应和变化速度不及美国的银行和其他金融机构迅速，但也保证了保险业投资行为在较长时间内保持一贯审慎。

此外，通过远程监控与实地拜访，对财务情况进行全面、深入、及时的事中监控也是美国实现有效监管的关键。美国监管对企业的监控分为远程监控与实地拜访两部分。远程监控强调对投资结果的检查，每一季度和年度，保险公司均需要通过美国监管网站（I-Site）提交标准格式的财务报表、管理层分析报告、风险资本分析报告以及第三方审核报告，再由系统自动汇入 NAIC 的数据库中。这些披露内容必须按照 NAIC 的财务准则进行编制，有极为详细的报告格式要求，每家公司的披露文件可达几百页。实地拜访则强调对投资能力的检查，主要由各州的监管者承担，至少每 5 年进行一次彻查，对于财务状况不佳的公司检查更为频繁。其核心是判断保险公司是否拥有甄别和降低风险的能力，包括董事会在风险控制中的功能和有效性、管理层的监督水平、内控流程等。一方面，远程监控的结果帮助确定了实地拜访的优先级，另一方面，实地拜访也帮助确定了远程监控结果的可靠程度。

值得一提的是，财务监控的高效依赖于统一的财务准则、标准化的呈报格式和自动化的数量分析工具。如图 2.5 所示，在进行数据呈报时，全国 5 000 多家保险公司均采用统一的财务准则和标准化的格式，将数据上传至监管网站 I-Site 上，形成包括财务数据文件、监管行动、金融市场情况、生产商数据库等在内的 NAIC 的大数据库，而 50 个州及华盛顿特区的保险监督官则可以通过偿付能力状况自动化分析工具（FAST）获取数据并进行分析。该系统的良好运行是财务监控保持顺畅与高效的基础。

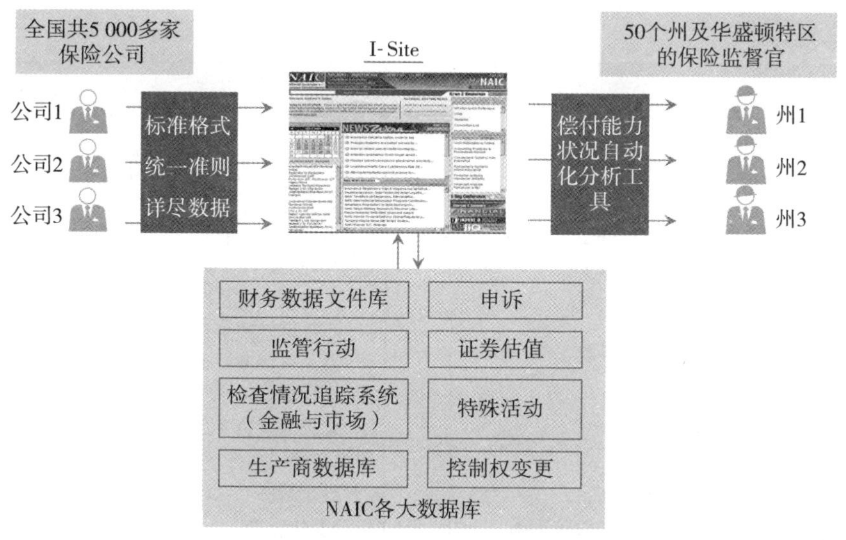

图 2.5　美国保险业财务监控体系

FAST 能够提供多种数据分析帮助，包括查找工具、通知和示警工具、自动财务分析工具以及优先级排布工具，协助提升监管效率（见图 2.6）。通过财务工具，监管者可实时调出各保险公司的电子版财务报告，或按照不同筛选标准将所有公司某一指标进行横向比较；通过通知和示警工具，监管者可设定标准，让系统自动推送信息，包括特别类文件收到或逾期通知（如定期申报文件、需要审批类文件等），以及某些重要的变更信息（如控制权、保险集团编号变化等）；通过自动财务分析工具，各州监管者可获取《财务分析手册》，了解财务监管的量化分析方法、数量计算过程、潜在问题公司的评估方法与流程等，并获取FAST生成的时间序列分析、比率分析、图表分析、同类比较等；优先级排布工具可以对下图中寿险公司与产险公司的核心指标进行比较分析，并对分析结果打分，将公司分为A级（需担忧）、B级（需注意）和无须检查3个级别，交至各州保险监督官手下的财务分析员进行人工审核确认，最终分析员团队将给出风险提示报告。

产险公司	寿险公司
整体比率	**整体比率**
· 毛保费收入 / 盈余资本	· 资本与盈余资本的净增长率
· 净保费收入 / 盈余资本	· 资本与盈余资本的净增长率
· 净保费收入变化率	· 净利润 / 总收入
· 盈余救济 / 盈余资本	**投资类比率**
盈利比率	· 投资收入充足度比率
· 2年的总体营运比例	· 非认可资产 / 认可资产
· 投资收益率	· 总房地产及抵押贷款 / 现金及可投资资产
· 盈余资本变化率	· 总关联投资 / 现金及可投资资产
· 调整盈余资本变化率	**盈余救济**
流动性比率	· 盈余救济
· 调整负债 / 流动资产	**运营变化比率**
· 毛代理人收缴余额 / 盈余资本	· 保费变化率
准备金比率	· 产品组成变化
· 1年准备金储备 / 盈余资本	· 资产风险变化
· 2年准备金储备 / 盈余资本	· 准备金率变化
· 预估的目前准备金缺口/盈余资本	

图2.6　美国偿付能力状况自动化分析工具核心指标

第二节　美国保险资金运用的特点

美国保险业一般账户的资产配置，从长期来看体现出高度稳健和稳定的特点。

稳健是指资产配置以固定收益类产品为主。从寿险上看（见图2.7），虽然在2001～2014年因为商业抵押贷款风险加剧，贷款类投资占比下降，债券类占比上升，但总体来说固定收益类标的占比一直维持在85%～90%，货币类标的占比维持在5%～10%，权益类标的占比只有5%左右；从财产险上看（见图2.8），固定收益类、货币类、权益类这三大资产类别的配比分别为65%～75%、5%～10%和15%～20%。

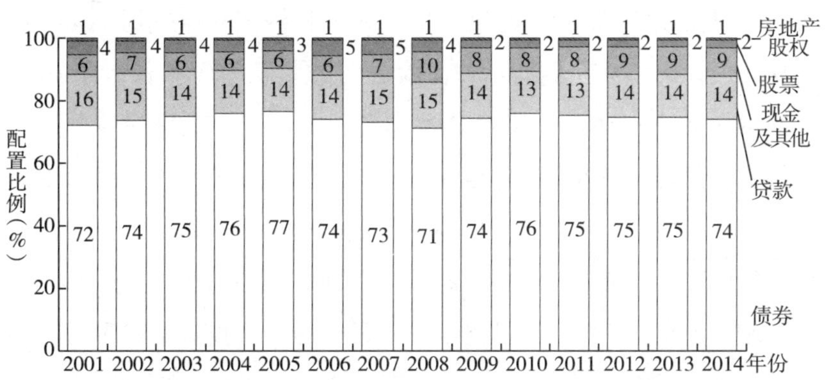

图2.7　2001～2014年美国寿险业一般账户的资产配置比例

注：均去掉了关联投资。

由于四舍五入，部分数据之和可能不等于100%。

稳定是指这三大类资产的相对配置比例从长期来看未有显著变化。自1990年开始，美国宏观经济和资本市场经历了多轮涨跌周期，保险行业本身也经历了产品和监管上的较大变化，但美国保险资金在股类标的和债类标的之间的比例分配一直高度稳定。

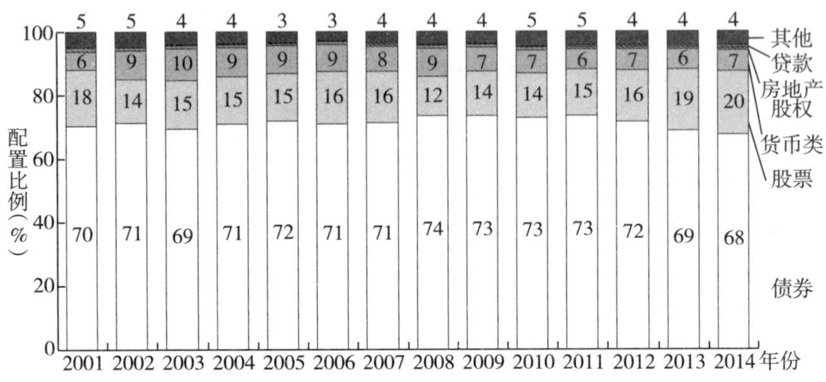

图 2.8　2001～2014 年美国财险业一般账户的资产配置比例

注：均去掉了关联投资。

由于四舍五入，部分数据之和可能不等于 100%。

整体上，美国保险公司的投资收益率波动极小，但逐年缓慢下滑。基于高度稳健和稳定的资产配置，美国保险公司一般账户所获得的总投资收益率①十分稳定，虽然利率和经济环境呈现出周期性波动，但如图 2.9 左侧所示，保险公司的收益率每年仅有不到 50 个基点的波动。即使在 2007 年次债危机的时候，美国保险公司的收益率也只是从 5.8% 下降至 5.4%，这与中国保险公司动辄翻倍或减半、随股市上下翻飞的收益率形成鲜明对比。例如，中国 2007 年的行业平均投资收益率是 12%，到 2008 年锐减为 2%，2009 年又迅速增加到 6.5%。美国企业一般账户的股票投资策略多为长期持有，年换手率远低于中国，这就使得美国企业的股票投资收益率非常稳定，如图 2.9 右侧所示，美国保险公司的股票资产收益率每年只略微高于股息率的水平，由于交易量低，股价升值或贬值的部分几乎未反映在股票投资收益率中。虽然年波动较小，但从长期趋势来看，由于次债危机后全球均进入持续的低利率环境，美联储基

① 总投资收益率 = 投资收入/可投资的总资产 ×100%。

准利率更是持续 8 年在接近零利率的水平徘徊，因此美国保险资金收益率的下滑不可避免，已从 2002 年的 6.4% 逐步降低至目前的 4.8%。

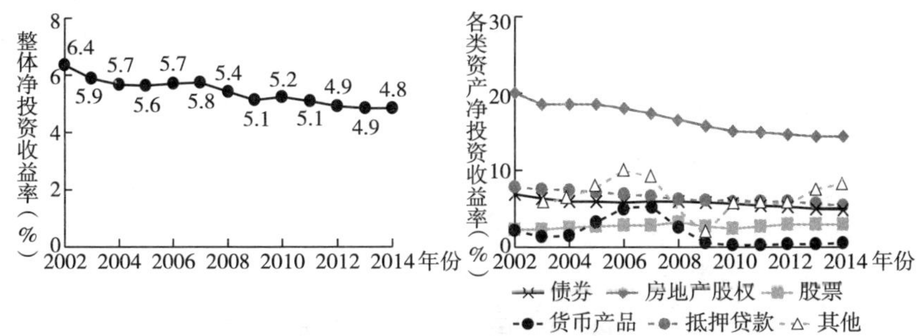

图 2.9　2002～2014 年美国保险公司的净投资收益率

注：不计入资产增减值的损益，只包括利息、股息和租金的投资收入。

具体来说，第一，固定收益类产品的构成丰富、期限较长。美国保险行业所持固定收益类产品主要包括债券以及贷款两大类。从 2013 年年底全行业的数字来看，债券约占 67%，贷款约占 9%（抵押贷款约占 7%，保单贷款约占 2%）。图 2.10 显示了美国保险业所持债券产品的构成特点。

美国的债券构成中，公司债券占比较高，约占一半（相较之下，德国只有 19%）。除此之外，政府债券（包括联邦政府债券和市政府债券）以及结构型债券（包括资产支持债券和混合债券）各占约 1/4，公司债券和资产支持债券占比合计达 76%（见图 2.11）。

从期限结构看，寿险业约 3/4 的债券期限在 5 年以上，其中大于 10 年的债券约占 54%；产险业约 2/3 的债券为 5 年以内的中短期债券（见图 2.12）。

从行业分布及等级分布来看，金融、消费、能源、公用事业四

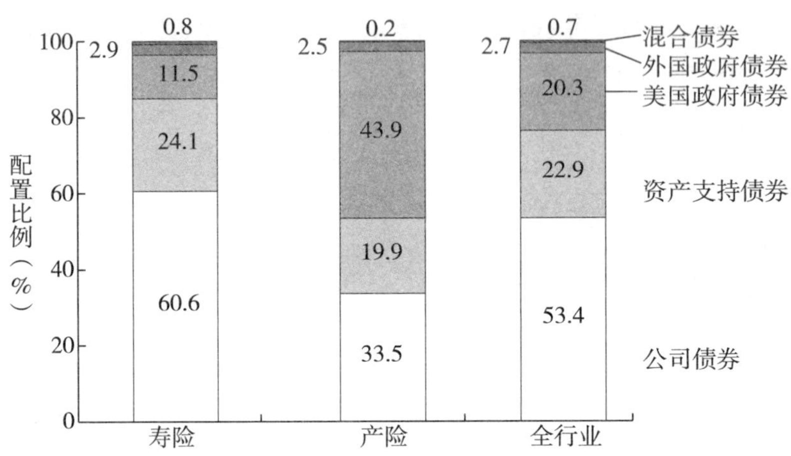

图 2.10　2013 年美国保险公司的债券组合构成

注：只包括非关联股权。

由于四舍五入，部分数据之和可能不等于 100%。

资料来源：美国保险监督官协会

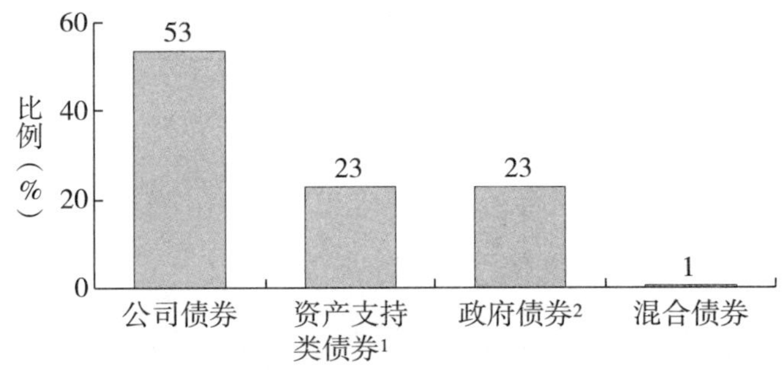

图 2.11　保险业所持各类型债券占总持有债券量的比例

注：1. 包括抵押贷款支持债券和其他资产支持类债券。

2. 包括美国政府债券、外国政府债券以及市政债券。

由于四舍五入，部分数据之和可能不等于 100%。

资料来源：美国保险监督官协会

大国民经济基础行业所发行的债券占保险业所持债券的 65%（见图 2.13）。

保险业约 94% 的债券属于美国监管机构规定的投资级债券，只有不到 6% 是低于投资级的高收益债券（见图 2.14）。

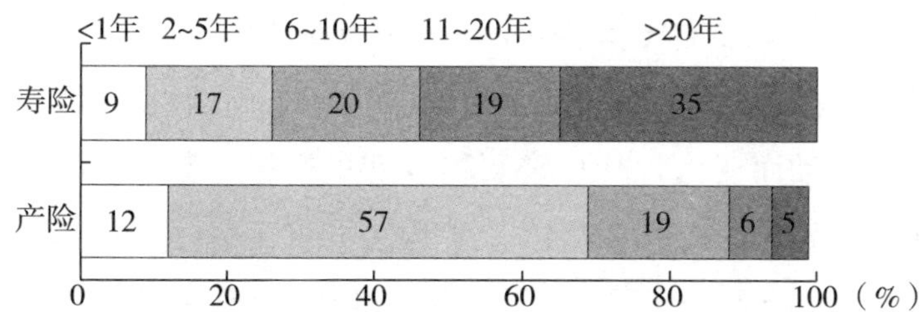

图 2.12 保险业所持各久期债券占总持有政府债券量的比例

注：由于四舍五入，部分数据之和可能不等于 100%。

资料来源：美国保险监督官协会

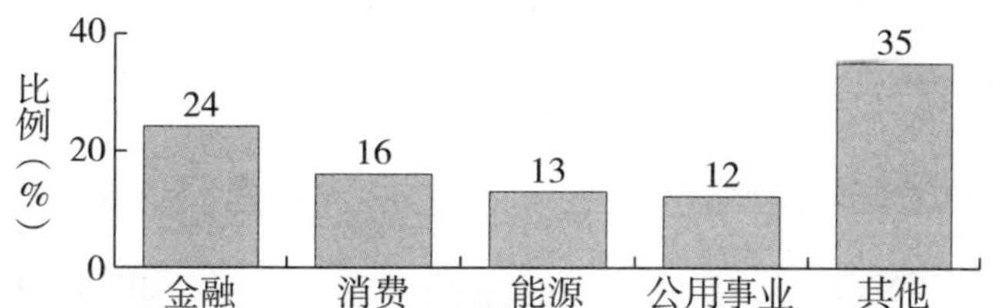

图 2.13 保险业所持各行业债券占总持有债券量的比例

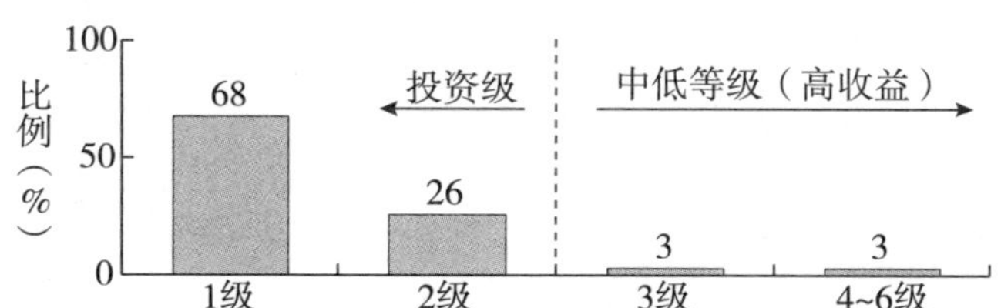

图 2.14 保险业所持各等级债券占总债券持有量的比例

注：由于四舍五入，部分数据之和可能不等于 100%。

资料来源：美国保险监督官协会

在 20 世纪 80 年代，由于抵押贷款的收益率较债券高，美国寿险业在抵押贷款上的配置非常激进，占总投资资产的比例曾高达 30%，较债券的比例约为 3∶5。而后 20 世纪 80 年代末经济衰退、房地产萧条，违约率大幅上升，美国保险业遭遇了信用危机，个别中型保险公司甚至破产，因此全行业自 20 世纪 90 年代之后开始大幅降低抵押贷款的比例，逐步用更多的债券替代了抵押贷款，在

2000 年之后贷款债券比基本稳定在了 2∶9 的水平。

第二，美国的股票配置比例与英国和中国相比长期较低，几乎不随股市波动而变化。根据 SNL 2014 年的数据，寿险公司所持股票占所投资资产的比例仅 2.4%，产险公司该比例约为 17%。从构成上看，美国保险公司所持股票约 76% 集中于分红稳定的大盘蓝筹股，消费股和金融股约占所持股票的一半（见图 2.15）。如前所述，美国保险业的大类资产比例长期稳定，数据显示，在互联网泡沫之前和次债危机前的两轮股市牛市中，保险资金在股市中的配比都未出现攀升。

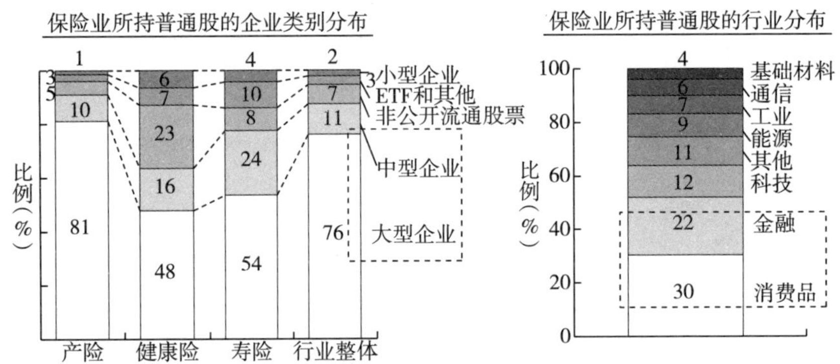

图 2.15　2013 年美国保险公司所持普通股的细分结构

注：由于四舍五入，部分数据之和可能不等于 100%。

资料来源：美国保险监督官协会、波士顿咨询公司

第三，美国对商业地产的投资比例很高，且主要持有方式为债权。美国商业地产的租金收益世界领先，且房地产本身抗通货膨胀，估值相对清晰容易，因此商业地产一直是保险公司较为青睐的资产类型。如图 2.16 所示，美国全行业在房地产领域的资产配置比例高达 12%，但主要持有方式是通过商业抵押贷款支持债券（CMBS）和直接抵押贷款（mortgage），房地产股权投资部分占较小比例，其中直接持有的股权部分仅占 0.7%。对于直接持有的地

产股权，实际上从美国市场来看，保险公司仍是以获取长期的租金收益为主要目的，而不是聚焦于房地产资产短期内的资产价格升值。这与中国市场相比，有较大的区别。美国房地产市场是相对成熟的，市场价格也比较透明，地产价格收益率与租金收益的关联度往往很高，一般租金收益比较高的地产的价值本身也会比较高。

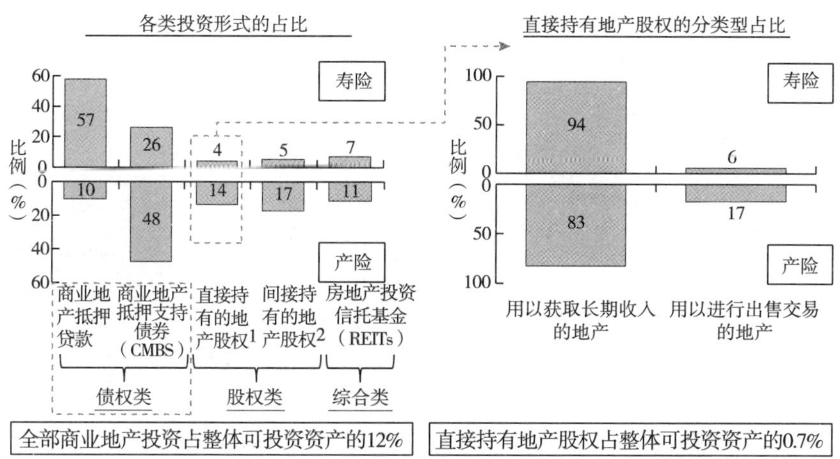

图 2.16　2013 年美国保险公司的房地产组合细分结构

注：1. 包括自占用的地产。

2. 指通过对冲或私募基金等形式持有的地产项目，一般归在美国保险监督官协会规定的其他（另类）资产科目之下。

资料来源：美国保险监督官协会、波士顿咨询公司

在商业地产投资上，寿险和产险有一定不同，寿险通常偏重于债权类的配置，特别是商业地产抵押贷款的配置占比是较高的，而产险则偏重于流动性较好的 CMBS 类型的配置，整个商业地产占整体保险行业可投资资产的比重达到 12%。

第四，境外投资占比约 12%，且九成集中于债券，寿险投资国际化程度高于产险。美国监管所允许的境外投资上限为 20%，但不少中小公司并未用足该额度，因此 2013 年行业境外投资占比只有 12%。境外投资呈现如下 4 个特点：

一是从货币构成来看：美国保险公司境外投资中，大部分都是美元资产，仅有17%的外币资产，以加元、日元、欧元和英镑为主。虽然有部分外币资产，但很大一部分由相应的外币负债进行匹配，还有一部分用衍生工具进行风险对冲，因此美国企业境外投资并不承担显著的货币风险。2013年美国保险公司境外投资组合的细分结构见图2.17。

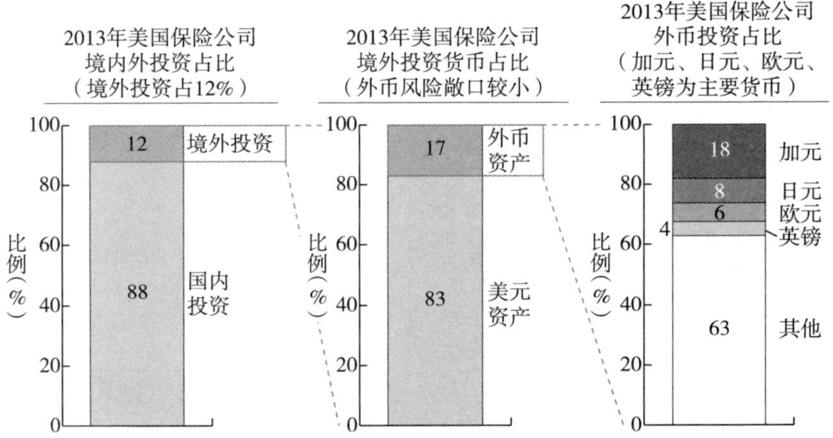

图2.17　2013年美国保险公司境外投资组合的细分结构

注：1. 境外投资是指美国境外公司发行的股票、债券、优先股等资产。

由于四舍五入，部分数据之和可能不等于100%。

资料来源：美国保险监督官协会，以上均为2013年年底统计数据

二是从境外投资标的构成来看：境外投资主要为债券，其中八成被寿险公司持有，寿险境外投资的配比整体更高。从境外投资标的构成来看，如图2.18所示，境外债券以94%占绝对主导，境外股权仅占6%。同时，境外债券中的82%由寿险公司持有，而境外股权中的64%由产险公司持有，由此可见美国寿险公司对境外股权的兴趣远远不如产险公司。此外，寿险公司在股权和债券上的境外投资占比均更高，其境外股权占所持总股权的20%，境外债券占所持总债券的8%，远高于产险公司的10%与5%。

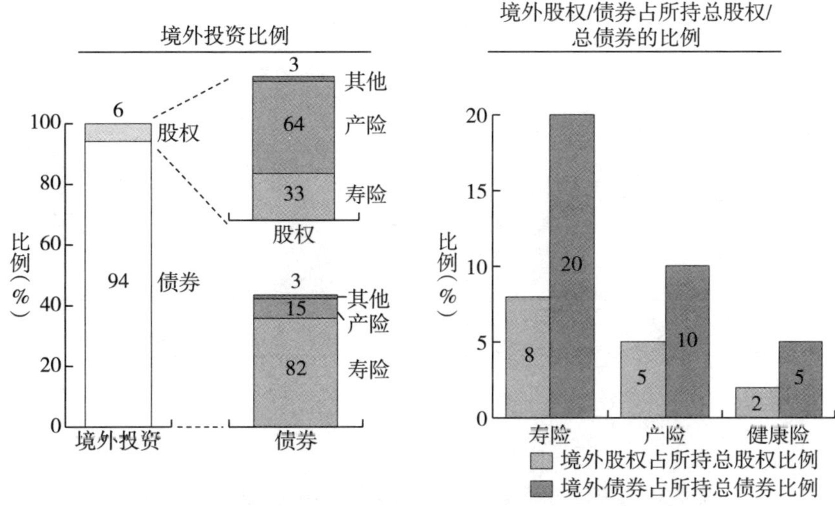

图 2.18　2014 年美国保险公司股票组合的细分结构

资料来源：美国保险监督官协会、波士顿咨询公司

三是从境外投资国家分布来看：债券和股权投资均以发达国家为主，新兴市场占比少。对于债券来讲，美国所持的境外债券主要集中于违约风险低的发达国家，前十大分布国的主权债券评级均为投资级。从境外投资国家的分布来看（见图 2.19），美国所持境外债券主要集中在违约风险较低的发达国家，如加拿大、澳大利亚、荷兰、日本等，这些国家的主权债券评级均为投资级。

同时，美国保险资金所持新兴国家的债券占比约为 6%，占新兴市场国家投资的 99.8%，其中投资总额的 50% 以上投向墨西哥、智利和巴西。在国家分布方面，如图 2.20 所示，以寿险为例，墨西哥占所有新兴市场投资的 28.2%，智利占 15.5%，巴西占 10.5%，这 3 个美洲国家均属于美国保险公司较为偏爱的新兴市场。这跟地理位置有一定的关系，这些国家离美国比较近，美国有很多保险公司在这些国家市场的渗透率比较高。同时，这些国家的美元资产比较丰富，其政府和公司都会发一些美元债。

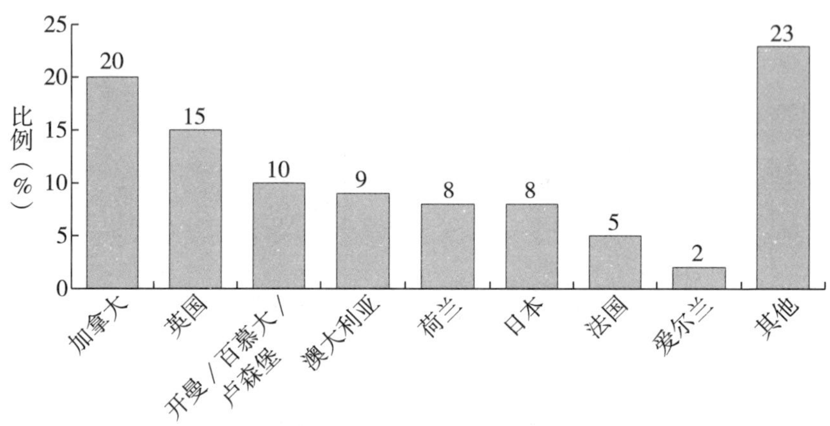

图 2.19　2013 年美国保险公司境外债券组合的细分结构

资料来源：美国保险监督官协会、波士顿咨询公司

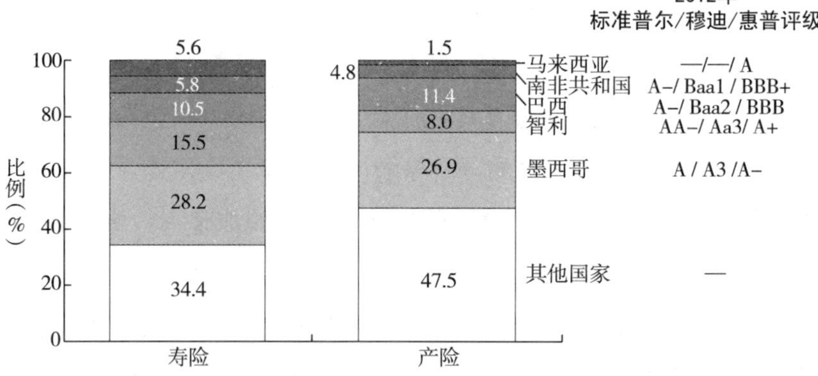

图 2.20　2012 年美国保险公司境外新兴市场债券组合的细分结构

注：由于四舍五入，部分数据之和可能不等于 100%。

资料来源：美国保险监督官协会、波士顿咨询公司

对于股权来讲，美国所持境外股权主要集中在发达国家，前十大国家占 82%，只有约 9% 分布在新兴市场国家，其中有 7% 来自中国。根据 NAIC 的数据，如图 2.21 所示，美国保险公司境外股权投资集中度较高，英国、开曼/百慕大、加拿大、中国、瑞士等前

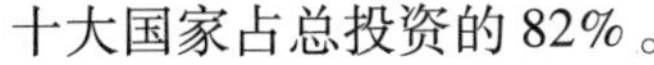
十大国家占总投资的82%。

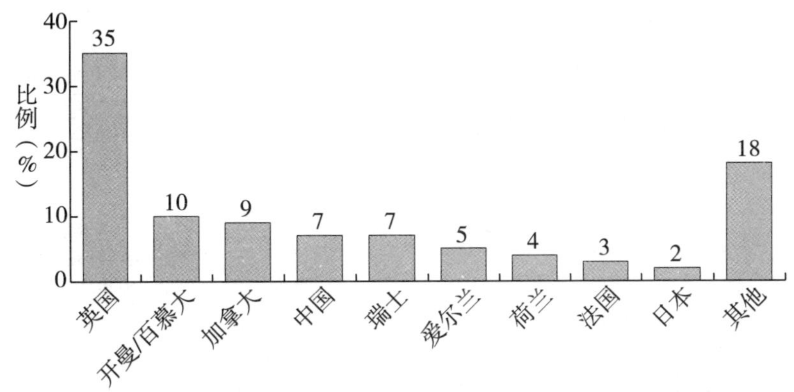

图2.21　2013年美国保险公司境外市场股权组合的细分结构

资料来源：美国保险监督官协会、波士顿咨询公司

四是从投资国际化程度来看：美国寿险投资国际化程度显著高于产险。寿险公司所持债券中约20%为境外债券，所持股权中约8%为境外股权，而产险相对应的数字分别为10%和5%。

综上所述，美国保险公司在境外投资上具有如下几大特点：第一，以债券为主，这一点是出于对安全性的考虑。第二，以美元资产为主，境外投资中外币的占比较小。第三，投资集中于发达国家，不管是债权投资还是股权投资，发达国家市场占比均较大，主要是因为发达国家市场主权风险较小，监管体系较完善，资本市场较发达。不管是境内还是境外，美国保险行业的资金运用与负债端监管要求、保险公司的能力都有很大的关系。

此外，从机构主体来看，也存在一定的结构性差异。虽整体行业一般账户配置大体趋同，但业务和规模不同仍有两大差异。

第一，产险股权投资显著高于寿险，而寿险更侧重于公司债券投资。如图2.22所示，根据NAIC的数据，产险股权投资占比为12.2%，远高于寿险的0.8%，在债券构成中，寿险侧重公司债，其占所有债券之比高达61%，而产险则侧重于政府债券，占比达44%，大型保险公司资产配置更多元，高风险、高收益资产的配置比例显著更高。与中小型保险公司相比，大于100亿美元的保险公司房产和另类投资的比例更高，固定收益类投资的比例更低。

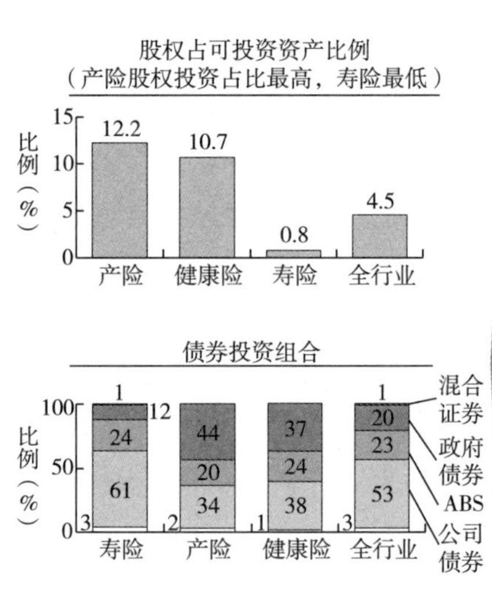

由负债端特点决定

产险因其负债期短而无法高配久期长而收益更高的债券，只能从股票投资中提高收益

- 公司的负债期限较短，只有1~2年，只能投资短期债券
- 由于短期债券的整体收益率较低，因此产险公司有较强的需求通过高配股票来提高整体收益率

寿险低配股票是因为安全性的要求，在缺乏股票收益补充的情况下，则更多持有债券类型中收益率较高的企业债券来提高收益

- 由于负债的偿还期限较长，寿险公司可以投资久期长达10年以上的债券，从期限优化中获取高收益，而这是产险无法做到的
- 由于寿险产品中相当一部分有最低回报保证，需控制风险，因而不能高配股票
- 公司债是债券中收益率较高的类型，显著高于政府债和市政债券，对于不得不在债券类资产范围内寻求最优化的寿险公司，公司债是除长期政府债外相对理想的高收益产品选择

图2.22　美国寿险和产险公司的特点比较

注：只包括非关联股权。

由于四舍五入，部分数据之和可能不等于100%。

资料来源：美国保险监督官协会

第二，美国产险与大型保险公司的另类投资配比更高（见图2.23）。不同于中国，美国市场上对另类资产的狭义理解主要是指对冲基金和私募股权基金，这两类资产约占总体另类投资的25%，其他另类资产还包括担保债券凭证（CLO）、盈余票据、住房税收抵免额度、矿权、其他合资公司或有限责任公司的权益等。根据NAIC的数据，产险的另类投资配置总体要高于寿险，全行业总计的产险另类投资占比为8.2%，寿险仅为4.1%。此外，大型公司的另类资产配比更高，以寿险为例，前十大寿险公司另类投资占比为5.7%，高于4.1%的行业水平。

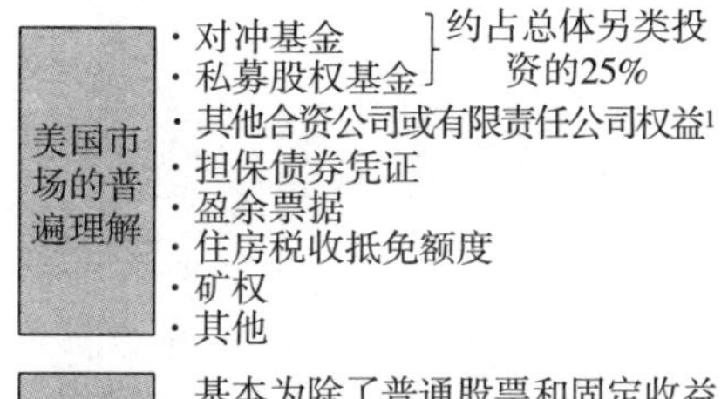

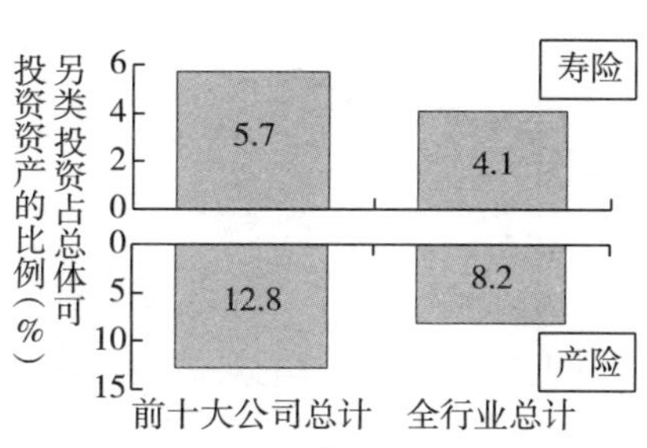

图2.23　2013年美国寿险和产险公司另类资产的配置比例

注：1. 这部分往往关联股权占比很高。

资料来源：GR-NEAM、美国保险监督官协会

第三节　美国保险资金运用的驱动因素

一、宏观环境

美国经济实力雄厚，增速平稳，前景良好。作为世界第一大经济体，美国除2008年金融危机时经济有所下滑，国内生产总值常年保持着接近2%的平稳增速。2015年美国国内生产总值已经接近18万亿美元（见图2.24），平稳增长的经济为保险业发展提供了保障。此外，自2000年以来一直保持在1.5%～3.5%区间内的居民消费价格指数增速在为美国经济的增长创造良好环境的同时，也为保险业长期投资策略的稳定性打下了基础。

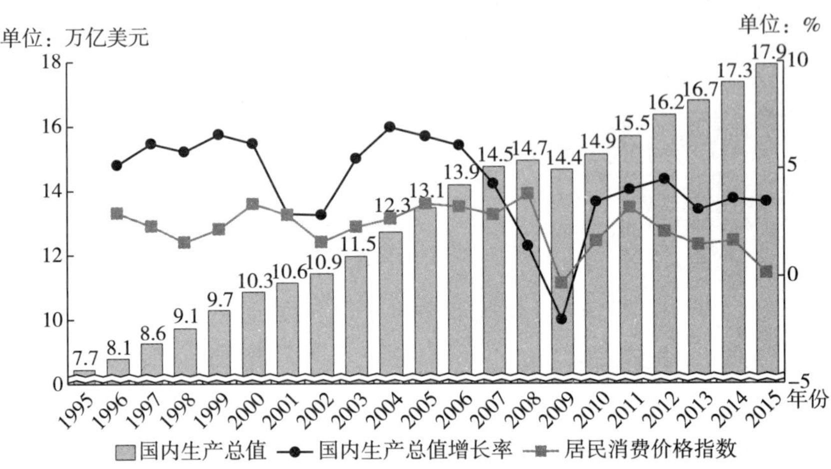

图 2.24　1995～2015 年美国国内生产总值、国内生产总值增长率和居民消费价格指数表现

注：国内生产总值为名义生产总值。

资料来源：世界银行

二、监管环境

保险公司，特别是寿险公司的负债端产品有期限长、收益稳定、保证最低回报的特点，因此保险公司具有资产负债匹配的需求。从监管来看，针对这一需求，美国保险公司的重要定位是保证资金的安全，资金兑付相比资金安全处于较低的优先级。由于州法律监管相对严格，前后端约束双管齐下，美国保险的配置自 1990 年开始就非常稳健。

一是美国保险业定量限制多。美国保险业在 20 世纪 80 年代末曾先后出现两家中型保险公司破产的极端案例，在那之后，监管者吸取经验教训，采取了相对严格的管制，对保险业的投资行为从前端和后端两方面实施量化限制，对资产负债匹配的要求也比较严格。一方面，美国对不同险种公司可投资的工具种类、每类工具最高持有比例均有明确的数量限制；另一方面，美国从20世纪90年代即开始实行基于风险资本的偿付能力管理，对于高风险的资产，要求占用较高的资本额度。例如，在美国的规定下，股票的资本占用系数是债券的20倍，远高于其他国家的相关系数，这在很大程度上导致了美国对股权的配置相对较低。

二是美国保险业定性规范强。除了量化限制以外，美国对于保险投资行为的监管还包括一系列旨在落实审慎投资和控制投资风险的行为准则和流程规范。为保险公司制定的投资指引可描述和规范整体的投资策略、资产组合目标和边界设定、可投资类型和需避免类型、资产与负债的匹配管理方式、可承担的风险水平、如何落实审慎评估标准等各个方面。由于该指引的存在，保险业在投资上的反应和变化速度不及美国的银行和其他金融机构迅速，但也保证了保险业投资行为在较长时间内的一贯审慎。这使得保险业在次债危机前泡沫积累阶段也遵循了较为审慎的投资策略，从而大多以较好状态承受住了次债危机的影响，受到的冲击要小于银行业。

三、资本市场

美国拥有全球最为发达的债券市场，且资产证券化水平极高，为高配固定收益类产品提供了充裕空间。从图2.25来看，美国的债券市场无论从规模和深度来看都是全球第一，其债券市场余额占国内生产总值的比例远远高于其他市场，达到206%，欧洲为118%，中国现在只有42%。从资金融资的比例来看，美国的债权融资中，直接融资占比达到76%，通过银行的间接融资占比为24%，欧洲则以间接融资为主，占比为79%，直接融资只占21%（见图2.26）。美国债券市场除政府债之外的其他债券种类也很丰富，2015年政府债券、抵押贷款支持债券、公司债券各占债券余额的48%、29%和21%（见图2.27）。此外，美国债券市场存在很长期限的债券，既能获得更高收益率，又能从期限上更好地匹配寿险公司的负债（见图2.28）。美国债券市场的规模能够充分吸纳体量庞大的保险资金，多元的产品类型能提供收益率理想的标的类型，因此美国的寿险能够并愿意在债券产品上配置较高的比例。

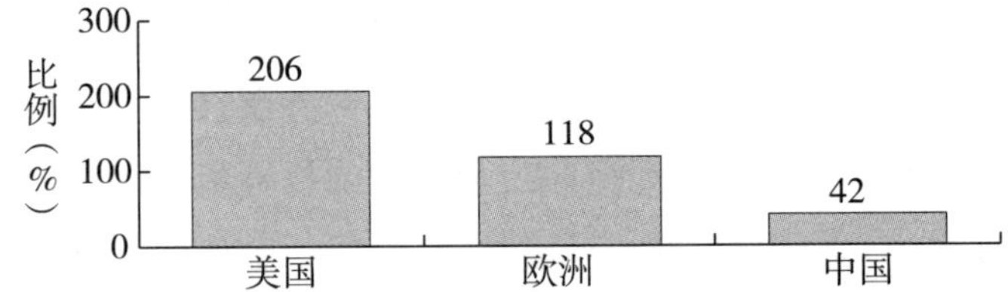

图2.25　债券市场余额占国内生产总值的比例

资料来源：美国保险监督官协会、证券业和金融市场协会、彭博、美国财政部

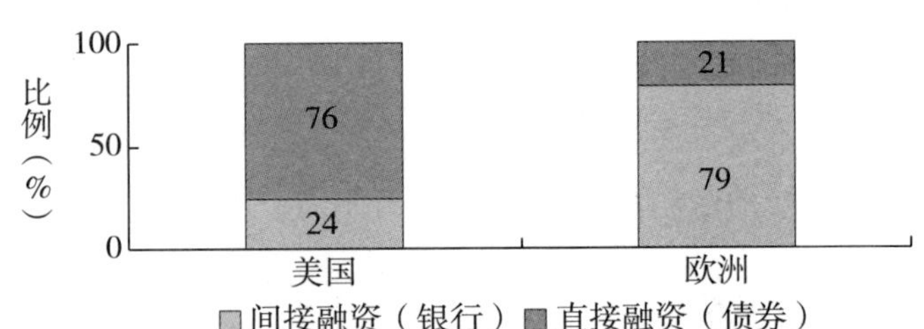

图2.26　美国与欧洲债权融资构成的比例

资料来源：美国保险监督官协会、证券业和金融市场协会、彭博、美国财政部

美国股市高度发达，股票市值规模世界第一，交易度高度活跃，且上市公司数量最多，有着成熟的体系和完善的制度。但在监管影响下，美国保险公司股票配置比例仍然相对较低。股权类投资，特别是上市股票的投资，在资本占用上面临很高的惩罚，因此对于保险公司来讲，投资于股权如果不能获得特别高的收益，在资本回报率方面是非常不划算的。在这样的负债端特点下，美国保险的资金运用中，股权的占比是非常低的。

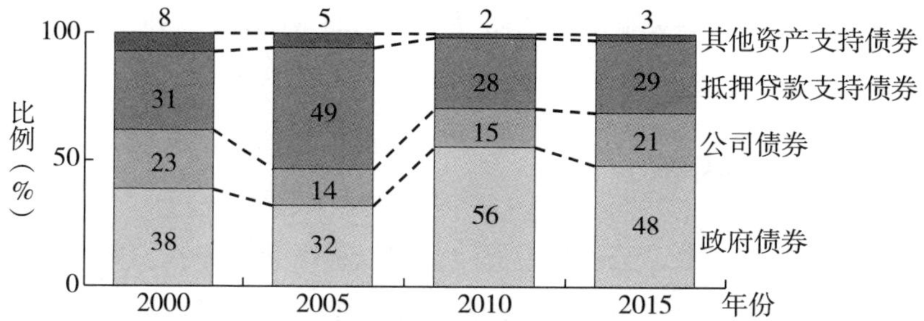

图 2.27 美国各类债券余额占总债券余额的比例

注：由于四舍五入，部分数据之和可能不等于 100%。

资料来源：美国保险监督官协会、证券业和金融市场协会、彭博、美国财政部

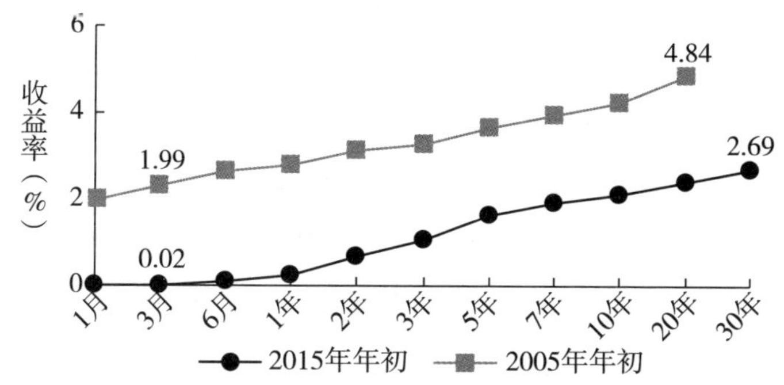

图 2.28 政府债券的分期限收益率

资料来源：美国保险监督官协会、证券业和金融市场协会、彭博、美国财政部

四、负债端特点

产险和寿险资金配置差异主要由不同险种的负债特点决定。如上文所述，产险股权投资显著高于寿险，寿险侧重于公司债券投资，这主要是由于产险和寿险资金端产品的特点不同。由于产险负债期限较短，只有 1 ~ 2 年，只能投资收益较低的短期债券，因此产险公司有较强的需求通过高配股票来提高整体收益率。而寿险低配股票是因为安全性的要求，由于寿险产品中相当一部分有最低回报保证，不能高配股票，而公司债又是债券中收益率较高的类型，

对于不得不在债券类资产范围内寻求优化的寿险，公司债是理想的选择。

五、内部因素

在投资目标上，美国上市保险公司以最大化财务投资收益为主而非追求整体回报①，因而高配固定收益类产品、低配股权。最大化投资收益则需要将资金更多地配置在能够每年产生投资收入的标的。虽然股权的总回报可能显著高于固定收益产品，但其中很大一部分依赖资产升值，而这些因长期持有而获得的升值只有到交割时才能体现在投资收益中，持有期间仅分红或租金能每年计入投资收益，因此股权的投资收益并不一定较固定收益类产品高。在此基础上，再考虑监管要求股权所占用的资本是固定收益的20倍，股权的资金利用效率与很多固定收益产品相比较就不甚理想，所以，追求投资收益率的美国寿险对股权的选择较为挑剔和谨慎，整体配置很低。

公司的规模特性也对险资配置有一定影响。如上文所述，大型保险公司高风险、高收益资产的配置比例更高，这首先是因为管理资产的规模和平均回报率之间的关系符合S曲线的规律：当达到一定规模后，边际投资收益会逐渐递减，而大型保险公司资产规模更大，在同等资产种类中能够获得的平均回报率反而比小公司更低，必须通过扩充资产配置的种类，并向高风险端移动来优化平均收益

---

① 整体回报法（total return approach）是一种投资策略，指要在一定期间内最大化资产组合的总体回报，包括利息、股息以及价格升值，为了最大化总体回报，一般不考虑标的期间的现金流入特征，而只考虑整体回报率，因而投资的标的非常多元。但若采用投资收益法（income approach），则价格增值不纳入主要考虑，而是以保证每年的投入达到一定比例为底线，此时就需要更高比例地持有固定收益类产品和较高分红比率的股票。

率。此外，大型保险公司内部投资团队和信用评级团队的规模更大、人员能力更强，因而可以在较广泛的资产范围内进行投资优化和风险控制。其次，对于大型保险公司来讲，其有资金和团队能够在更多元化的资产类别上提升自己的投资能力，从而去配置不同的资产。

第四节　美国保险公司资金运用的经验

20 世纪 80 年代的美国寿险业曾经历与国内保险业当前类似的状况：利率放开、投资属性强的产品占比快速上升、竞争加剧、资金端成本与投资风险共同上升（见图 2. 29）。

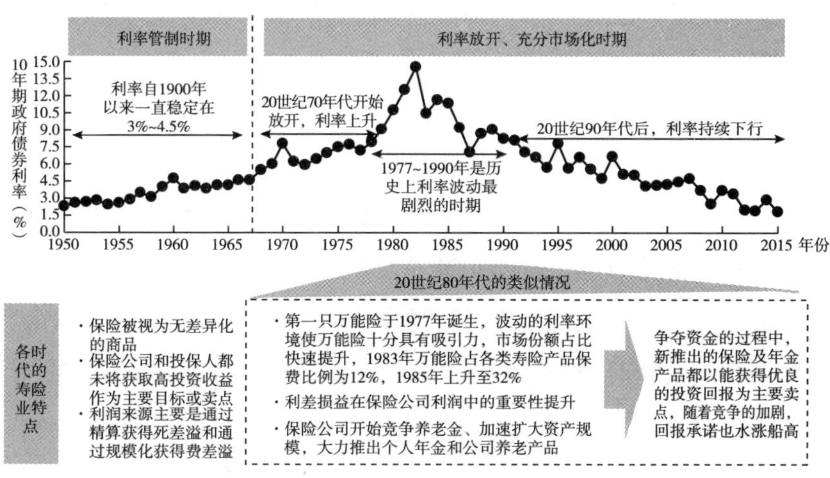

图 2. 29　20 世纪 80 年代美国寿险业面临的挑战

在 20 世纪 70 年代利率市场化之前，保险公司未将获取高投资收益作为主要目标，投保人购买保险产品的核心目的也是获得保障，而非赚取投资回报。由于被管制的利率环境长期以来十分稳定，且可投资的标的类型也较为有限，因而利差损益占比不高，保险公司的利润来源主要是通过精算获得死差溢和通过规模化获得费差溢。

但是，利率市场化后，以万能险为代表的利率敏感型、高现金价值的保险产品被发明出来，其市场份额快速提升。万能险的保费实际被分为两个部分：一部分是经精算确定的为获得死亡赔付所缴纳的保费，其余的部分则进入一个可以定期获得投资收益的现金价值账户。该现金账户每年的收益可由保险公司不断调整，且具有最低保障。20 世纪 70 年代到 80 年代中期波动的利率呈不断上升趋势，造成买万能险能获得比买期险（term life）和终生险（whole life）更好的投资收益，因此该产品的占比快速上升。第一只万能险是 1977 年诞生的，在 1983 年的时候，万能险在寿险产品中的占比已经快速上升到 12%，那时期险占比 53%，终生险占比 34%。到了 1985 年的时候，万能险的占比已经升至 32%，而终生险和期险占比分别下降为 28% 和 38%。在万能险推出后，一些保险公司还推出了利率敏感型的终生险产品。

随着这些高现金价值、利率敏感型产品的推出和快速渗透，保险产品销售的价值主张也越发向“为客户提供优质的投资回报”转移，同时利差损益在保险公司利润构成中的占比也越来越高。在新的需求特点及新的利润结构特点的驱动下，保险公司的战略重心开始向“资产管理”转移，扩大所管理资产规模、赚取利差成为利润增长的核心驱动力，资产累积型产品也因此成为保险公司在资金端发力的领域之一。

资产累积型产品实际就是理财产品，这类产品的价值构成中只有微乎其微的部分是死亡保障，其余都是现金价值。在此战略指导下，20 世纪 80 年代的美国寿险公司推出个人年金、GIC[①] 等产品，开始与银行等其他资产管理机构竞争养老金资产。

美国对理财性资金的追逐与现在中国的“泛资管”趋势非常类似。由于保险公司推出的新产品的竞争对象实际上是市场上的其他理财产品，因此提高资金端的回报承诺就变成了主要竞争手段。随着资金端的成本水涨船高，资产端也不得不开始追逐更高的回报率。

在此背景下，个别保险公司疯狂追逐收益率，采用激进的资产配置策略，对于个别资产类型的配置过于集中，最终不敌风险爆发时的冲击，走向破产（见图 2. 30）。

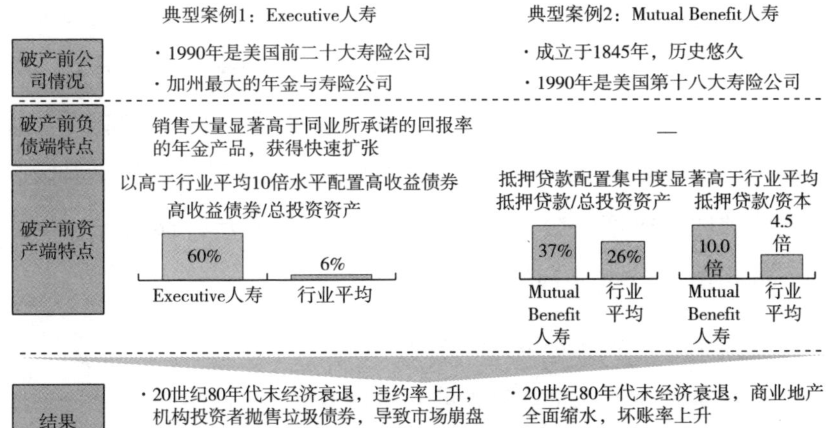

图 2. 30　保险公司破产案例

---

① GIC 即 Guaranteed Investment Contract，是一种针对公司推出的养老金管理产品，该产品的特点是本金保障加定期的固定利率给付。由于保险公司当时承诺的固定利率相对较高，且有本金保障，因此该产品对于很多公司以及养老金管理机构来讲非常有吸引力。

● 案例1：Executive人寿

Executive人寿（Executive Life，简称EL）曾是加州最大的寿险和年金公司，1990年是美国前二十大寿险公司。1980年，公司主要依靠在资金端销售大量显著高于同业结算利率的年金产品而获得急剧扩张。由于所售产品要求高收益，公司在资产端的投资非常激进。20世纪80年代中期，市场对垃圾债券的认识还不成熟，不少学术研究显示在非完全有效的资本市场上，高风险、高收益的资产类型能够提供更高的风险调整后收益（risk-adjusted return），因此不少保险公司积极投资高收益债券。EL公司在较高的资金成本驱使下，将资产的2/3都投资于垃圾债券（也称高收益债券），配置集中度为行业平均水平的10倍之多（当时行业平均只有6%左右）。20世纪80年代末，美国经济衰退、违约率大幅上升后，机构投资者开始大量抛售垃圾债券，导致垃圾债券市场崩盘，EL公司因此遭受巨额投资损失，进而导致投保人大量退保。集中退保造成的流动性危机使得公司不得不在低位抛售资产，损失进一步扩大，最终在1991年走向破产。

● 案例2：Mutual Benefit人寿

Mutual Benefit人寿（Mutual Benefit Life，简称MBL）是一家百年老店，于1845年成立，在1990年是美国第十八大寿险公司。在20世纪80年代，MBL公司在抵押贷款和地产股权上的配置比例很高，1990年在抵押贷款上的配置比例达到37%，是前二十大公司中最高的（当时行业平均的抵押贷款配置比例只有26%），MBL公司的抵押贷款资产除以资本的倍数在1990年高达10倍，而行业平均只有4.5倍。20世纪80年代末经济衰退，商业地产业全面缩水，坏账率大幅上升，MBL公司的评级被标普等机构大幅降低，导致投保人慌忙选择大量退保，而公司的资金却被套牢在不动产中，因此同时遭遇了资产贬值损失和流动性问题，最终导致破产。MBL公司的案例当时震惊全行业，因为该公司在很长时间内一直被业界认为是一家管理良好、投资稳健的蓝筹公司。

- 案例3：大都会人寿

与失败案例相反，成功的大型保险公司在竞争中有所节制，对投资风险严格把控。以美国大都会人寿为例，虽然当时其在房地产和抵押贷款上的投资能力位居行业领先，但对抵押贷款的投资比例甚至较行业平均水平还略低（行业平均水平为26%，大都会人寿为22%），从当时抵押贷款占资本的倍数来看，大都会人寿与行业持平（行业平均是4.5倍，大都会人寿是4.6倍）。公司能在激烈的竞争中保持住整体资产负债的稳健，得益于其较早就开始实施资产负债匹配管理，也得益于其较为规范、严格的风险管理体系。在进行保险产品的设计和定价时，公司不让销售和精算部门占绝对主导，而是让投资、风控等部门充分参与决策，保证了资产端和风控端较强的话语权。另外，从20世纪80年代末公司就开始在负债端专门针对潜在的不良贷款计提风险准备金，其对于地产业信用风险的管理方式也走在了监管及行业的前面。

大都会人寿高配私募股权、私募债务。大都会人寿对房地产贷款、房地产股权、非上市股权和非上市公司债权的投资比例显著较高，与行业平均水平及中小公司拉开显著差距。例如，从大都会人寿2015年第三季度末披露的投资资产构成来看，约4 685亿美元的一般账户中，直接发放的抵押贷款为659亿美元，占比高达14%，超过美国寿险业10.6%的平均配置比例。

对非公开市场资产的高配策略依赖于其强大的非上市资产发

起能力。大都会人寿建立了自己的贷款专员网络，绕过商业银行和投资银行直接对接房地产、农业、基础设施等领域的融资人，并进行贷款发放。2014 年，大都会人寿成功发起了 120 亿美元的商业抵押贷款、17 亿美元的房地产股权、80 亿美元的公司债权及基础设施项目债权，以及 36 亿美元的农业贷款，在每年的资产发起总规模上，较保险同业遥遥领先。通过成为这些金融资产的发起人，大都会人寿能够掌握与资产表现相关的所有一手资料，对资产的质量、信用风险能够进行更为准确的评估，同时能够从发放环节就进行风险管控，从而获得更佳的投资回报。

大都会人寿在房地产行业的核心投资优势是全方位、全价值链的投资能力，不仅包括贷款发放能力，还包括贷款承销、市场研究、风险和突发事件管理、租赁以及物业管理等多种环节的能力。

大都会人寿在信用风险的评估上积累了中小公司难以匹敌的能力。在信用风险评估方面，它专门建立了内部多达 200 人的评级团队，基于自 1989 年以来的一手数据的分析和积累，其内部形成了一套专有的信用风险评级技术。公司不依赖于标普和穆迪这些外部评级机构的结果，而是亲自对每项投资的债权资产进行评估和定价。强大的信用评估能力不仅使得大都会人寿能够更有竞争力地获得和筛选非上市信用资产，也能使其对二级市场的公司债券和资产抵押债券等产品进行更好的风险把控。在次债危机爆发时，标普等机构未能充分揭示次债的风险，大都会人寿却更早地捕捉到了潜在的风险，并及时采取相应措施降低了危机大规模爆发时所受到的冲击。

积极、持续地拓展海外投资是大都会人寿的另一个核心竞争力。大都会人寿从 20 世纪 80 年代开始逐步加快了海外投资的步伐，与中国保险公司目前所处的阶段类似。经过 30 多年的发展，大都会人寿的境外投资比例从 20 世纪 80 年代不到 5% 逐步上升至目前的 15% 。由于保险业资金端性质特殊、管理复杂，20 世纪 80 年代的第三方资管也并不发达，因此保险业在海外拓展方面较少采用外包模式，而是通过自建、并购、合资或者合作的模式进行海外投资的拓展。大都会人寿的海外投资一开始从英国开始，逐步拓展到欧洲其他国家及拉美，之后再拓展到亚洲。在进入英国的时候，大都会人寿直接收购了伦敦一家本地的保险公司并承接了其投资团队，在进入新兴市场的时候，大都会人寿与摩根大通密切合作，将部分资产委托给摩根大通管理，两年后又将该团队全部收归公司旗下。由于大都会人寿拥有强大的信用评估能力以及非公开资产投资能力，海外投资最开始集中在外国主权债务的投资，同时也涉及一部分私人股权和私人债务，对境外上市公司债券和股权几乎很少涉及。

综上所述，美国的保险资金运用发展经验给予了中国保险公司三方面启示：

第一，公司整体战略方面，在竞争越来越激烈的今天，保险公司应明确自己在投资上的战略和能力定位，借鉴大都会人寿的投资案例，大中型保险公司可考虑从非公开市场资产、海外投资等方面寻求突破，培养更持久的投资竞争力。对于非公开市场资产的投资，公司可逐步深入投资链条的上游，在发起端建立自己的团队和渠道，以确保对优质项目的持续获取。对于海外投资，由于涉及的风险评估类型更多更复杂，因此相关能力建设的确需要经历非常漫长的阶段。在规模较小的时候，保险公司一般以合作、委托的模式开始，但规模扩大后，通常要通过并购或者合资建立海外市场的本

地投资团队。

第二，资金运用策略方面，美国保险业资产配置的驱动因素分析提示我们，稳健的股票投资应以长期持有为目的，短期靠股价波动套利不可持续。无论是在股票持有比例很低的美国，还是在股票持有比例很高的英国，保险公司自身直接进行的股票投资都以长期持有为主导策略。反观中国，几家大型保险公司在股票投资上的参与度、换手率远高于美国，投资收益率也因此与股市表现存在较高的正相关。但发达市场的经验说明，资本市场越发达、越有效，基于股价波动获得短期套利越发困难，且该收益不可持续。在美国，即使是对股市投资最为擅长的共同基金，其投资业绩表现也往往是风水轮流转，几乎没有几家基金能够在中长期连续跑赢大市获得超额收益。因此，在一个有效的资本市场，保险公司能从股市中持续获取正的预期短期收益的可能性较低。专家访谈显示，美国大型保险公司对股市的投资不仅比例低，在各类股票策略上的配置较为分散，而且也越来越多地从选择主动型的投资策略变成选择更多被动型、指数挂钩型的投资策略。

第三，关键支撑能力方面，美国保险公司 20 世纪 80 年代的失败案例也提醒我们，在行业竞争加剧、宏观经济恶化的环境中，中小保险公司要特别注意加强风险管理。第一，建立与资产负债匹配的管理机制对销售文化主导的公司尤其重要。美国 20 世纪 80 年代损失惨重的公司，往往都是销售文化占绝对主导的中小保险公司。随着资金端竞争态势加剧，中国的中小保险公司也应该注意投资和销售之间的联动和相互牵制，通过建立资产负债管理能力平衡投资和销售决策，避免投资陷入纯粹的被动，盲目追求高风险资产。第二，经济下行时，应特别防范信用风险。经济增速大幅放缓的过程中，实体经济中标的资产的信用风险上升，违约率增加。借鉴美国 20 世纪 80 年代的经验，中国公司此时对增量资产应着重加强潜在风险的甄别和评估，降低风险集中度，对存量资产要做好压力测试，提前准备，避免极端不利情况对公司造成严重影响。

第三章

德国市场

保险公司是德国资产管理行业最大的机构投资者，寿险平均投资收益率约为4%。根据欧洲基金和资产管理协会（EFAMA）的报告，2014年，保险公司以41%的投资占比成为德国资产管理行业最大的机构投资者，其中，寿险公司占比最高，为68%，健康险与产险公司占比分别为19%与13%（见图3.1）。根据行业协会披露的数据，排除2011年因监管要求提高利息准备金带来的影响，德国寿险公司2010～2014年的投资收益率大约为4%，低于美国5%左右的投资收益率（见图3.2）。

第一节　德国保险资金运用监管

在金融混业监管大框架下，德国采用多层级监管体系（见图3.3）与单一报告条线（见图3.4）相结合的方法，在确保监管力度的同时减轻金融机构的信息披露成本。德国保险资金运用受制于多层级的保险监管体系，包含欧盟、联邦与各州、外部3个层面，

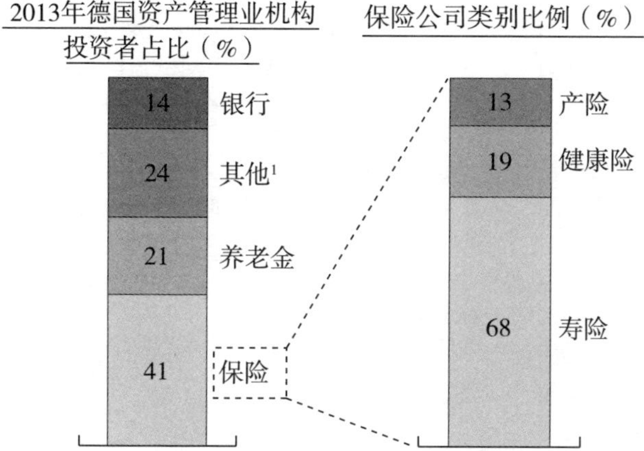

图 3.1　2014 年德国资产管理行业机构投资者占比

注：1. 其他包括基金会、主权基金、公司、政府、央行及其他金融中介机构。

资料来源：EFAMA 欧洲资管 2015 年报告、GDV、波士顿咨询公司

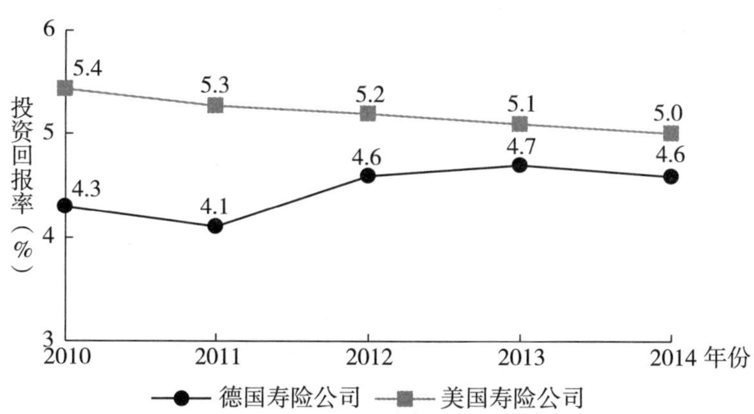

图 3.2　2010～2014 年德国与美国寿险公司的投资回报率

注：由于2011 年起德国联邦金融监管局要求德国保险公司提取利息准备金以应对利率下降导致的偿付风险，保险公司变现资产获得资本利得，导致行业平均投资收益上升，实际收益仍应维持在 4.1% 左右。

资料来源：EFAMA 欧洲资管 2015 年报告、GDV、波士顿咨询公司

其中，通过欧洲保险与职业养老金管理局（EIOPA）与欧洲中央银行，欧盟有权出台“欧盟指令”，对欧盟国家的保险监管制定约束框架，最著名的例子有欧洲的偿二代指令。在德国联邦与各州层面，

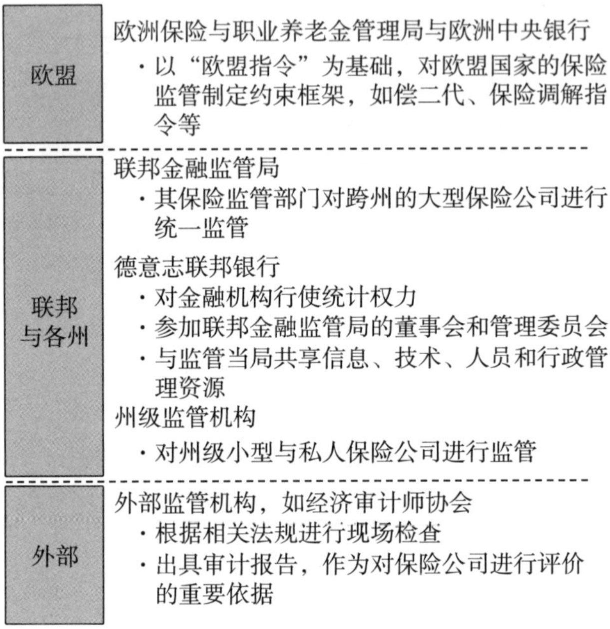

欧盟
欧洲保险与职业养老金管理局与欧洲中央银行
·以“欧盟指令”为基础，对欧盟国家的保险监管制定约束框架，如偿二代、保险调解指令等
联邦与各州
联邦金融监管局
·其保险监管部门对跨州的大型保险公司进行统一监管
德意志联邦银行
·对金融机构行使统计权力
·参加联邦金融监管局的董事会和管理委员会
·与监管当局共享信息、技术、人员和行政管理资源
州级监管机构
·对州级小型与私人保险公司进行监管
外部
外部监管机构，如经济审计师协会
·根据相关法规进行现场检查
·出具审计报告，作为对保险公司进行评价的重要依据

图 3.3　德国保险的多层级监管体系

欧洲系统风险委员会
（ESRB）
德国金融稳定委员会
欧洲中央银行（ECB）
德意志联邦银行
欧洲保险与职业养老金管理局
联邦金融监管局
企业
企业
企业
……

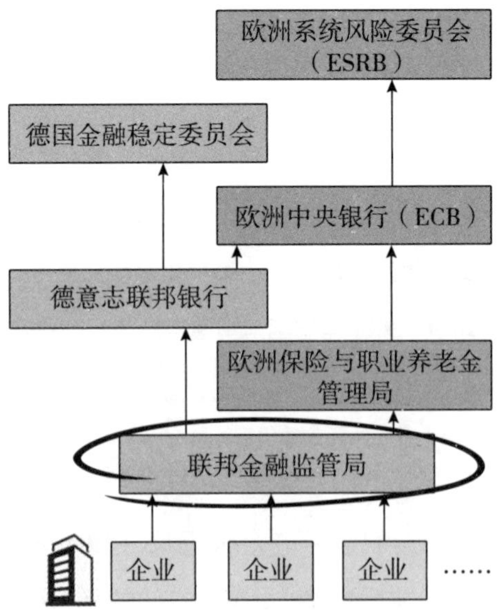

图 3.4　德国保险的单一报告条线

联邦金融监管局（BaFin）的保险监管部门负责对跨州的大型保险公司进行统一监管，各州的监管机构对州级的小型公司与私人保险公司进行监管，德意志联邦银行则负责进行数据统计、参加联邦金融监管局的管理委员会，并与其共享信息、技术、人员等资源。包括经济审计师协会在内的外部监管机构也对保险公司拥有监管权限，这些外部机构主要负责根据相关法规对保险公司进行现场检查，或是出具审计报告，作为对保险公司进行评价的重要依据。德国的监管体系虽然纷繁复杂，但报告条线仍保持单一，保险公司只需要将按固定模板填列的数据提交至联邦金融监管局，后者会对数据进行归纳整理，再共享给欧盟与联邦层面的其他机构，大大降低了企业的信息披露成本。

德国的保险监管可以分为 3 个部分，分别是定量的比例监管、定量的偿付能力监管，以及定性的行为准则与流程规范。贯穿这 3 个部分的是一系列事前、事中与事后监管工具，包括德国独特的受托人系统。

在定量的比例监管方面，要求保险公司划定限制资产（restricted assets），并规定总体投资原则、可投资类别、比例与集中度限制，以及货币匹配规则。德国保险比例监管主要适用于所谓的限制资产，即影响保险公司保单赔付能力的资产，包括各类准备金账户与待分红资产等，这类资产一般占到总资产的 90% ~95% 。需要注意的是，随着欧洲偿二代在 2016 年的全面实施，上述比例监管在名义上将被取消，但是由于比例监管运行历史悠久，德国监管机构对其熟悉与依赖度较高，加上德国“规则本位”的社会体制根深蒂固，在偿二代过渡时期，比例监管仍有可能通过监管机构与大型保险公司高层的讨论会、对保险公司投资的意见书等非正式形式继续发挥效力。

由于对保险偿付的重要性，限制资产需要受到非常严格的定量监管限制。首先，适用于限制资产的投资原则是“安全与收益”，需要在确保最大安全性和收益性的同时随时保持流动性，以充分分散风险。其次，在实际投资中，如图 3.5 所示，限制资产只能投资在贷款、债券、资产支持证券或信用票据、股票或基金、房地产、信用机构存款 6 个资产类别中，且每个类别下均有明确的细项定义，需要再根据细项定义设定比例与集中度限制，如资产支持证券不可超过可投资资产的 7.5%，其他贷款、次级债券、股票或基金所有投资相加不可超过可投资资产的 35%，除德国欧盟政府机关、德国所属国际组织外的单一借款人的贷款或债券投资不能超过限制资产的 5%，涉及欧盟或经济合作与发展组织成员国信贷机构时该比例可放宽至 15%，单一房地产公司投资不能超过限制资产的 15%，单一公司股权投资不能超过限制资产的 1% 等。此外，限制资产的投资还需遵守货币匹配规则，即投资货币必须与保险合约偿付的货币相匹配，这大大限制了非欧元区的投资。在限制资产之外的资产统称为自由资产，可以投资上述六大类别之外的资产，包括私募基金、对冲基金、大宗商品、非经济合作与发展组织国家的投资等，也可以在限制资产投资已经达到比例限制后继续投资，但是超出类别限制与比例限制的额度相加不可超过可投资资产的 5%，上述自由资产的设置给予了保险公司更多的投资空间，也确保了安全性的原则。

在定量的偿付能力监管方面，德国将全面接受欧洲偿二代的偿付能力监管框架，采用市场一致的估值方法，通过标准模型或内部模型计算偿付资本要求（见图 3.6、图 3.7）。经过长达 10 年的酝酿与准备，欧洲偿二代于 2016 年 1 月在德国全面实施，此举让德国的保险监管从偏重前端的比例监管向偏重后端的偿付能力监管迈

	贷款	债券	资产支持证券或信用票据
限制资产 90%~95%	政府贷款 · 经济合作与发展组织成员国政府机构担保贷款 有保障的贷款 · 有资产或其他担保的银行贷款 其他贷款* 5% · 有足够安全性的其他贷款	银行债券 · 经济合作与发展组织成员国银行发行的债权公开交易债券 · 经济合作与发展组织成员国公开市场债券次级债券* · 经济合作与发展组织成员国公开交易次级债券其他债券	资产支持证券 7.5% · 经济合作与发展组织成员国公开市场交易的资产支持证券信用票据 7.5% · 经济合作与发展组织成员国公开市场交易的信用票据
	股票或基金	房地产	信用机构存款
	公开发行股票* · 经济合作与发展组织成员国公开市场股票封闭基金* · 投资标的类股票的封闭基金 开放基金* 7.5% · 符合可转让证券集合投资计划（UCITS）的开放基金 其他基金* 7.5%	投资基金 · 地产或产权价格的合理性要能够由外部独立专家证明 房地产信托基金股权 · 满足本国法律的经济合作与发展组织成员国房地产信托基金 房地产基金	中央银行存款 · 欧洲中央银行或经济合作与发展组织成员国中央银行存款 其他银行 · 满足欧盟2013/36指令的经济合作与发展组织成员国银行
自由资产	对超出上图的资产类型如私募基金、对冲基金、大宗商品等另类资产，将新兴市场等的投资额度与超出上述量化限制的投资额度相加，不得超过可投资资产的5%		

图 3.5　德国监管机构对限制资产的可投资类别与数量的规定

注：1. ×%：该类资产不得超过所有可投资资产的×%。

2. *：带*资产加总不能超过所有可投资资产的35%。

资料来源：德国联邦金融监管局、波士顿咨询公司

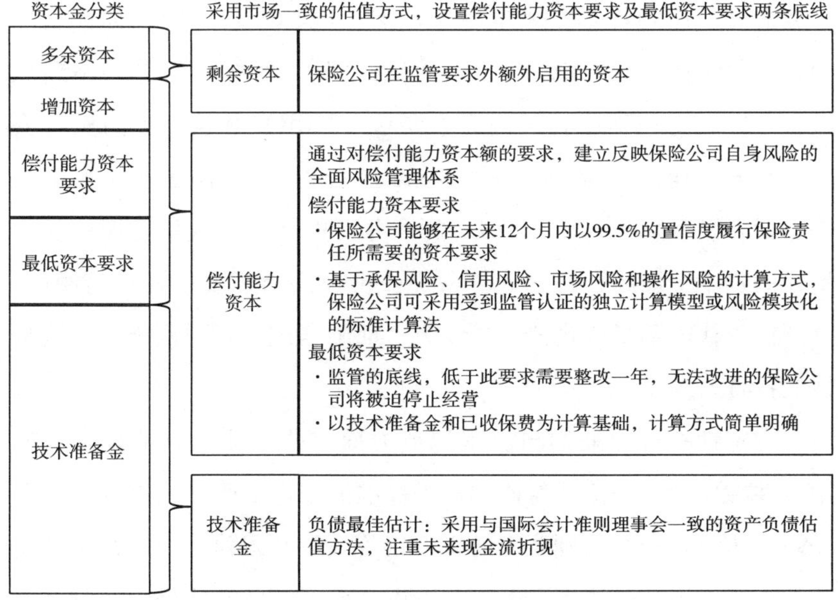

图 3.6　偿二代对偿付资本的要求

资料来源：德国联邦金融监管局、波士顿咨询公司

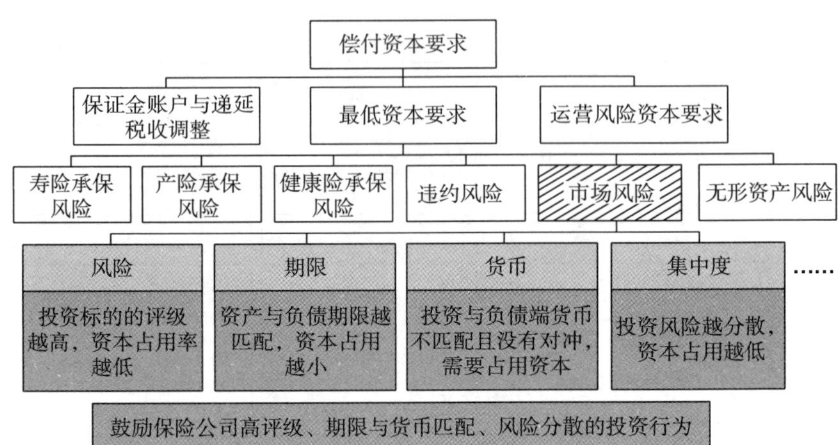

图 3.7　德国偿付资本的计算

资料来源：德国联邦金融监管局、波士顿咨询公司

进一大步。其中，定量的偿付能力监管主要涉及欧洲偿二代三大支柱的第一支柱，要求保险公司采用与国际会计准则理事会（IABS）一致的度量原则计算技术准备金，然后以标准模型或内部模型建模，量化承保风险、市场风险、信用风险、操作风险等一系列风险，并以此为基础计算最低资本要求（MCR）和偿付能力资本要求（SCR）。前者是监管的底线，低于此标准的保险公司将面临整改，后者是保险公司在未来 12 个月内以 99.5% 的置信度履行保险责任的资本金保障。通过计算各类投资风险所需要的资本金额度，欧洲偿二代鼓励了保险公司高评级、期限匹配、货币匹配、风险分散的投资行为。

在定性的行为准则与流程规范方面，德国强调审慎投资人原则，并在风险管控体系与披露报告标准上制定了严格的规范（见图 3.8）。审慎投资人原则要求所有的投资决策必须建立在理性决策所需的相关知识和技能水平上，并以审慎而理性的方式做出。具体来说，投资人必须对潜在的投资项目进行详细的尽职调查，确保该投资符合监管与公司投资政策的要求；投资人负有注意义务（duty of care principle），即以谨慎而理性的方式做出决策并对其后果负责；投资人需时刻考虑投保人的利益，确保投资符合其最佳利益（best of interest）。

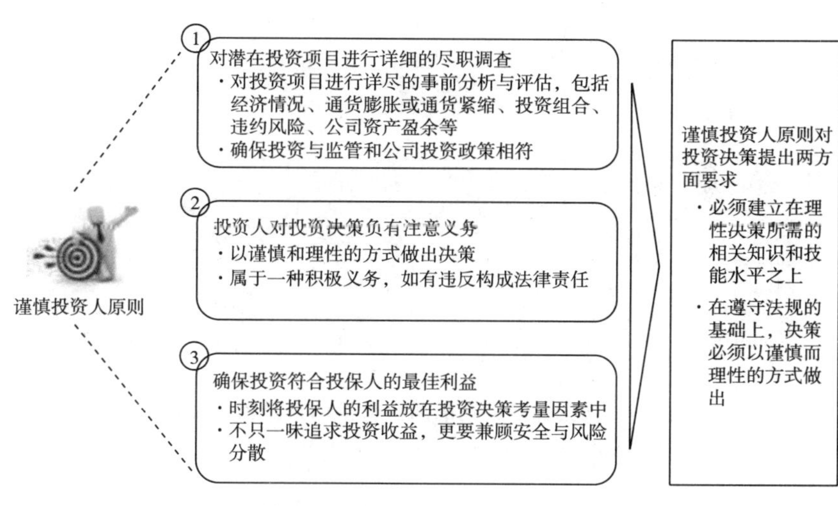

图 3.8　德国在行为规范方面对保险公司的要求

资料来源：德国联邦金融监管局、波士顿咨询公司

此外，德国监管重视风险管控体系的建立，明确说明风险控制是管理层不可转移的职责，要求保险公司根据自身情况建立完备的风险管控体系，制定包括公司层面的风险战略，以及从风险识别、风险分析、风险应对、风险持续监测到风险报告的风控流程，还包括建立组织架构、数据收集、内部审计等模块的风控支持体系（见图 3.9）。

如图 3.10 所示，德国有着比较严格的披露要求，包括标准化的季度与年度数据披露等，而在偿二代正式实施后，德国监管将根据第三支柱的要求进一步细化披露内容，包括针对监管机构的披露与公开披露两个部分，充分涵盖模块化的描述性信息披露与标准化

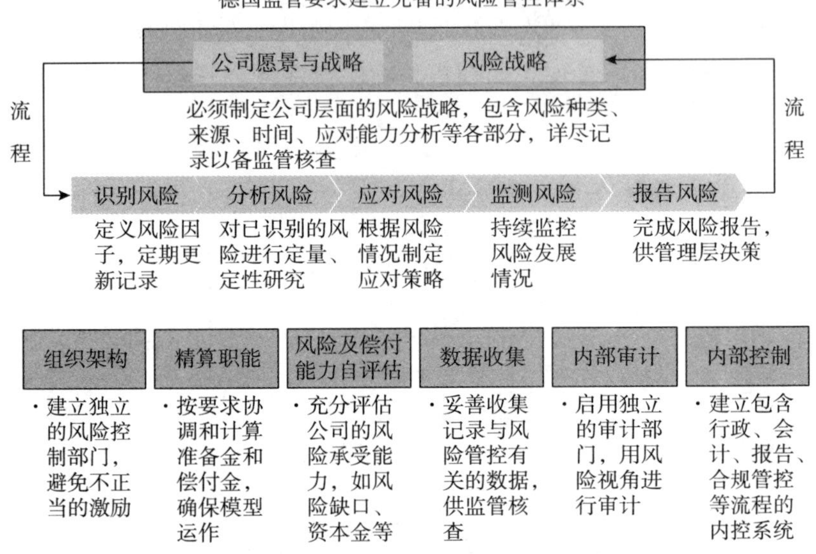

图 3.9　德国保险公司的风险管控体系及相关规定

资料来源：德国联邦金融监管局、波士顿咨询公司

的量化数据披露。

在监管工具方面，事前着重建立法规制度并帮助企业进行偿二代转型，事中以披露报告、建设风险管控流程、实地拜访与压力测试为主，事后实行强制法令或进入管理层。德国的事前监管主要以出台法律法规与协助企业进行偿二代转型为主，如将欧盟偿二代的要求落实到德国保险法中，出台偿二代指令的解释文件，进行“量化冲击”调查，确保公司偿付能力与偿二代要求接轨等。事中监管方面，除了上文提及的披露与报告、建立风险管控体系以外，德国监管还强调实地走访，定期拜访保险公司总部或分支机构，要求保险公司提供必要的财务数据，并与公司人员谈话获取信息；压力测试也是事中监管的重要环节，德国保险公司需要定期提交 4 种市场场景下的压力测试结果，监管当局评估未通过测试的公司并提出整

德国有较严格的季度／年度披露要求[1]

季度披露

该季度业务数据
- 新业务季初、季中、季末数据
- 保险索赔数据
- 该季度费用（佣金、薪水等）
- 已达成的业务收益

该季度投资数据
- 已有收益／损益

年度披露

资产负债表和损益表数据[2]

附加信息[3]
- 投资情况及变动
- 限制资产与非限制资产
- 投资收益与费用
- 损益表中费用部分的详细拆分

公司年报
- 包含管理层报告、审计报告等内容要求

外国保险公司需提交的附加信息
- 母公司年报

在加入偿二代体系后会接受更严格的披露要求

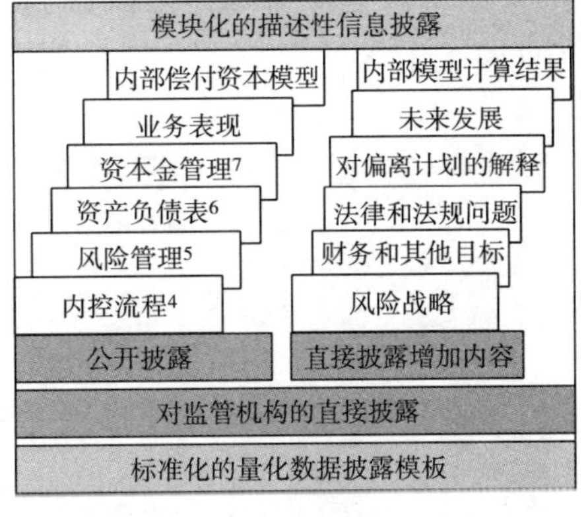

图 3.10　当前和偿二代实施后德国保险的披露要求

注：1. 均有统一格式的表格，方便联邦金融监管局进一步提取和规整数据。

2. 根据产险、寿险、健康险有所不同。

3. 根据产险、寿险、健康险有所不同。

4. 内控流程包括风险及偿付能力自评估结果报告、风控体系、内部控制、审计和精算等。

5. 风险管理需要分别陈述保单风险、市场风险、流动性风险、运营风险等各类风险的管理和风险缺口。

6. 资产负债表需要明确资产、负债、准备金等符合市场价值的计算方法。

7. 资本金管理需要说明偿付资本金计算模型。

资料来源：德国联邦金融监管局、波士顿咨询公司

改意见，如要求其增加资本金、重新分配投资组合或采取相关对冲等。事后监管方面，只要是为了确保保险公司履行偿付义务，德国监管拥有出台任何“恰当且必要”法令的权力，而当公司经营发生严重违规时，联邦金融监管局还有权指派特使进入管理层、监事会或其他岗位，临时接管或参与保险公司经营，甚至吊销保险公司执照。

德国监管还存在受托人制度，即保险公司需要在公司里任命一位受联邦金融监管局认证的受托人，该受托人有权在公司内部获取一切必要信息，以确保限制资产投资符合规定，并在

提交的报告上签名认证。在组织架构上，受托人与公司投资管理委员会平级，不受前者制约，直接向联邦金融监管局报告（见图 3.11）。

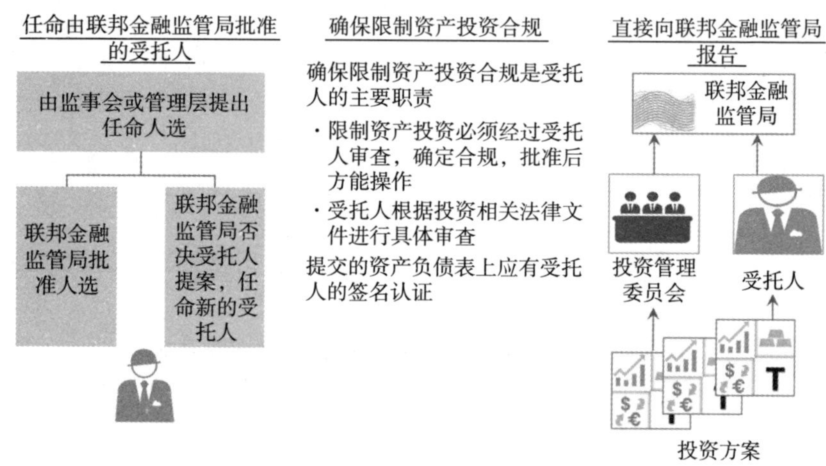

图 3.11　德国保险的监管工具

资料来源：德国联邦金融监管局、波士顿咨询公司

第二节　德国保险资金运用的特点

德国保险资金的资产配置相对保守，以固定收益类为主，股权占比较低。如图 3.12 所示，近 5 年来，德国保险行业一般账户资金运用以保守、稳健为主要特点，各大类资产配置占比相对稳定。以 2014 年为例，固定收益类资产占总投资资产的比例高达 80%（债券占 29%，贷款占 27%，债权类基金占 24%）；股权投资（包括二级市场股票投资与长期股权投资）5 年来均稳定在 6% ~7%。

个别类型的海外资产配置占比相对较高，但以欧元区为主。德

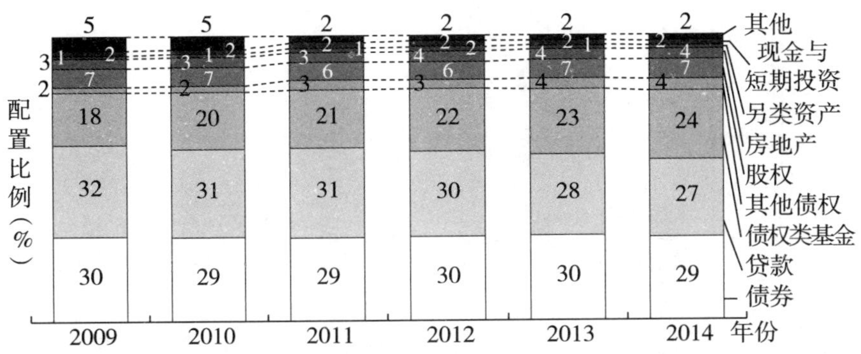

图 3.12　2009 ~ 2014 年德国保险业资产配置情况

注：债权投资包括抵押贷款、债权基金、保单贷款和其他债权，其中债权基金指通过基金投资的债权类产品；股权投资包括股权基金、直接持股、参与股权，股权基金指通过基金投资的股权类产品。

由于四舍五入，部分数据之和可能不等于 100%。

资料来源：GDV、波士顿咨询公司

国监管机构对海外投资的披露有限，仅涉及政府机构贷款、公开市场债券、次级债与优先股、股权投资与投资基金 5 个资产类别（合计超过总投资额的 60%）。图 3.13 显示了 2015 年第二季度这 5 项资产的海外配置占比，可以看到公开市场债券、次级债与优先股、股权投资的海外占比是比较高的，分别为 94%、37% 和 29%。而这些海外投资有七成左右集中在欧元区，如公开市场债券中的 68%、次级债和优先股中的 70%，以及股权投资中的 76% 均为欧元区内的投资。

即便是对于非欧元区的投资，德国保险公司也是以英镑、瑞士法郎、美元等发达国家市场的货币为主。以安联为例，安联高度关注货币风险的对冲，以符合监管的要求。2014 年，安联通过发行外币计价的债务和衍生工具来对冲汇率风险，发行票面价值分别为 10 亿美元、8 亿英镑和 5 亿瑞士法郎的债务，同时买入 15 亿美元、4 亿英镑的货币远期合约。通过上述货币合约或是外币负债，安联

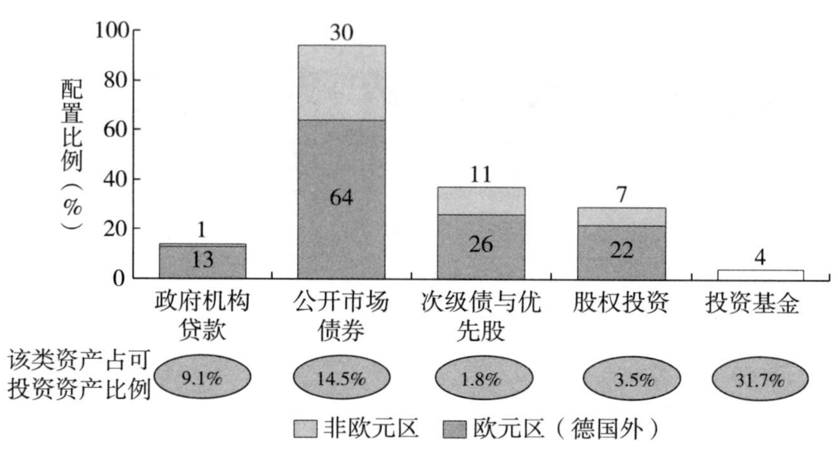

图 3.13　2015 年第二季度德国保险海外资产配置

注：投资基金披露未区分非欧元区与欧元区。

资料来源：德国联邦金融监管局、波士顿咨询公司

减少了汇率波动给企业带来的资金占用压力，保证公司在偿付能力上符合相关监管要求。

和美国类似，德国保险资金的业务类型也会影响资产配置，德国产险高配股票与企业债券，寿险低配股票，重视政府债券（见图 3. 14）。德国产险和寿险在资产配置上的差别与美国类似，一方面，产险因期限短无法高配长期债券，主要通过股票与企业债券寻求收益，在德国，产险的股票配置（16%）与企业债券配置（16%）占债券总额的比例均高于寿险公司，后者的比例分别为 6% 与 10%。另一方面，寿险负债偿还期长，可投资 20 年以上的长期债券获取期限收益，通过股票寻求收益的动力较低，再加上负债端多保底最低收益，偿付压力较大，所以导致股票配置较低，政府债券配置较高（占债券总额的比例为 22%）。

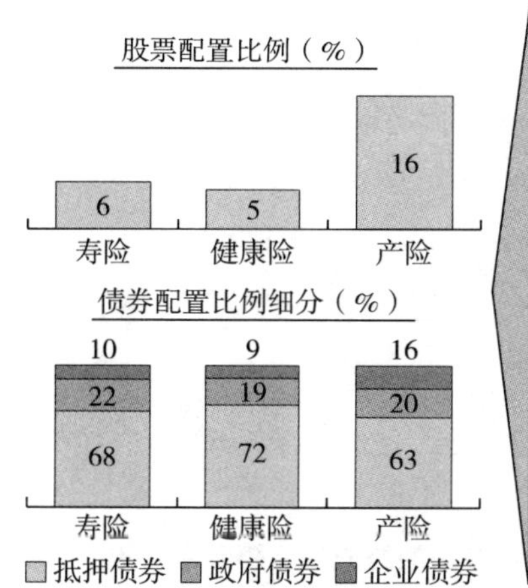

主要由负债端特点所驱动

产险因负债期限短而无法高配收益较高的长期债券，主要通过股票与企业债券寻求收益

- 产险负债期限较短，只能投资短期债券
- 短期债券整体收益率较低，有较强动力通过股票来提高整体收益率
- 收益较高的企业债券投资也相对较高

德国寿险产品多保底最低收益，出于安全性考虑，寿险通常选择低配股票和高配政府债券

- 寿险负债偿还期长，可投资20年以上的长期债券
- 为偿付安全性考虑低配股票，高配政府债券

图 3.14　德国产险与寿险资金运用比较

注：由于四舍五入，部分数据之和可能不等于100%。

资料来源：GDV、波士顿咨询公司

第三节　德国保险资金运用的驱动因素

一、宏观环境

德国长期保持较低的通货膨胀水平，有利于保险资金持有固定收益类标的。如图3.15所示，从长期来看，德国的通货膨胀总体低于英、美两国，长期波动相对较低，因此德国国内对通货膨胀造成的固定收益减值预期更低，更倾向于在固定收益类资产方面增加配置。

二、监管环境

严格的监管是德国保险行业资产配置相对保守和稳健的重要原因之一。德国联邦金融监管局对保险资金运用的定量监管历来较为

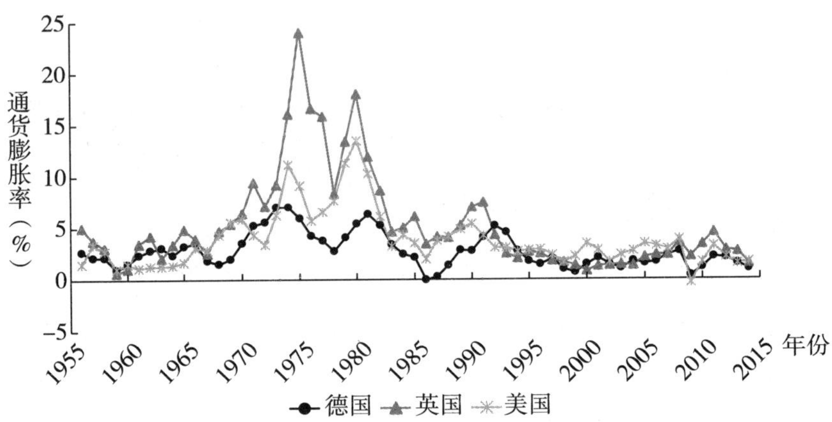

图 3.15　1955～2015 年德国、英国和美国的历史通货膨胀率比较

注：以 2005 年为基准。

资料来源：经济合作与发展组织统计、GDV、波士顿咨询公司

严格，从投资比例和偿付能力两方面对投资行为进行约束，尤其在投资比例上的约束较英国和美国都更为严格。如图 3.16 所示，德国对限制类资产（占总可投资资产的比例必须达到 90% 以上）能投资的标的类型，以及能够相应持有的最高比例均存在明确要求：保险公司只能对贷款、债券、资产支持证券/信用票据、股票等 6 类资产进行投资，且投资额度、集中度等必须限定在一定水平之内，如对开放式基金的投资不能超过所有限制类资产的 7.5%，对资产支持证券的投资也不能超过 7.5% 等。同时，德国也通过偿付能力的要求来间接约束投资，近期实施的偿二代通过更加全面的资本对价要求进一步制约保险公司的投资策略：例如，股权类投资会因其远高于债权投资的资本金占用而维持在较低水平；另类资产的配置比例会随着更高的风险系数经历一定的下降；资产负债期限错配、投资集中度高等投资行为也会因为资本金占用要求而受到更多的制约。

货币匹配原则要求和偿二代对汇率风险的控制要求导致了欧元

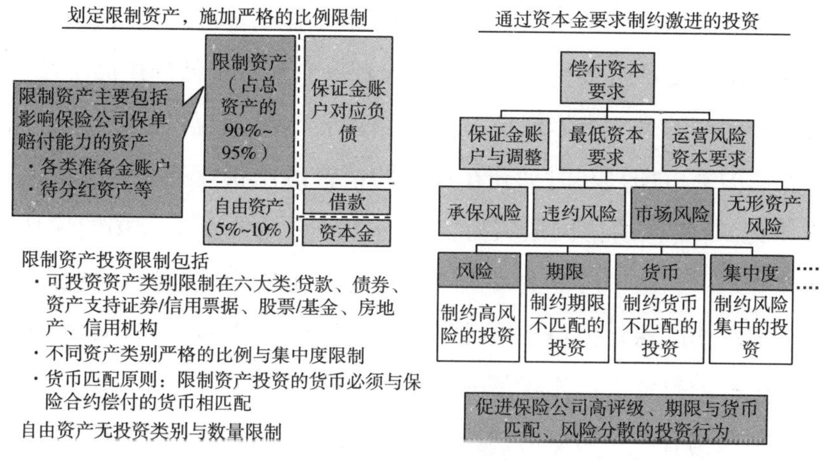

图 3.16 德国保险业的监管措施

资料来源：德国联邦金融监管局、波士顿咨询公司

区投资在海外投资中的高占比。针对占总投资资产90%以上的限制资产，保险公司在投资时需要遵守货币匹配原则，即投资的货币必须与保险合约偿付的货币相匹配，由于德国保险公司的业务主要集中在欧元区，该原则极大程度上制约了对非欧元区的投资。此外，在偿二代框架下，未对冲的外币投资需要占用更高的资本金，因此保险公司更偏爱欧元区内的投资机会，对非欧元区的投资则会注意做好货币风险的对冲。

三、负债端特点

德国消费者偏好有保底收益的寿险产品，且监管者要求公司提供的保底收益必须超过一定水平，这是资产配置高度倚重固定收益类产品的主要原因。与英美相比，德国文化更加谨慎、厌恶风险，保险业作为承担社会保障职责的行业，对安全性尤为看重。因此，德国从监管的角度一直要求公司必须为消费者提供有保底收益的保险产品。在长期的监管环境保护之下，消费者也逐渐将“索取保底”当成理所应当的要求，且由于保证收益一直持续在较高水平，因此德国人很难再接受没有保底，或者保底水平很低的产品。德国人这种偏好的另一个体现是，当投连险等无保证收益的投资型产品在发达国家市场兴起时，其在德国的销售占比相较英美显著更低。20 世纪 90 年代的德国股灾后，投连产品更是失去了市场的信任。在此背景下，由于历史上累积的准备金均与相当水平的保底收益绑定，因此德国保险公司必须对资金进行非常稳健的配置，其固定收益类标的的投资占比相较英国和美国都要高一些。

负债端有两个明显的特点：一是长期限的保单占比非常高，接近 95% 的保单都是长期险保单；二是保证收益的产品最受欢迎，在传统寿险里面 90% 以上的产品都有保证收益，且期限都长达 25 年或以上（见图 3. 17）。

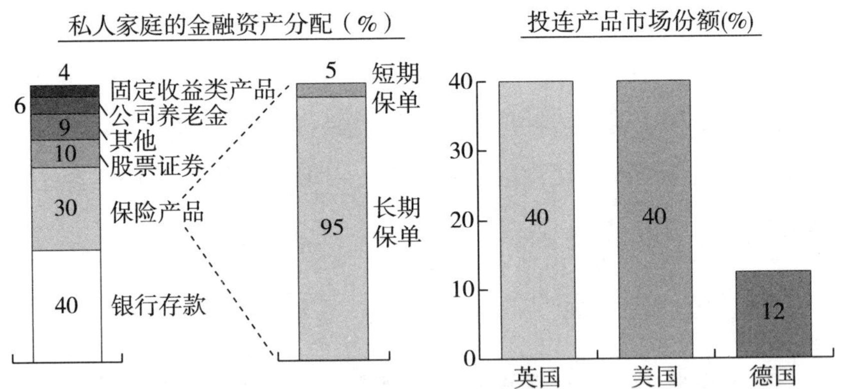

图 3. 17　德国私人家庭的金融资产分配及投连产品的市场份额

注：投资产品市场份额为 2000 年数据。

由于四舍五入，部分数据之和可能不等于 100%。

资料来源：GDV、波士顿咨询公司

在英美两国，投连险占比都能达到 40%，相比较德国只有 12%。总体来说，这体现了德国消费者在购买保险产品时候比较稳健的特点。这样的负债端特点其背后反映的是消费者偏好。有调查研究显示，德国消费者绝大多数偏向保证收益类产品（见图 3.18），投资行为比较稳健，投资产品的预期回报保持在 2% 左右的低水平，但有着更高的安全性和更长的期限。

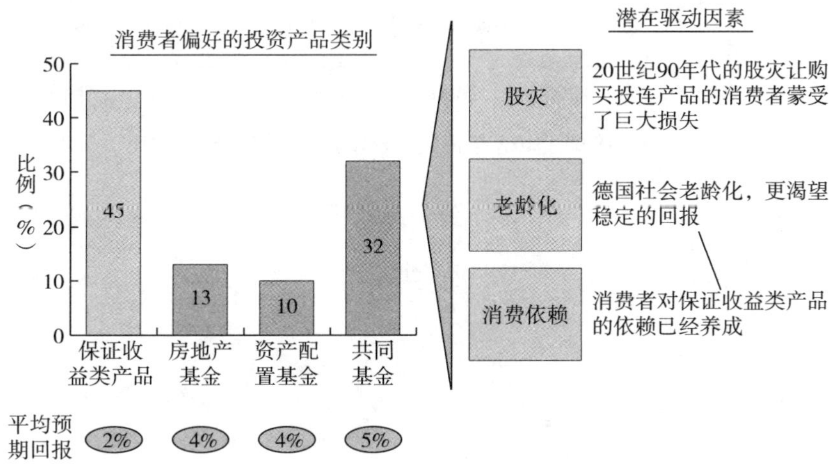

图 3.18　德国保险消费者偏好及潜在驱动因素

注：投资偏好根据 2012 年基于 1 000 位消费者的调整问卷。

四、资本市场

德国国内直接融资市场规模相对较小。如图 3.19 所示，德国金融市场历来以发达的间接融资著称，无论是股市市值占国内生产总值的比例（见图 3.20），还是债券市场占国内生产总值的比例，德国都显著低于英国和美国。另外，德国公司债券的规模和种类都不及美国，在一定程度上造成了德国债券配置占比也较美国低。美国的债券占整体资产的配比高达 67%（其中一半是公司债券），而德国只占 29%。

德国国内中长期债券供应不足，资产负债期限严重不匹配，因此有较强动力配置海外的长期债券。如图 3.21 所示，德国国内资

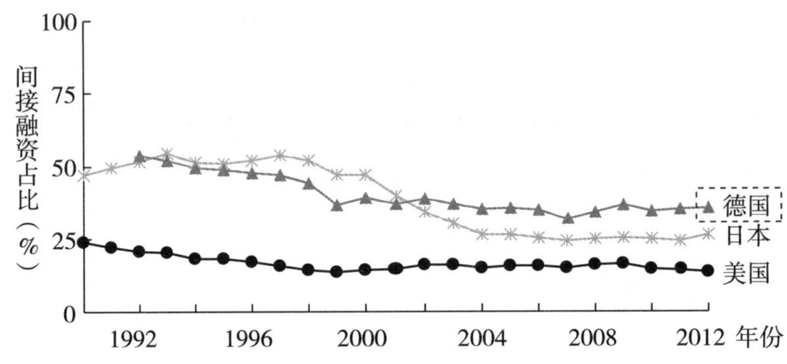

图 3.19　1992～2012 年德国、日本和美国间接融资占比

资料来源：世界银行

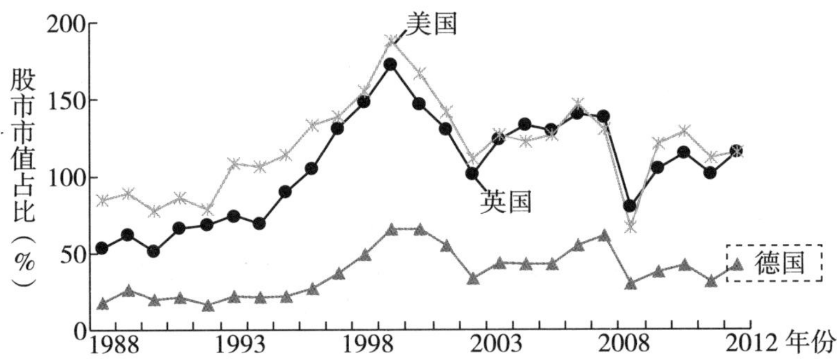

图 3.20　1998～2012 年各国股市市值占国内生产总值的百分比

注：股市市值 = 股价 × 市场现有股票数。

资料来源：世界银行

本市场无法提供充足的长期债券工具。德国长期债券占比明显低于美国与欧洲平均水平，保险公司被迫进行“长债短投”，保险资金资产负债错配率非常高（见图 3.22），平均风险敞口高达 19 年，造成了较大的资本金浪费。在资产负债匹配的压力下，德国保险公司大多在海外公开债券市场进行配置，这解释了公开市场债券高达 94% 的海外投资占比的原因。

欧元区货币与资本市场一体化程度高，这为欧元区内的投资提

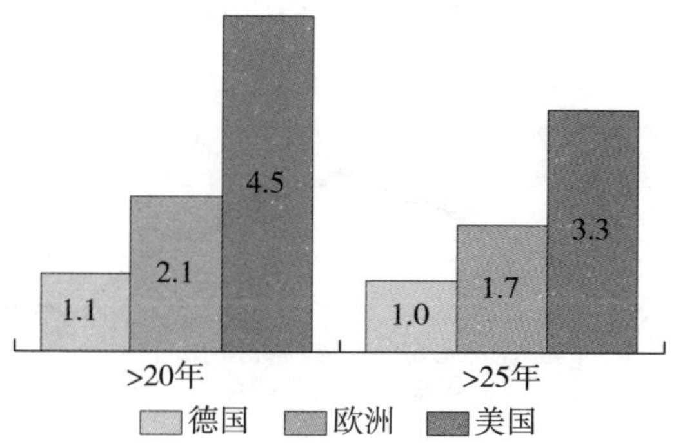

图 3.21　德国债券市场长期债券占比

资料来源：国际货币基金组织报告

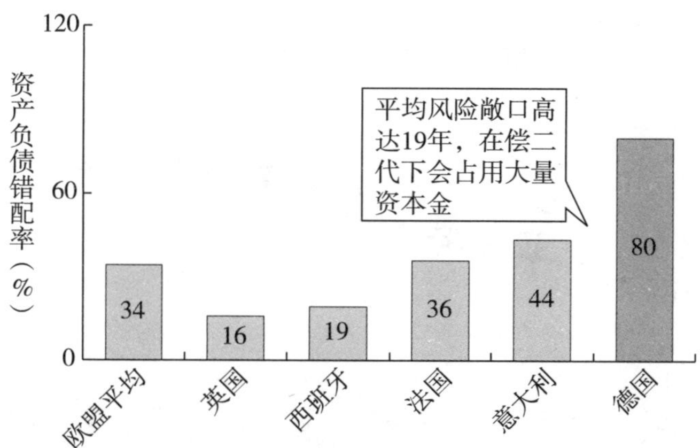

图 3.22　各国保险业资产负债错配率

注：资产负债错配率 = 每年现金流差额折现/负债，数据由 EIOPA 在 2011 年根据 38% 参与调研的保险公司提供。

资料来源：国际货币基金组织

供了良好条件。近十年来，欧元区资本市场一体化程度持续提高。根据欧洲央行报告显示，近年来欧元区境内货币金融机构跨境持有债券占比在30%左右（见图3.23），跨境持有股权占比在40%左右（见图3.24），且两者在未来均有继续上升的趋势。欧元区市场一体化的深化有助于降低国家间的投资壁垒，促进欧元区内的投资。这解释了为何德国的海外投资大部分集中于欧元区。

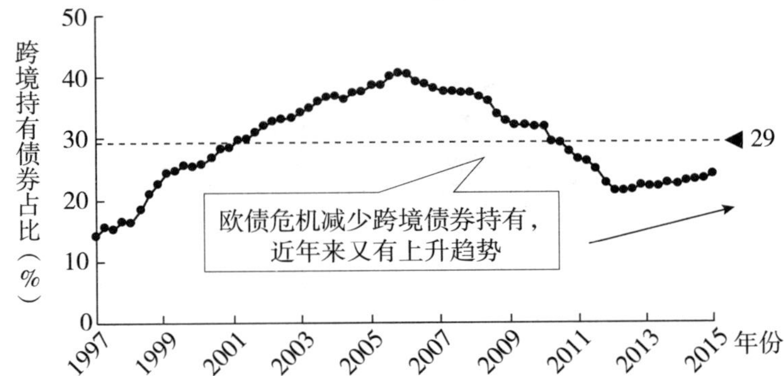

图 3.23 1997～2015 年欧元区货币金融机构跨境持有债券占比

注：货币金融机构包括各国中央银行、商业银行、货币市场基金等。

资料来源：欧洲中央银行、国际货币基金组织、汤森路透、波士顿咨询公司

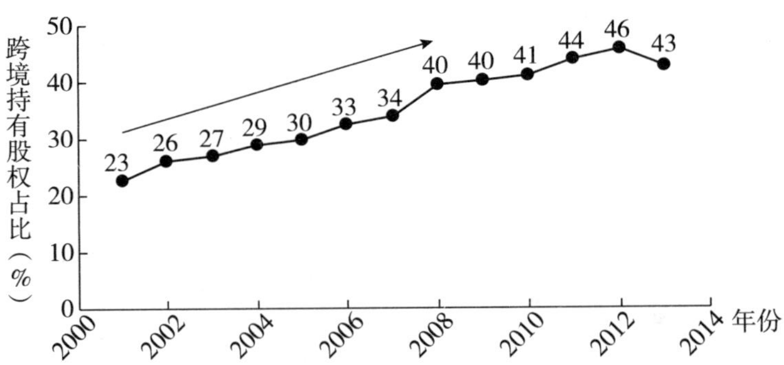

图 3.24 2001～2014 年欧元区货币金融机构跨境持有股权占比

注：货币金融机构包括各国中央银行、商业银行、货币市场基金等。

资料来源：欧洲中央银行、国际货币基金组织、汤森路透、波士顿咨询公司

五、内部因素

德国主要保险公司的负债端业务遍布欧元区，为资产端在欧元区进行广泛的资产配置提供了良好基础。行业数据显示，占行业市场份额 50% 左右的六大德国保险公司的业务均遍布欧元区，而安联

的德国国内业务收入更是只占其总收入的26%，非德国欧元区占比约为54%。保险业务在德国外的延伸，使得德国保险公司能够更快速、更有效地获得境外投资能力，比如在建立海外业务分支机构后，获取当地市场的投资信息会更加容易，公司的研究能力也会得到增强。

第四节　德国保险公司资金运用的经验

一、安联如何打造强大的保险资产管理能力

安联的资产管理业务遍布全球，无论是资产规模还是投资业绩都表现优异。其资产管理业务有两大借鉴意义：长远战略布局、通过全球并购和重组迅速获取投资能力。

第一，资产管理业务已成为安联的核心长远布局之一。资产管理业务是安联四大业务板块之一，其他3个板块包括寿险健康险、财险、银行及其他。通过强大的资产管理业务，安联80%的保险资产实现了内部管理，在为保险资产增值的同时，资产管理业务的稳定收入也为保险业务提供了天然的对冲。同时，强大的投资能力也促进了资产端与负债端的良性互动，在资产端较高收益率的支持下，负债端的业务拓展获得了更广阔的空间与竞争力。此外，第三方资产管理业务的费用收入为集团贡献了近30%的净利润。

第二，安联投入大量资金，通过全球范围内的并购与重组快速获取资产管理能力。

一方面，安联重视发展资产管理“精品店”，以形成独特的竞争优势。安联在多个特定的资产类别、行业或地区投资领域发展投

资专长，通过战略性地收购在某些资产类别有特长的精品资产管理公司，迅速获得该类别的投资专长。2000 年收购的 PIMCO 公司以债券投资为专长，NFJ 公司以股权价值投资为专长，2001 年收购的 Nicholas-Applegate 公司以成长型股票投资为特长。而对于海外较为陌生市场的投资能力建设，安联则注重在当地建立研究团队获取一手信息。例如，针对新兴市场的股权投资，安联投入资源建立 grassroots 研究团队，负责对投资组合经理与分析师提出的股票表现驱动因素问题做出定制化解答，从而洞察市场。

另一方面，安联兼备资产管理“百货店”能力，以满足保险资金的多元化配置和客户的差异化投资需求。安联以收购为基础，进一步进行集团内的整合与重组，力求在广泛的资产类别、投资地域和投资策略上获得投资能力。这符合目前全球资产管理行业“百货店”占据主流的发展趋势。如图 3. 25 所示，当前，安联的产品能够覆盖大多数常规与另类的资产类别与投资策略，提供多样的投资解决方案，满足各类资金运作需求。

安联资产管理公司

股权	固定收益	另类资产	解决方案
· 系统化股权	· 货币市场	· 基础设施股权	· 资产负债管理
· 特定主题/行业基金—科技股	· 真实收益基金	· 基础设施债权	· 生命全周期财富管理
· 特定地区/国家基金—新兴市场股票	· 高收益债券	· 期权策略	· 变额年金解决方案
· 特定投资风格基金	· 全球固定收益	· 大宗商品基金	· 风险管理方案
· 小型股	· 特定投资评级债券	· 结构产品	· 多项资产解决方案
……	· 多样化固定收益	· 外汇基金	· 养老金及信托管理
	· 新兴市场	· 股权看空/看多	· 投资组合风险分析
	· 短期债券	· 相对价值	· 经理调查及选择
	· 系统化固定收益	· 对冲基金	……
	……	……	

图 3. 25　安联在各资产类别上的业务范围

资料来源：安联资本市场日报告、波士顿咨询公司

二、德国保险业如何应对低利率挑战

德国保险业面临资金端较高的保底收益压力，亟须在欠佳的投资环境和严格的监管环境中寻求提高收益率的方法。如上文所述，金额占比高且水平较高的保底收益是德国保险资金端的主要特点。为了支撑资金端的高成本，德国保险公司在投资收益上一直存在较大压力，尤其是近年来欧元区宏观投资环境的恶化更加大了这种压力：一方面，欧元区利率在2008～2014年随量化宽松不断下降，几乎达到零利率水平；另一方面，欧元区国家仍未完全走出欧债危机的阴影，近年来经济增长率虽有所回升，但仍明显落后于美国或经济合作与发展组织成员国平均水平，高收益率资产供应有限。如图3.26所示，随着市场利率水平的不断下降，德国长期国债收益率（约1%）目前已降至保险公司资产组合中累计保底收益（约3.1%）以下水平。与此同时，偿二代的规则进一步制约了保险公司的投资选择，加大了提高收益率的难度。如何在欠佳的投资环境和严格的监管框架内寻求突破，已经成了德国保险业的普遍挑战。

近5年来，德国保险业为应对低利率挑战，在资产端采取了一系列资产配置微调措施，以提高投资收益率。

一是债权投资从贷款与债券向债权类基金转移。在债权类投资内部，资产配置从常规的贷款与债券投资向债权类基金转移，这种债权类基金在产品结构设置方面较为复杂，有更多发挥空间，能够将收益率更高的股权等资产进行包装，在资本金计算时仍作为债权类投资进行计量，可在提高资本金利用效率的同时获得较高收益，因此很受保险公司欢迎。近5年，行业债权类基金占比增加近6%，然而，随着偿二代对披露要求的深化，此类策略预计将遇到瓶颈。

二是增加房地产与基础设施相关投资。一方面，行业房地产投

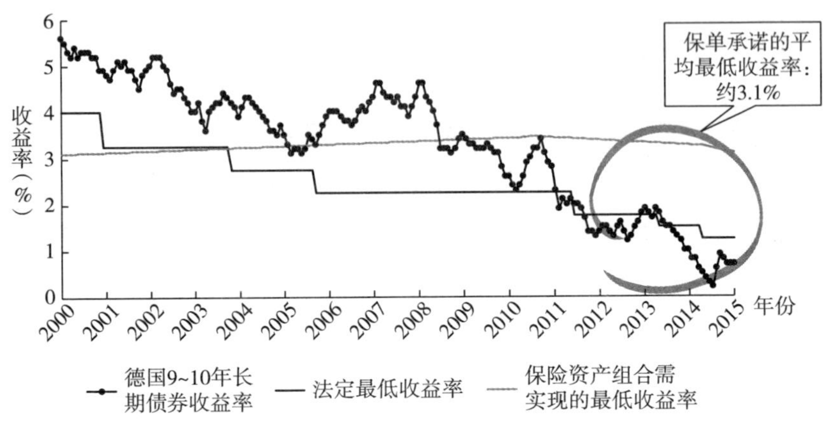

图 3.26　2000～2015 年德国长期债券收益率、法定最低收益率和保险资产组合需实现的最低收益率

资料来源：安联年报、波士顿咨询公司

资占比逐年升高，另一方面，大型保险公司纷纷在基础设施建设方面布局，如安联在风能、太阳能等清洁能源设施方面的投资超过 60 亿欧元，在法国、意大利等国拥有 40 多家清洁能源站，并明确表示将在未来持续增加基础设施建设投资；苏黎世保险也积极调整投资组合，从传统债券向基础设施建设转移。房地产与基础设施投资有着资金量大、期限长、抗通货膨胀、资金占用率相对较低等优势，在低利率下更受保险公司青睐。

三是另类资产投资先增后减。另类资产包括对冲基金、私募基金以及有商品风险的投资。以 2012 年为界限，另类资产投资先增后减。低利率下，另类资产能够提供较高收益，这引起了保险公司的普遍重视，但随着德国监管向偿二代的转型，另类投资高达 99% 的资本占用率又造成了另类资产投资占比的下降。如何兼顾收益率与资本金占用是另类投资的关键。

四是增加非欧元区政府机构贷款与公开市场债券投资。德国保险公司的非欧元区投资包括美国、英国、瑞士等非欧元区国家和新兴市场。近5年来，在政府机构贷款和公开市场债券两个资产类别中，非欧元区配置均有所增加，前者中的非欧元区占比增加0.6%，后者增加6%。在欧元区经济恢复缓慢的低利率环境下，前往非欧元区寻找投资机会也是保险公司的选择之一。此外，偿二代鼓励地域风险分散也是非欧元区投资增加的原因之一。

同时，保险公司也注重在负债端做出相应调整，针对新环境下消费者的需求进行产品结构或定价创新。

安联推出创新型养老金产品 Perspektive，该产品的担保仅限于退还投资的本金（安联的消费者调研显示，很多客户能接受这一做法），较传统产品来说担保更低，但是作为回报，安联将为客户提供更高的利润分享比率，产品的整体回报更高。

安顾（Ergo）推出创新型退休年金产品 Ergo Rente Garantie，将退休产品典型的保证收益特征与一般资产管理产品的灵活性特征结合起来，资金被分散在增长型/股票型、稳定型、安全型3种投资账户中，在确保保底收益的同时追求更高收益，增强产品吸引力。

综上所述，德国的保险资金运用发展经验给予了中国保险公司3方面启示：

第一，在公司整体战略方面，中国保险公司应对资产管理业务进行明确的战略布局，在投入上提前准备。安联长达10年的资产管理业务整合经验表明，能力的建立不可能一蹴而就，必须经过长时间的培养，并基于大量的资金投入。保险公司应该基于对自身能力的评估，尽早确定在资产管理业务上的发展策略，提前布局，做好投入准备以抓住先机。

第二，在资金运用策略方面，中国保险公司应在多种资产类别上获取资产配置和投资能力，增加配置的资产类别以分散投资风险，同时在符合保险资金特性的特定资产类别上打造差异化的投资能力。安联资产管理业务的成功表明，在获取投资能力时，保险公司一方面需要打造资产管理“百货店”，不局限于传统的固定收益类资产，以满足保险资金风险分散及客户多元化投资的需求，另一方面也要注重获取符合保险资金特性的资产方面的能力，如非传统的私募债权、商业地产等，打造差异化的竞争优势。

中国保险公司获取海外投资能力可以分步走，同时应注重提前布局。德国保险业海外投资先从存在负债端保险业务的、市场相对熟悉的、不存在汇率风险的欧元区开始并作为投资扩张重点，之后进一步拓展到同为欧盟国家的英国，最后再向欧盟外的发达国家和新兴市场寻求机会。中国保险公司在获取海外投资能力时也可以实行分步走策略，先从熟悉的市场开始，再向更远的市场拓展。此外，在海外投资模式方面也有多种选择，短期内可以采用跟投或外包的方式参与海外投资，积累经验，但从长期来看，海外投资能力的获取还是需要依靠资源投入与提前布局。

应对低利率的收益率挑战时，结合保险资金特性，中国保险公司可考虑提前布局，在房地产、基础设施建设、另类资产等非公开市场资产类别获取投资优势。面对低利率与负债端保证最低收益的收益率压力，德国保险业资产配置有向房地产、基础设施与另类资产转移的趋势，相较公开市场投资，这类资产可以发挥保险资金期限长、体量大与灵活性高的优势，在低利率环境下获得较持久、稳定的回报。非公开市场投资的能力要求较高，中国保险公司应该提前布局，注重相关能力的提升。

第三，在关键支撑能力方面，中国保险公司应加强资产负债管理，减少期限错配与再投资风险。如上文所述，德国保险业普遍面临严重的资产负债错配问题，一方面，市场偏好造成资金端久期较长，另一方面，资产端缺少长期的债券种类与之进行期限匹配，长债短投不仅加剧了再投资风险，也造成了资产负债不匹配引起的资本金浪费。保险公司应该吸取教训，在加强资产负债管理的同时注重资产端和负债端的沟通与协调机制，以减少期限错配和再投资风险。

第四章

英国市场

第一节　英国保险资金运用监管

英国保险资金由双重监管主体共同监管，保护投保人利益和金融系统稳定（见图 4.1）。双重监管主体包括英国审慎监管局

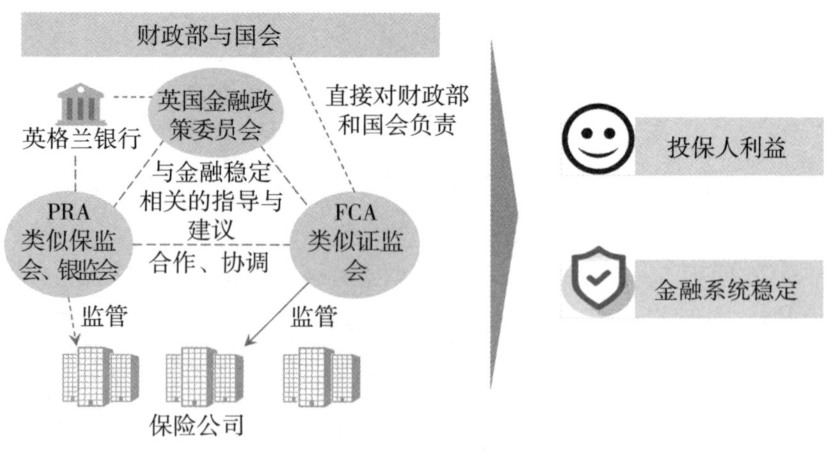

图 4.1　英国保险业的双重监管主体

（PRA）与英国金融服务监管局（FCA），前者隶属于英格兰银行，类似中国的保监会与银监会，后者直接对财政部与国会负责，类似中国的证监会，两者均接受英国金融政策委员会（FPC）的指导与建议。在实际监管中，PRA 与 FCA 会进行一系列的合作与协调，共同确保投保人的利益与金融系统的稳定。

英国的监管理念轻前端重后端，极少有准则约束，强调审慎投资原则，并进行全面的风险评估（见图 4.2）。

轻前端重后端的监管理念

轻前端的准则约束
- 不区分限制资产与非限制资产
- 不存在投资的资产类别限制
- 不存在投资的集中度限制
- 不存在投资的数量限制

重后端的谨慎原则
- 从金融体系稳定和承保人利益出发
- 不局限在法律条文框架内
- 以保险公司是否审慎为首要判断标准

进行全面的风险评估

以度量与评判为基础的，未来导向的全面风险评估
- 以度量与评判为基础
  —不设置具体的投资类别与额度限制
  —在谨慎投资人原则指导下
  —进行针对保险公司具体情况的度量与评估
- 未来导向
  —不局限于保险公司目前的风险暴露
  —关注未来可能存在的风险
  —在风险萌芽阶段进行必要的干涉
- 全面的风险评估
  —偿付能力
  —管理与控制
  —组织架构
  ……

图 4.2　英国保险业监管特点

资料来源：英国审慎监管局、波士顿咨询公司

英国有着全球几乎最为宽松的比例监管。如图 4.3 所示，美国、德国、中国的监管均在不同资产类别设置了不同程度的投资数量限制以及集中度限制，与之相比，英国完全不存在任何类似的限制，比例监管的宽松程度可谓全球之最，这与英国轻前端重后端的监管理念是分不开的。

谨慎投资人原则是保险监管的核心要求，PRA 与保险公司共同推进该原则的落实。在轻前端数量监管的同时，英国保险监管强调

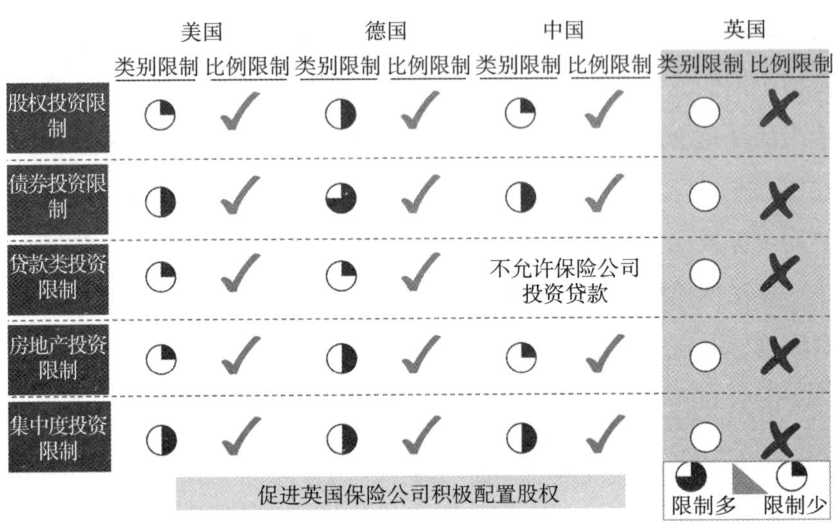

图 4.3　英国保险业类别、比例限制与美国、德国和中国的比较

审慎投资原则，即投资决策者需要拥有理性决策所需的知识与技能水平，确保做出谨慎且理性的决策。英国监管者相信，公司比监管者更了解投资决策的风险与机会，因此只要是符合金融系统稳定和投保人利益的，公司能够自圆其说，自证有效的审慎投资决策，都在法律允许的范围之内，而 PRA 则致力于和公司一起推进审慎投资环境的建设。在公司环境方面，PRA 要求公司拥有良好的风险管控体系，避免鼓励风险的激励机制，对 PRA 保持公开合作的态度，提供证明审慎性的信息；在决策者能力方面，董事会需确保管理层有做出审慎决策的能力，PRA 对管理层重要决策者的任命有权进行批准与审查；在权责架构方面，公司需建立权责明晰的组织架构，在重大事件发生时，PRA 有权追究管理层个人的法律责任。

英国监管对保险公司实施以度量与评判为基础的，未来导向的全面风险评估。“以度量与评判为基础”是指不设置具体的投资类别与额度限制，仅以谨慎投资人原则为标准针对保险公司具体情况进行度量。“未来导向”是指风险评估不只局限于保险公司目前的风险暴露，更关注未来可能存在的风险，在风险萌芽阶段进行必要的干涉。“全面的风险评估”是指风险评估涉及保险公司的方方面面，其中以偿付能力评估与风险管控为主。

在实际风险评估时，英国监管从多渠道收集信息（见图 4.4），并对保险公司进行风险等级划分，以便采取不同的监管干预措施（见图 4.5）。PRA 有着强大的数据分析部门，能够从多重渠道收集信息，包括保险公司与监管共同参与的工作组会议、现场检查、例行数据披露、监管与保险公司精算团队的例行交流等。在获取了全面的定性与定量数据后，监管会依照每家公司的情况进行独立的风险评估并划分风险等级，包括低风险、中等风险、较高风险等，然后根据风险等级采取相应的措施。

偿付能力是上述风险评估的重要部分。英国自 2000 年起采用被称为“内部资本评估标准”的偿付能力监管（ICAS）（见图 4.6），与欧洲偿二代类似，该方案采用基于风险的偿付资本金计算模型，充分考虑市场风险、信用风险、承保风险、经营风险的风险模块，并量化公司的风险分散行为以及积极的管理层举措，得出保险公司所需的资本金。ICAS 与欧洲偿二代差距较小，后者强调采用市场一致的负债估值方法，且允许保险公司采用内部模型，标准模型的方程参数则需要与监管要求保持一致。因此，英国保险公司的偿二代转型比德国更为容易。

风险管控流程也是风险评估的重要部分，公司风控框架需做到全面、适用与可操作。“全面”是指风险管控需要覆盖公司各个业务板块、职能部门与每种可能的风险；“适用”是指各家公司的风控流程需要与其自身业务的规模、特性和复杂度相匹配；“可操作”是指保险公司需要拥有详细可操作的流程和体系，如独立的风控职

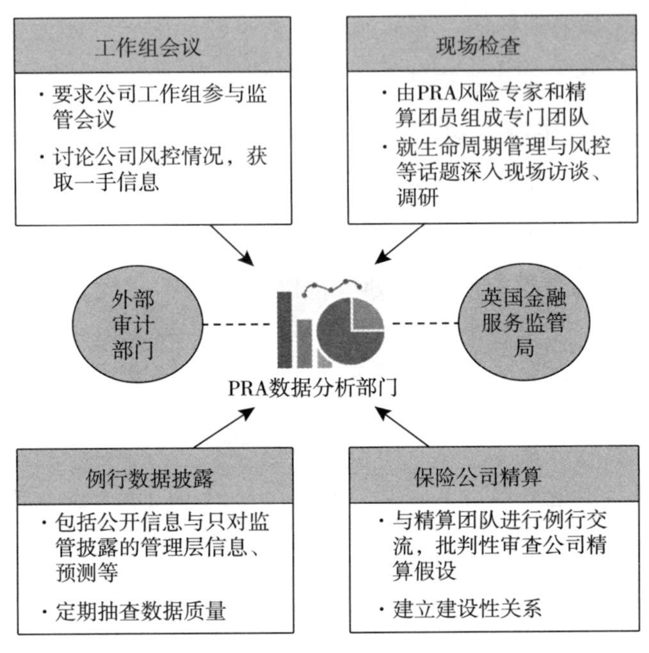

图 4.4　英国保险监管的多重信息收集渠道

资料来源：英国审慎监管局、波士顿咨询公司

能部门、完善的内部信息体系、审慎的风控模型假设等。上述标准均是风险评估的重要部分。

英国监管根据风险评估结果，采取逐级递进的监管手段指引和矫正保险公司的行为。在风险评估结果正常的情况下，英国监管通常采用一些非正式的例行交流对保险公司施加影响，如寄送为保险公司量身定制的年度评估报告，与保险公司交流可能的改善方向，主持要求保险公司管理层参与的从业者年度盘点大会及日常会议等。除了施加间接的影响外，根据保险公司配合程度、风险评估结果危急程度的不同，英国监管拥有采取正式措施以影响保险公司未来经营策略和业务模型的权力，如取消对保险公司开展特定活动的许可，或在某些领域增加监管力度，阻止保险公司特定行为。最后，若保险公司持续无视监管决定，不做整改，情节严重时，监管

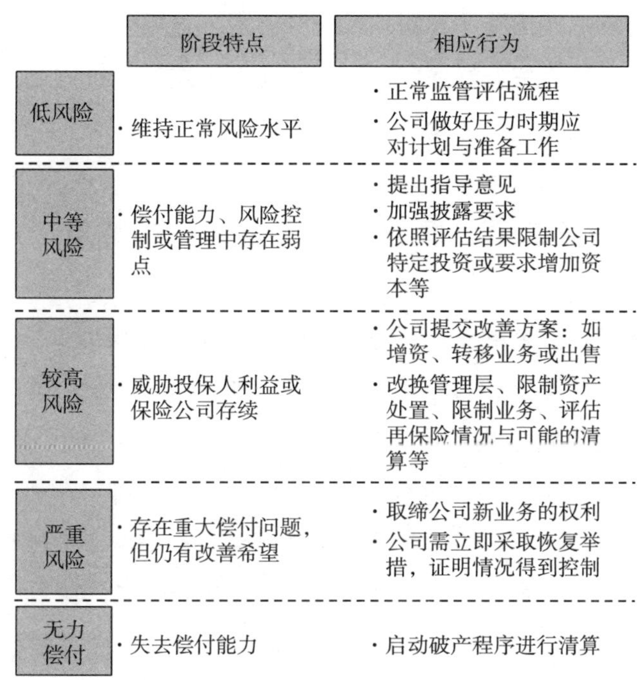

图 4.5　英国保险监管的风险等级划分及相应措施

资料来源：英国审慎监管局、波士顿咨询公司

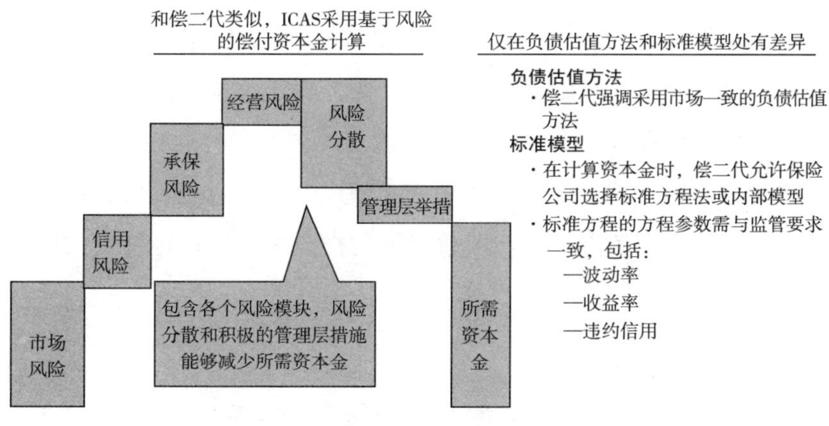

图 4.6　英国保险的 ICAS 偿付能力监管

资料来源：英国审慎监管局、波士顿咨询公司

有权进行惩戒性措施，如罚款或公开谴责。这类强制惩罚举措一般较少，英国监管更偏好在问题发生前通过正式与非正式途径对公司施加影响，避免局势恶化。

第二节　英国保险资金运用的特点

英国保险资金的资产配置①高度多元化，股权类投资②占比很高，固定收益类投资的分布较为均衡。如图 4.7 所示，英国保险业的股权配置和固定收益占比均值分别为 48% 和 45%，比例相当。在 48% 的股权配置中，绝大多数为股票，部分为非上市股权，3% 为房地产股权。英国债类产品分布相对多样、均衡，不过与美国和德国不同的是，对于直接抵押贷款的配比相对较低。在 45% 的固定收益产品中，约 20% 为政府债券，约 23% 为公司债等其他固定收益类产品，而仅约 2% 为地产抵押贷款。除了固定收益和股权类投资，货币类及其他另类投资的合计占比为 7%，与美国的配置比例类似。

过去 15 年，英国保险业在资产配置上的变化非常大，股票投资整体有所降低，且内部构成发生巨变，固定收益类产品尤其是非债券类固定收益类产品比例增长迅速。英国保险公司在 20 世纪 90 年代互联网泡沫后经历了“去股权、降风险”的过程，股权投资的占比有相当程度的降低。从股权投资的构成来看，直接投资的股权

① 英国保险业的数据主要来源于英国保险业协会（ABI），该协会披露行业层面整体的资产配置数据，同时包含了投连险账户和非投连险账户，基本对应美国的独立账户和一般账户。

② 根据 ABI 的数据，将共同基金的占比拆到了股权和债券类型之下，基于如下估计：共同基金中有 70% 为偏股类基金，30% 为债券类基金。

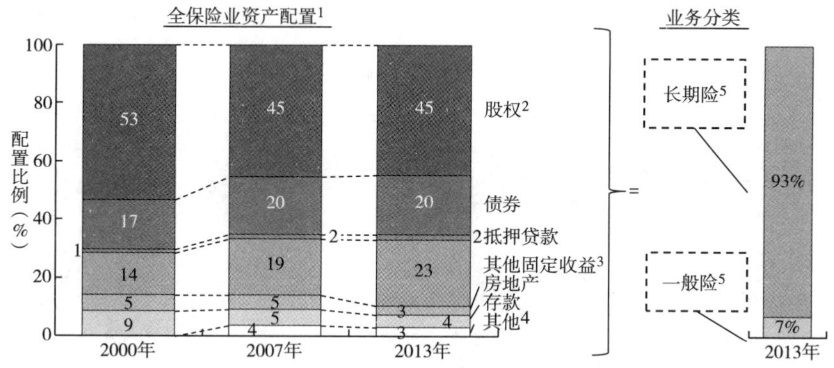

图 4.7　英国保险业资产配置及业务分类

注：1. 包括投连险账户和非投连险账户，基本对应美国的独立账户和一般账户，通过共同基金持有的证券按照偏股和偏债分别并入股权和债券两个大的分类进行统计。

2. 包括股票以及非上市股权。

3. 主要包括非公开市场债、非抵押贷款、优先股、混合证券等固定收益类投资。

4. 主要为另类资产，包括私募股权、对冲基金等。

5. 英国保险业分两大类，长期险包括寿险、养老金、永久健康险、终身收入保障险；一般险包括各类短期险，如财产险、意外险等。

由于四舍五入，部分数据之和可能不等于 100% 。

资料来源：英国保险业协会

从 43% 降低至 29% ，而偏股类共同基金的投资却从 6% 翻倍至 15% 。尽管利率一再降低，但英国对政府债券的持有比例还是有略微上升，非政府债券类的固定收益产品从 15 年前的 14% 增加至目前的 23% ，这其中以企业债券、公司贷款（loan stock）、优先股、可转债为主。

长期险公司与一般险公司的投资各有侧重。如图 4. 8 所示，长期险公司的股权投资占比非常高，即使是非投资连结账户的股权占比也超过 30% ，而相较之下，一般险公司的股权占比远低于长期险，在债券、其他固定收益类和另类资产中的配比较长期险公司更高。英国公司的险种配置差异与美国、德国、中国公司形成鲜明对比。对于后者，寿险较产险公司的债券配置比例更高、股权配置比例更低，而英国保险行业却体现出相反的特征。

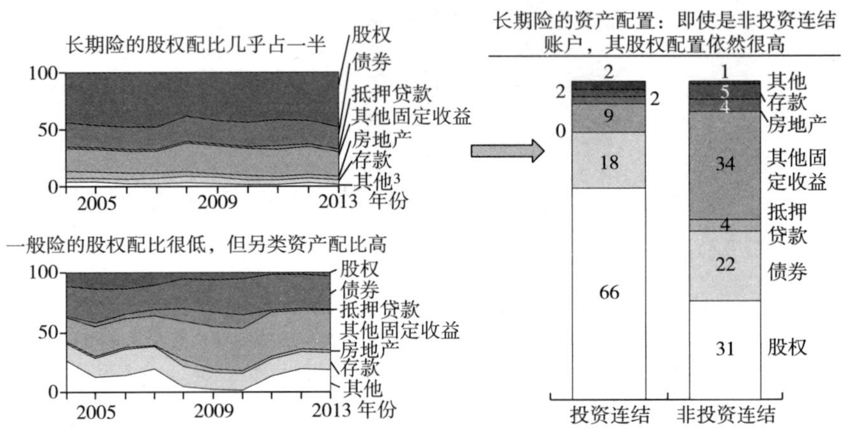

图 4.8　英国长期险及一般险的资产配置比较

注：由于四舍五入，部分数据之和可能不等于 100%。

资料来源：英国保险业协会

英国保险业的海外投资比例极高，几乎是除日本之外保险业海外投资最为活跃的国家。自 1990 年以来，英国保险业的海外投资维持在 20% 左右，且在金融危机后还持续攀升，目前全行业海外投资占比约为 37%。即使将英国保险业海外子公司所负责的境外投资部分去除，仅看英国境内子公司的对外投资，也高达 28%（见图 4.8）。在股票投资方面，过去 20 年向海外挪移的趋势更加突出，英国公司的股票投资境内部分占总投资资产的比例从 1995 年的 33% 下降到 2013 年的 11%，而所持境外股票的占比却从 10% 逐步攀升至 18%（见图 4.9）。

英国投资收益率的稳定性和绝对值均不及美国，但相比中国更加稳定。由于固定收益类产品的占比相对较低，股权占比较高但以长期持有为目的（交割前的股价升值未能在投资收益中直接反映），因此英国保险业在过去 20 年间的平均投资收益率不及美国，较后

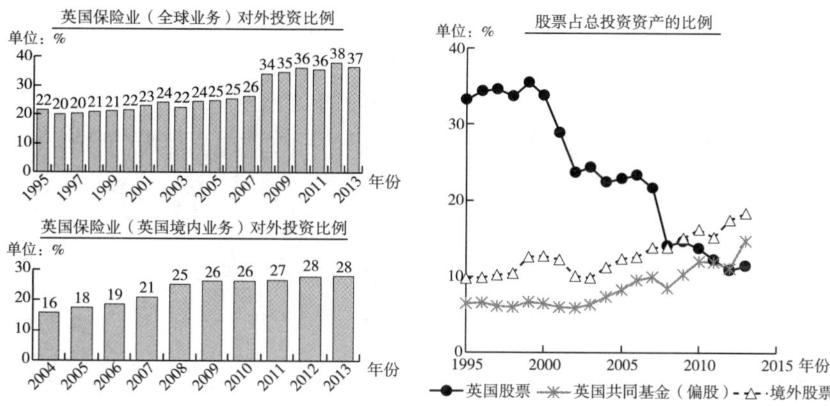

图 4.9　近 20 年英国保险公司对外投资比例

资料来源：英国保险业协会、波士顿咨询公司

者低约 150 个基点。1995 ~2013 年，英国保险业投资收益率长期在 4% 左右（见图 4.10）。同时，更高的股票持有比例以及去股权过程中持续抛售股权的做法，导致了英国公司的投资收益率在一定程度上与股市的波动挂钩，长期险收益率较一般险更为稳健（见图 4.11）。不过，即便如此，英国公司投资收益率的波动仍然低于中国公司。

英国的保险公司与其他包括德国或者美国，甚至中国的保险公司相比，其费率业务是比较发达的，这是英国保险公司的主要特点，其费率业务对利润的贡献占比较高。对比标准人寿（Standard Life）和保诚两家公司的管理费收益除以净利差收益，可以看到其管理费收益是比较高的，这与市场结构和业务特点有关系。

领先保险公司的费率业务发达也是英国保险业的一大特色，这些公司大多第三方资产管理业务发达、投资连结账户占比高，投资业务产生的总利润中管理费远超净利差收益（见图 4.12）。以标准

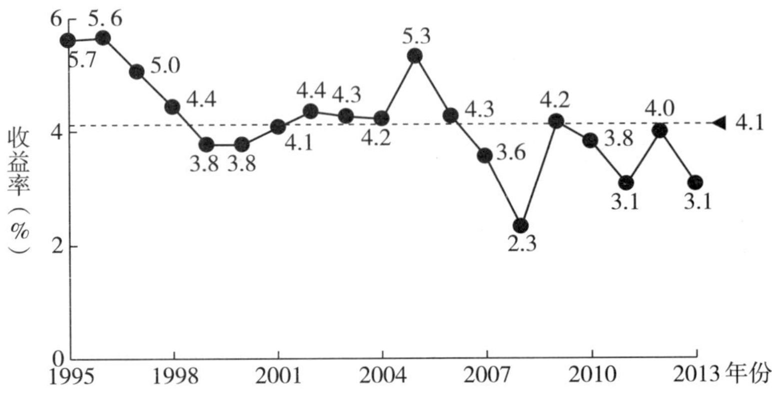

图 4.10　1995～2013 年英国保险业投资收益率

注：投资收益率＝净投资收入/总投资资产。

资料来源：英国保险业协会

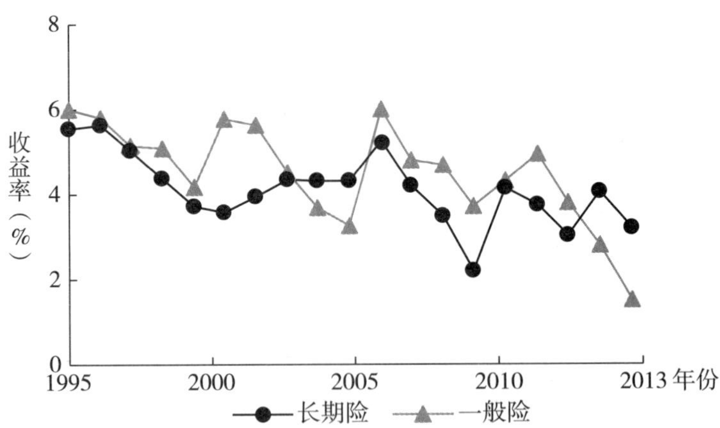

图 4.11　1995～2013 年长期险收益率与一般险比较

资料来源：英国保险业协会

人寿为例，其投资连结账户资产占所有账户资产的 41%，第三方资管资产占 45%，非投资连结账户资产仅占 14%（见图 4. 13），管理费收益是净利差收益的 8. 3 倍。

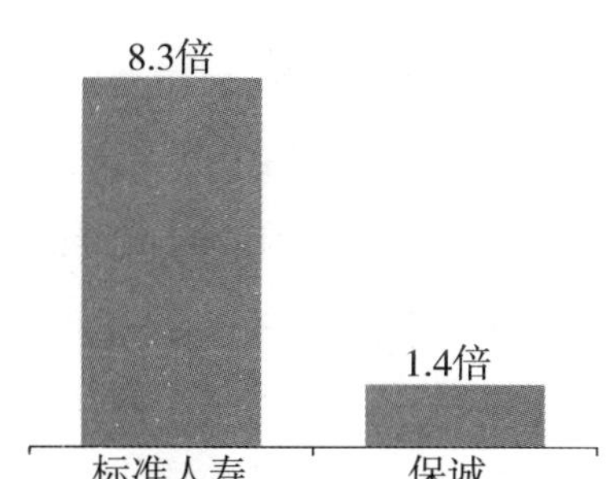

图 4.12　管理费收益与净利差收益的比率

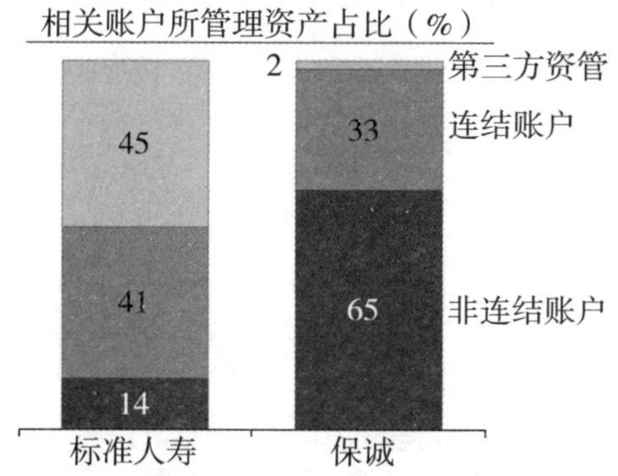

图 4.13　英国保险业相关账户所管理资产占比

第三节　英国保险资金运用的驱动因素

一、宏观环境

英国曾经在 20 世纪 70 年代经历过高达 20% 以上的超高通货膨胀率，这在当时远高于经济合作与发展组织（OECD）国家的平均通货膨胀率。在长期高通货膨胀的环境下，英国保险业的股权配置比例和浮动利率债券配置比例上升，固定利率的政府债券配置比例大幅下降。

英国的债券市场非常发达（见图 4. 14），从债券余额的规模上看位居世界第三；从占国内生产总值的比重来看，英国与美国和日本相近；从平均到期年限来看，英国政府债券的久期很长。这些都证明了英国拥有一个相当发达的债券市场。在这样的条件下，保险业对长期债券的配置比例仍旧不高的原因在于 20 世纪 70 年代至 80 年代，整个英国出现了一个超高的通货膨胀时期，几乎高于所有其他 OECD 国家的平均水平。为了抵抗通货膨胀，宏观环境激励长期保险公司高配股权。英国与德国历史通货膨胀率比较见图 4. 15。

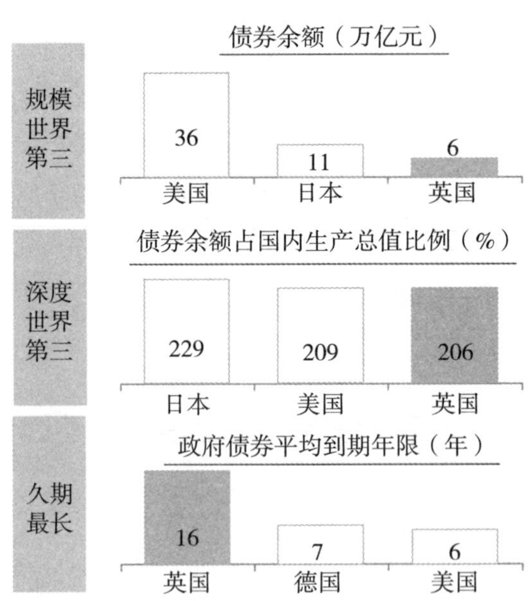

图 4. 14　英国债券市场发达程度

资料来源：国际清算银行

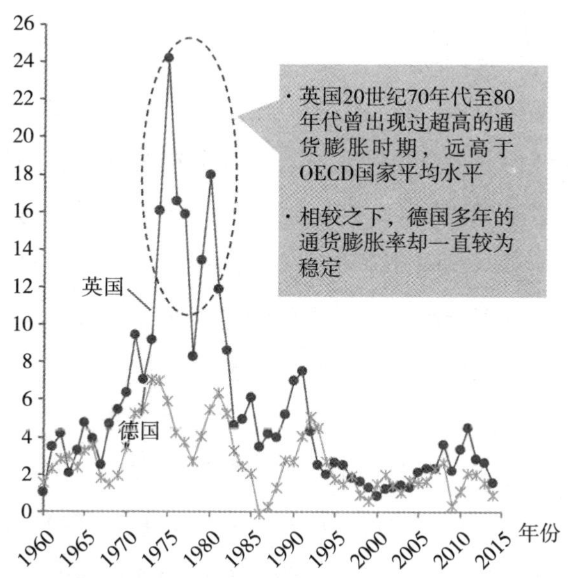

图 4. 15　英国与德国历史通货膨胀率比较

资料来源：经济合作与发展组织

二、监管环境

英国有着全球几乎最为宽松的监管，使得股权投资比例较高。相较美国等国家规则主导（rule-based）的监管方式，英国的监管方式是判断主导（judgement-based）。如上文所述，监管者对“投什么、怎么投”没有任何明文约束，只进行原则上的督导，相信行业自身才是投资实践的最佳决断者，监管者不应在前端干涉。虽然前端完全放开，但英国对后端的监管，即偿付能力的监管较为严格、先进，早在 2004 年修改的监管规则就已经比较靠拢偿二代，使得英国保险公司在偿二代的实施进程中需要适应和调整的地方较其他欧洲保险公司少。

三、负债端特点

在英国保险公司，投连险和分红险这两类投资属性强的产品占比很高，导致行业投资连结账户与非投资连结账户相加后的股权配置较高。如图 4.16 所示，投连险在过去十几年中一跃成为主流，这类产品实际是与共同基金竞争类似的客户群，因此投资策略也更接近共同基金，资产配置一般更为激进、多元。根据英国保险业协会的数据，英国长期险的非投资连结账户股权配置为31%，而投资连结账户的股权配置为66%。此外，英国的投连险产品中有很大一部分是个人养老金，而养老金一般高配股权、房地产和浮动利率等固定收益类产品。投资属性强的产品占比高解释了投资连结账户与非投资连结账户相加后，英国保险业股权配置较高的特点。

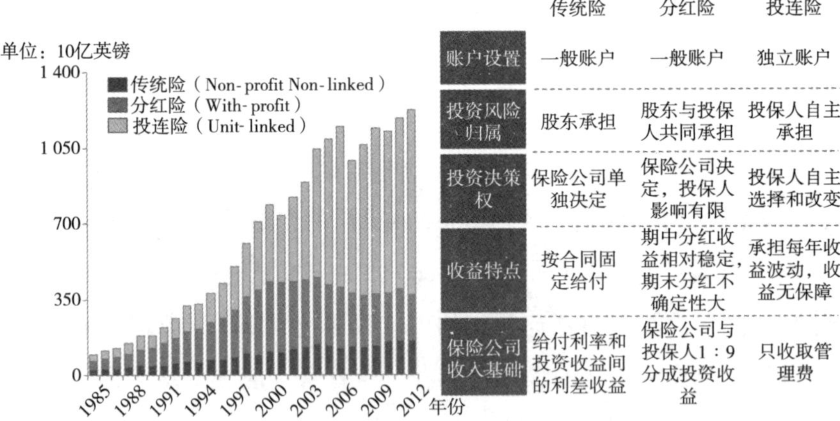

图 4.16　英国传统险、分红险和投连险的比较

在英国保险行业的负债端主要是分红险和投连险两大险种（见图 4.12）。近年来投连险占比迅猛提高，占据了主导地位。针对这样的情况，英国的保险专家指出，不同于美国倾向于将保险作为规避风险的安全性产品的做法，在英国人更多地是将其作为资产管理和配置中的一个选择来追求长期收益。市场负债端的不同决定了保险工作负债结构的差异。

英国 3 种不同类别的险种在不同方面各有特点（见图 4.12）。从账户设置来看，传统险和分红险属于一般账户，投连险则区别于二者为独立账户。从投资角度来看，传统险资金使用由保险公司决定，投资的风险相应地由保险公司的股东来承担；而分红险和投连险，尤其是投连险给了投保人更多的选择空间，投保人可以根据自己的风险偏好来完成对资金用途的规划，与此同时也要承担决策所带来的风险。其他区别不一一赘述。就英国保险行业的负债端来看，投资属性比较强的保险产品明显占据了主流。

英国保险行业养老金占比很高，导致对股权投资更为青睐。英国的养老金资产绝大部分是由保险公司负责管理的，这一比例显著高于美国，更远远高于中国。英国长期险公司 2012 年的资金池中（见图 4.17），3/4 是养老金（公司养老金和个人养老金基本各占一半），1/8 是自有资金，传统寿险产品对应的资金余额不及 1/8，从过去十年来看，寿险的资金余额不增反降。英国寿险业协会披露的英国家庭的保险产品年支出（见图 4.18）也显示，家庭在传统期限和终生寿险上的支出比例仅占 14%，还有 47% 是个人养老金，30% 是纯储蓄型保险（endowment）。而正是由于养老金的久期十分长、在储蓄期的负债端流动性要求低，且资金成本相当一部分跟随实际利率波动、抵抗通货膨胀的要求很高等特点，养老金资金往往高配非上市股权、股票和房地产。不仅在英国，从全球来看，各国的养老金资产配置都比保险资金的资产配置更加倾向于高配股票，对私募基金、基础设施债权计划、房地产等流动性低但长期收益率高的产品配比也更高。例如，美国养老金对股权的配置比例为

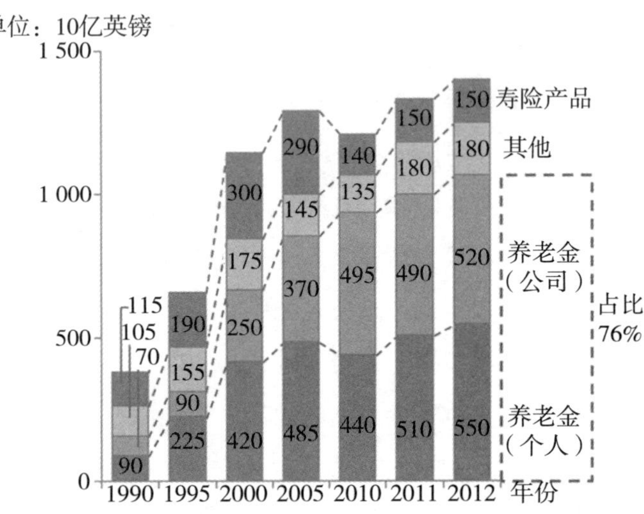

图 4.17　1990～2012 年英国寿险公司资金池年度变化

资料来源：英国保险业协会

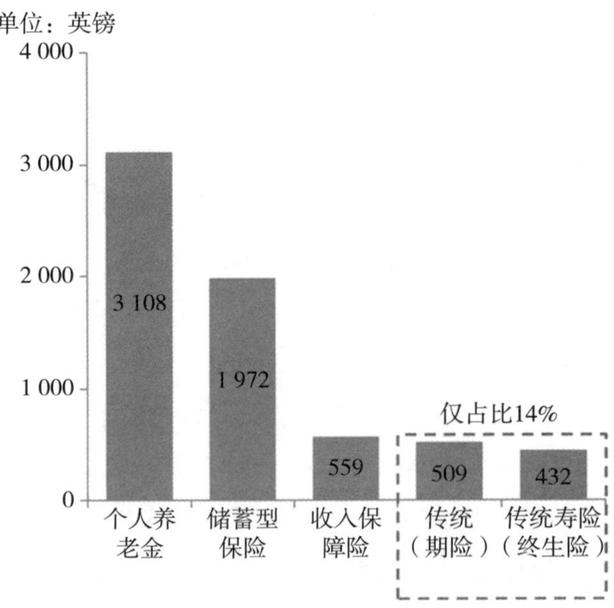

图 4.18　英国家庭的分类保险产品支出

资料来源：英国保险业协会

40%，而保险业一般账户对股权的配置比例仅为12%。以上现象说明了负债端的特点在一定的程度上会影响资产端的股权配置。

在资金配置方面（见图4.19），投连险相比非投连险有着更高的股权配比，达到了66%，其他的固定收益类投资占比只有其1/3。相对于非投连险，投连险更加注重投资收益和股权的配置。与此类似，以美国市场为例，从养老金和其他一般保险账户的投资配置对比可以看出养老金账户对股权的配置也比较高，达到了40%（见图4.20），而这一情况在英国则更为明显，达到了60%左右。

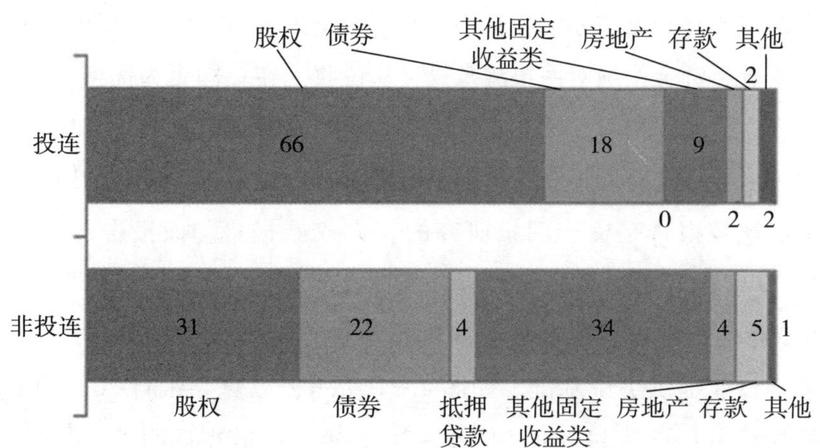

图4.19　英国长期险投连和非投连部分的资产配置比例

注：由于四舍五入，部分数据之和可能不等于100%。

资料来源：英国保险业协会

四、内部因素

英国保险行业的投资组合更侧重于追求总体回报（total return approach），而不仅仅是投资收入（income approach），因此高配股

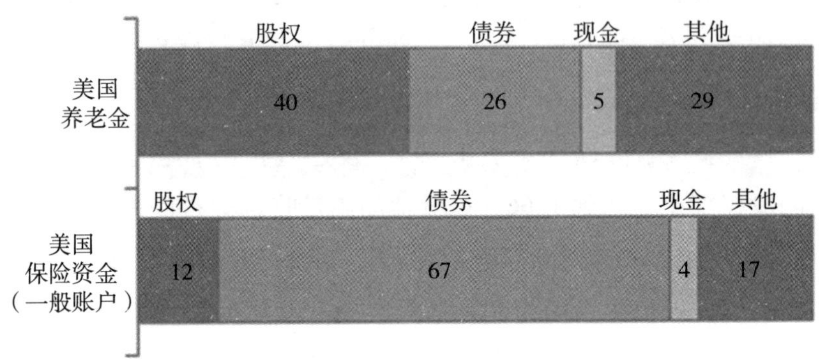

图 4.20　美国保险市场 2010 年资产配置

资料来源：英国保险业协会

权。在英国，保险公司比美国公司更重视追求绝对回报，这跟资金端的构成有一定关系。例如，英国的负债中养老金占有相当比例，而养老金资金按绝对回报法来投资从税收上在英国更为优惠。行业广泛笃信股票相对于债券在长期的风险回报特征上具备优越性，这也可能导致绝对回报法在英国更受青睐。巴克莱银行出具的股票及债券比较报告是资产回报研究的官方权威报告。该报告自 20 世纪 50 年代开始每隔一年出版，现在已经能用从 1899 年至今超过 110 年的数据对股票和债券的回报率进行比较研究，其结论为全金融行业提供决策基础。如图 4.21 所示，巴克莱银行 2013 年的报告显示：长达 114 年（1899 ~ 2013 年）的数据证明了股票的长期实际回报远超过债券，并且从 20 年的持有期限来看，股票实际回报的波动也小于债券，因此长期来看风险相较债券和现金更低。

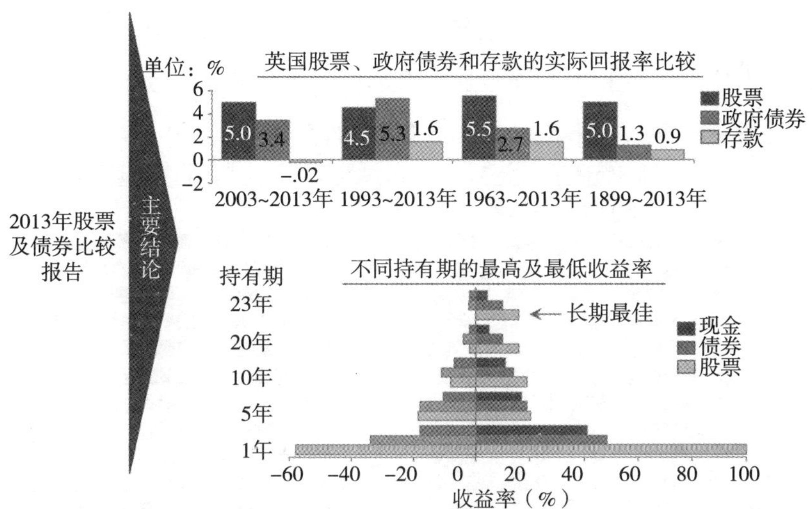

图 4.21　英国股票、政府债券和存款的实际回报率比较及现金、债券、股票不同时期的最高及最低收益

资料来源：英国巴克莱银行

第四节　英国保险公司资金运用的经验

从英国保险资金运用发展的经验来看，相较于美国和德国，英国在海外投资上有着更丰富的实践经验，主要得益于以下几方面因素：

第一，养老金占比高。如图 4.22 所示，从各国养老金的配置数据来看，养老金的境外投资占比往往很高，而境外投资中的股权占比也普遍较高。英国是有代表性的国家之一，养老金境外投资比例达到了 28%，其中股权投资比例达到了 46%。英国的养老金资产绝大部分是由保险公司负责管理的，这一比例显著高于美国，更远远高于中国。在英国长期险公司 2012 年的资金池中，3/4 是养老金（公司养老金和个人养老金几乎各占一半），1/8 是自有资金，传统寿险产品对应的资金余额不及1/8。而养老金占比高往往与投连险占比高息息相关，而投连险产品的投资属性强，促使英国通过海外投资实现久期、流动性和收益率的相对匹配。

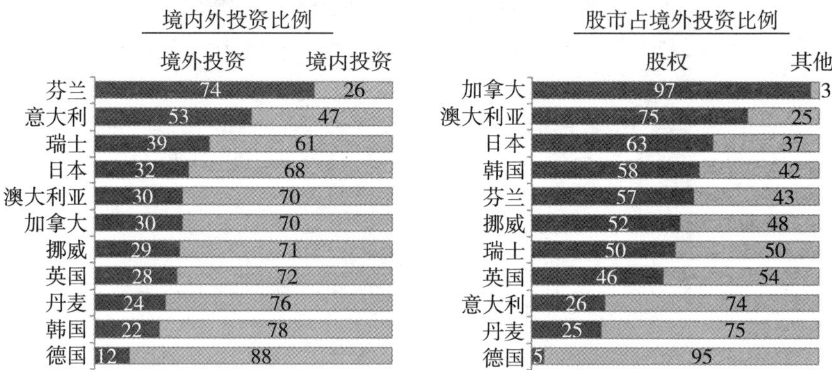

图4.22 各国养老金境内、外投资比例及境外投资股权占比

资料来源：普华永道报告、经济合作与发展组织、波士顿咨询公司

第二，监管宽松。如前所述，英国监管对保险公司各类资产的持有比例均没有直接限制，因此境外投资占比相应较高。

第三，境内资本市场容量不足以支持保险公司的投资发展。英国保险业资产的体量非常庞大，在各国中名列前茅。尽管英国的股市和债市也高度发达，其股市和债市占国内生产总值的比例与美国相当（见图4.23），但其保险资产占国内生产总值的比例却约为美国的3倍（见图4.24）。英国保险资产的总规模几乎与股市规模相当，也占到债券市场规模的近一半，因此，英国保险业只能寻求更广泛的境外资产来实现保险资金的充分配置。另外，英国强周期的金融服务业占比较高，也要求保险公司在地域上分散风险。

第四，保险公司的国际化程度较高。英国前四大保险公司英杰华集团（AVIVA）、标准人寿、保诚集团（Prudential plc）、L&G的收入构成中，国内部分占比分别为41%、62%、25%和47%（见图4.25）。从全球保险业来看，往往资产端业务的国际化进程会较

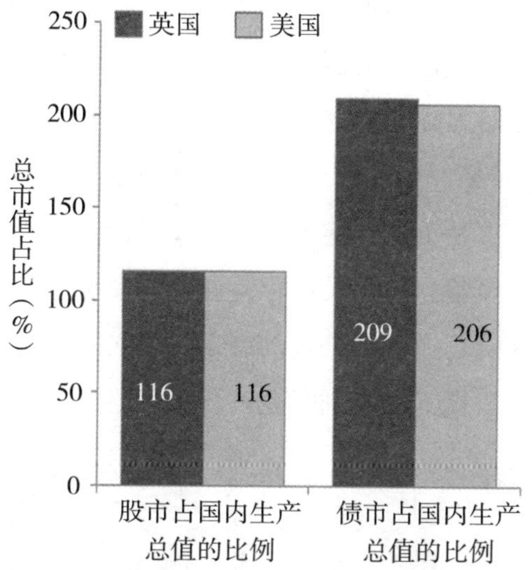

图 4.23　2014 年年底股市、债市总市值占国内生产总值的比例

资料来源：经济合作与发展组织、国际清算银行、证券业和金融市场协会、波士顿咨询公司

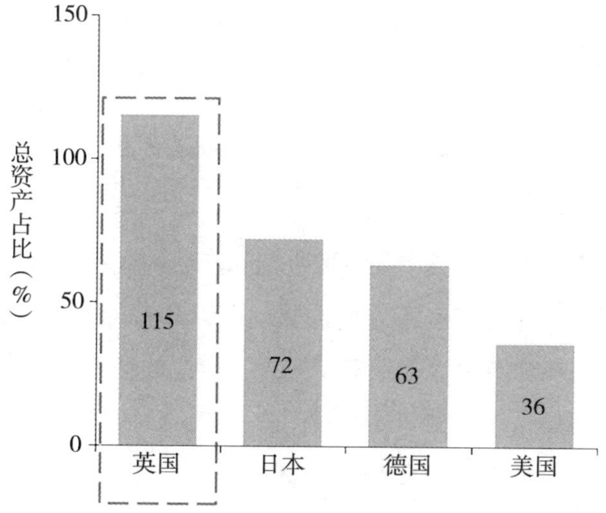

图 4.24　2013 年年底保险业总资产占国内生产总值的比例

资料来源：经济合作与发展组织、国际清算银行、证券业和金融市场协会、波士顿咨询公司

负债端业务的国际化进程更快，而负债端业务国际化又进一步促进了投资端业务的国际化。英国公司高度国际化的保险业务自然也推动了其投资业务的国际化。这与几个因素密切相关：一是英国过去几百年在全世界的殖民地历史，使得英国国际化贸易水平高，全球化业务能力强；二是英国保险业有上百年的悠久历史，有长达几十年的国际化拓展经验；三是英国保险业的竞争激烈，且市场对外充分放开，整个保险行业 1/3 公司的总部及母公司是非英国本地的保险公司，这进一步提升了其国际化程度。

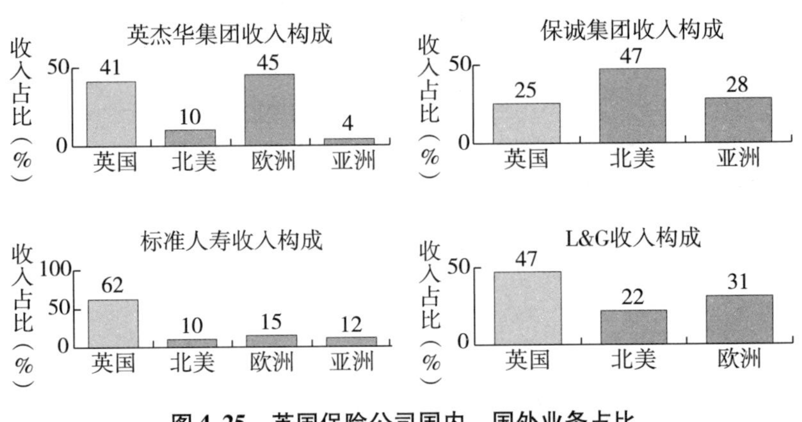

图 4.25　英国保险公司国内、国外业务占比

注：由于四舍五入，部分数据之和可能不等于 100%。

资料来源：上述各公司年报

总结来看，由于中英市场在资金端的产品构成、监管环境、资本市场、行业国际化程度等方面的驱动因素和基础条件差异很大，因此中国公司能从英国保险业资产配置上借鉴的经验十分有限。中国负债端目前仍是保障型和分红险产品占主流，而且由于存在“刚兑”的压力，资产配置应把握住稳健的底线。未来，随着养老金、年金等产品的占比提升、消费者抗风险的能力增强、“刚兑”打破，以及监管进一步放开前端，保险公司的资产配置可以更加灵活，可考虑提升股权类资产的比例。

第五章

日本市场

第一节 日本保险资金运用监管

日本的保险投资监管模式行政色彩浓厚，对保险业的监管以行政手段为主。其保险监管部门原来是大藏省，1998 年金融厅成立后主要为金融厅。其中，大藏省控制着大部分行政审查权，使得保险业非常发达的日本市场始终是一个对外开放程度不高的市场。日本政府对保险投资进行限制和管理的根本依据是《保险业法》。可投资种类按其所能进行投资的最高比例排序，依次为贷款、有价证券、不动产、存款，1996 年 4 月 1 日颁布实施的日本新《保险业法》对日本保险资金运用产生了较大的影响。按照新的规定，保险资金可投资的方式有：有价证券、不动产、银行存款、短期资金交易及各种形式的抵押贷款，并分别有相应的比例限制。另外规定，保险公司购买同一家公司的股票以及接受该公司的股票作为抵押而对其进行放款，其总和不能超过该公司总股份的 1/5，如果有特殊需要，需提出特殊申请才能突破该比例。

具体来看，《保险业法》的详细内容由施行规则、公告及通知等规定组成。日本政府根据1890年的《商法》，于1900年制定了日本《保险业法》，该法对保险资金的运用做了规定。日本《保险业法》在以后的1912年、1927年、1933年、1934年、1935年、1939年屡次修改。修改后的《保险业法》对保险资金运用的对象及各类投资对象占比都有明确规定。这反映了日本对保险资金运用从严监管的特点。

1998年6月22日，日本金融监管局（Financial Supervisory Agency）从日本大藏省金融部分离出来，负责原金融部的监督和监管工作，这在很大程度上促进了日本保险监管的发展。日本政府于2001年决定进行一项为期3年的监管改革计划，在2003年前后对相关改革措施进行了修正并于2004年获得通过。随后的几年，日本保险公司实施了相关政策并取得了很好的效果。近年来，日本每年都会对商业保险法进行部分修改，使其更加完善。日本严格的监管保证了保险资金的稳定性，但在收益率方面相对于英美表现一般。

1996年的日本《新保险业法》规定了资金运用的方法、资产配置额度的限制等（见表5.1）。例如，保险公司一般资金的投资比例上限为：国内股票30%，外汇计价资产30%，不动产20%，即“3∶3∶2规则”，这反映了日本对保险资金运用的严监管特点。但在2010年7月，经过3年多的调研，日本金融厅对外发布了一项为保险资金投资松绑的政策，即取消保险资金投资上限，允许资金自由运作。日本国会正在商榷《保险业法》是否采用此方法，因为防范风险是一个永恒的原则。

最引人注目的新设规定是：1996年开始实施的《新保险业法》

表 5.1 日本《新保险业法》对资金运用的相关规定

<table>
<tr><td colspan="4">1. 资金运用的管理体系</td></tr>
<tr><td colspan="4">保险业法、保险业法实施细则、通告、指导方针</td></tr>
<tr><td colspan="4">2. 保险业法施行规则认可的现行资金运用范围</td></tr>
<tr><td>（1）购买有价证券</td><td>（2）购买不动产</td><td>（3）购买货币债券</td><td>（4）购买金锭</td></tr>
<tr><td>（5）资金信贷（含拆出）</td><td>（6）有价证券贷款</td><td>（7）银行存款、邮政储蓄</td><td>（8）货币、货币债权、有价证券、不动产等的信托业务</td></tr>
<tr><td>（9）金融期货交易</td><td>（10）利率互换</td><td>（11）利率预约交易</td><td>（12）外汇期货交易</td></tr>
<tr><td>（13）未上市选择权交易</td><td></td><td></td><td></td></tr>
<tr><td colspan="4">3. 资金运作比例限制</td></tr>
<tr><td colspan="4">（1）国内股票：不超过资产总额的 30%</td></tr>
<tr><td colspan="4">（2）不动产：不超过资产总额的 20%</td></tr>
<tr><td colspan="4">（3）外汇计价资产：不超过资产总额的 30%</td></tr>
<tr><td colspan="4">（4）债券、贷款及其有价证券贷款，金融监督厅长官及大藏大臣指定的信用公司未予评级的无抵押债券，向政府指定的信用评级公司未予评级的非上市公司发放的贷款及无抵押有价证券等：不超过证券资产总额的 10%</td></tr>
<tr><td colspan="4">（5）以购买有价证券、不动产、货币债权、黄金、货币贷款、有价证券贷款、银行存款、邮政储蓄、货币等的信托以外的形式运用的资金：不超过资产总额的 30%</td></tr>
<tr><td colspan="4">（6）下列资产：同一人发放的公司债、股票及为之抵押的贷款，对该同一人发放的贷款及有价证券贷款，在该同一人处的存款，该同一人接受的信托财产：合计不超过资产总额的 10%（其中贷款不超过资产总额的 3%）</td></tr>
</table>

规定，保险公司除了上述“固定业务”外，还可以从事“附属业务”，如代理其他保险公司的业务或代行其他保险公司的事务；债务保证、国债等的承销；金钱债权的贴现或转让；有价证券的私募，地方公债及公司债券的募集和管理的受托；附属担保公司债券的信托业务等。这些规定体现了在金融自由化潮流中，日本政府允许保险业向其他金融业务渗透的倾向，这也为保险资金的运用开拓了更为广阔的空间。

日本的保险业发展位于世界前列，同时它也被认为是世界上保险监管最具行政色彩的国家。因此其对保险资金运用监管的严格程度仅次于美国，属于严格监管模式下高度集中、统一监管的类型。目前，日本的保险监管主要来自金融厅。金融厅对保险业的监管以行政手段为主，一方面表现在金融厅对保险机构的流动资本比率、自有资产率等有严格的规定；另一方面表现在保险机构的设立、经营资格的取得、名称变更、资本增加等，均须获得金融厅的批准。正因为金融厅对各种行政审查权的控制，使得保险业非常发达的日本市场对外开放程度始终较低。

1996 年以前，当时的监管机构大藏省主要采用以下监管手段：发布以施行规则为依据的“通知”或对通知事项进行补充说明的“事务联系函”。各保险公司接到通知后，制定各自的财产（资金）利用细则，编制“基础文件”——《财产（资金）利用方法书》。《财产（资金）利用方法书》得到大藏大臣批准后，各公司还要自行制定对财产（资金）利用方法进行具体说明的《关于财产（资金）利用方法的内部规则》，并向大藏省呈报。1998 年 6 月，上述制度被全面废止。对资金运用的限制和管理，改为以出台施行规则、公告和指导方针为主的方式。

第二节　日本保险资金运用的特点

日本保险资金的资产配置相对稳健，以寿险为例（见图5.1），其整体以固定收益类资产为主，债券、海外证券（以海外债券为主）、贷款投资的比例位居前三，其总和约占比70%～80%，股票、不动产、货币类投资占比较小，总和不超过15%。

从趋势上看，受到2008年金融危机的影响，日本保险资金的资产配置中，固定收益类资产的比例显著上升，寿险中固定收益类资产占比在2008年上升约10%，近几年保持在80%左右；非固定收益类资产的占比呈现下降趋势；海外投资比例在2008年有所下降，随后又逐渐恢复（见图5.2）。

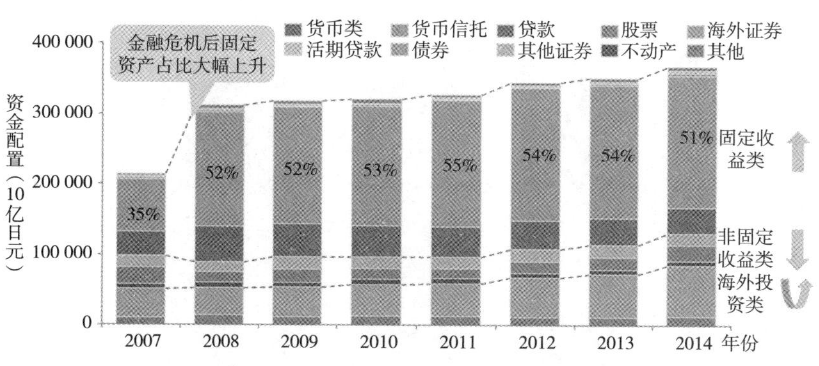

图5.1　2007～2014年日本寿险资金配置

寿险固定收益类资产呈现出以下特点。

第一，国内债券资产的占比在2008年金融危机后大幅上升，从2007年的35%上升至2008年的52%，之后该比例一度增长至2011年的55%。尽管有小幅波动，但总体上2008年以后，债券资产占比相对稳定，始终在50%以上。

第二，国内债券中，2008年之后，利率债（包括国债与市政债）占比上升，国债与市政债在2007年占国内债券的74%，2008年则达到83%，随后逐年增长，2014年占比为86.7%，可见政府债依旧在国内债券中保持着重要的地位，而企业债券的比例则相应地从2007年的26.1%逐渐下降到2014年的13.3%。

第三，贷款投资比例在2008年受金融危机的影响，从16%小幅上升至16.4%，之后呈现下降趋势，2014年降至10%。不过由于债券（包括国内与海外债券）占比上升，贷款比例的下降并未影响固定收益类资产在资金配置中的高占比。

寿险非固定收益类资产呈现出以下特点：

第一，受到2008年金融危机的影响，股票投资比例从2007年的11%大幅下降至5%，随后又缓慢回升，2014年股票资产占比达到6%，但依旧显著低于债券、海外证券与贷款投资的比例。

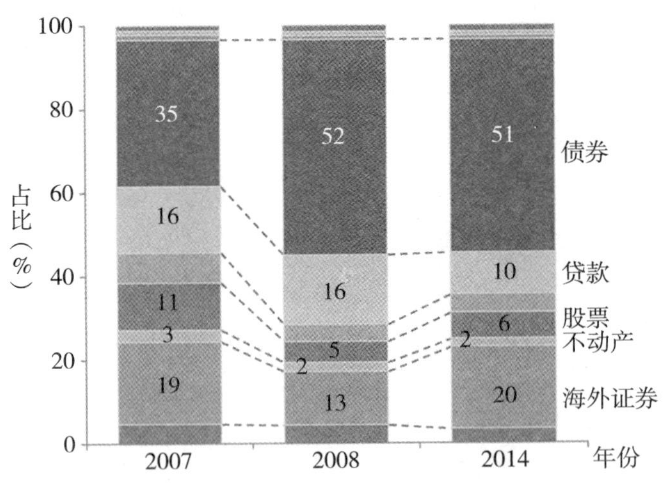

图5.2　金融危机前后及近年日本保险资产配置变化

第二，不动产投资在金融危机后从2007年的3%下降至2014年的2%，下降趋势明显，下降幅度显著。

第三，其他非固定收益类资产，比如货币信托、货币类投资等，近几年比例相对稳定。

日本寿险资金运用的另一大特点是重视海外投资，海外投资在资产配置中的占比保持在10%～20%。从整体上看，金融危机使得2008年的海外投资占比从19%大幅减少至13%，但由于安倍经济政策的刺激、日元的贬值以及投资收益率的压力，近几年海外证券的投资比例逐渐回升至20%，基本恢复到了金融危机前的水平。从细分上看，日本寿险的海外证券投资以债券为主，占比在90%左右，该比例从2007～2014年有小幅波动，于2014年达到91.6%。值得注意的是，海外股票的占比在2007年、2008年并没有受到金融危机的影响，反而有从10.5%到11.1%的小幅度增长，随后才逐渐下降至8.4%。

第三节 日本保险资金运用的驱动因素

一、宏观环境

日本的经济体量大、增速平稳、前景较好，因此其保险市场备受青睐。虽然国土面积较小，日本却是继美国与中国之后的世界第三大经济体，拥有世界最大的电子产品产业、世界第三大的汽车产业。日本也是全球最大的债权国，每年的净国际投资头寸（NIIP）可观。此外，日本的国内生产总值增速较缓（见图5.3），自2011年来一直稳定在-0.5%～2%的区间内，预计2020年国内生产总值将上升至5 407亿日元，复合增长率约为0.44%。稳定的经济发展与良好的经济前景让日本的保险行业备受青睐。

全球性的金融市场变化是影响日本保险资金配置的重要因素。以2008年金融危机的影响为例，一是海外资产的配置减少，为了

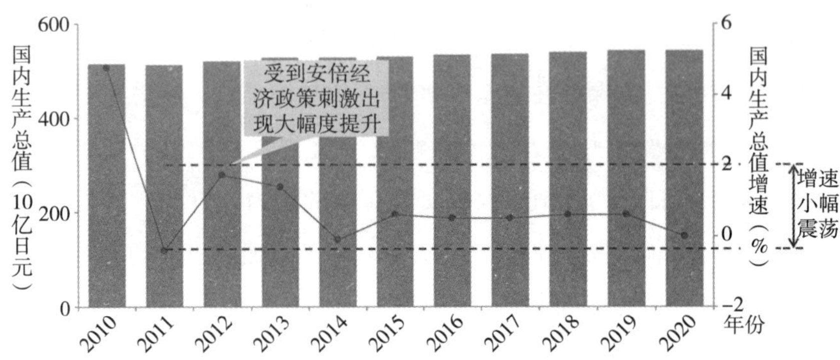

图 5.3　2010～2020 年日本实际国内生产总值及其增长幅度

注：2016～2020 年数据为预测值。

最大幅度地减少金融危机的波及范围，日本保险公司迅速减少了对海外资产的配置。事实上，在寿险资金配置中，海外证券占比从 2007 年的 19% 骤降至 2008 年的 13%。二是风险偏好发生变化，日本保险公司在金融危机后迅速减少了对高风险的股票的投资，并增持了风险较低的债券。从数据上来看，股票投资在寿险资金中的占比从 2007 年的 11% 骤降至 2008 年的 5%，而债券投资在寿险资金中的占比从 2007 年的 35% 骤然增加到 2008 年的 52%。三是资产类别发生变化，由于金融危机起源于美国的房贷坏账，投资者对不动产这一资产类别的信心受到影响。这一影响也体现在日本保险资金的运用上，2007 年不动产在寿险资金中尚且占比 3%，但到 2008 年时不动产占比就跌至 2%。四是资产期限发生变化，包含证券、活期贷款、货币信托等在内的短期限资产占比自 2008 年起不断上升，而长期贷款、不动产等长期限资产占比则不断下降（见图 5.4）。

日本国内的经济政策变化也影响了保险资金的配置。日本首相安倍自 2012 年年底提出了一系列政策以刺激滞缓的日本经济，这

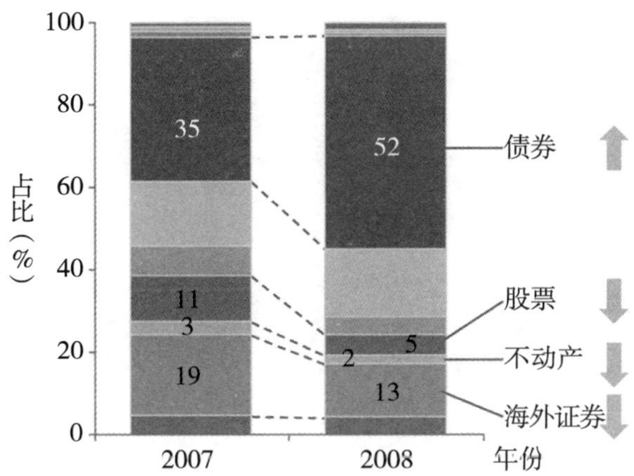

图 5.4　金融危机对日本保险资产配置的影响

一系列经济政策具体可归纳为“三支箭”计划，即以量化宽松为主的金融政策、以扩大公共支出为主的财政政策及以振兴民间投资为主的经济增长政策。这些政策造成了日元贬值、利率下跌、股市震荡等一系列影响。从日本保险资金配置的角度看，日元贬值导致投资者倾向于增加海外资产配置，利率下跌导致固定收益类资产如债券、贷款等吸引力下降，而高风险和高收益的资产如股票、不动产吸引力上升。从数据上来看，安倍经济政策提出前后，海外证券在寿险资金配置中的占比从 18% 上升至 20%，债券配置占比从 54% 下降至 51%，股票配置从 5% 上升至 6%（见图 5.5）。

二、负债端特点

日本受人口老龄化及历史原因的影响，国民的资产管理偏好较为保守。日本是全球老龄化最为严重的国家之一，65 岁及以上的人口比例在 2014 年已达到 25.8%，预计在 2025 年将达到 30.7%。这一方面使得日本保险市场中终生险表现尤为出色，另一方面使得

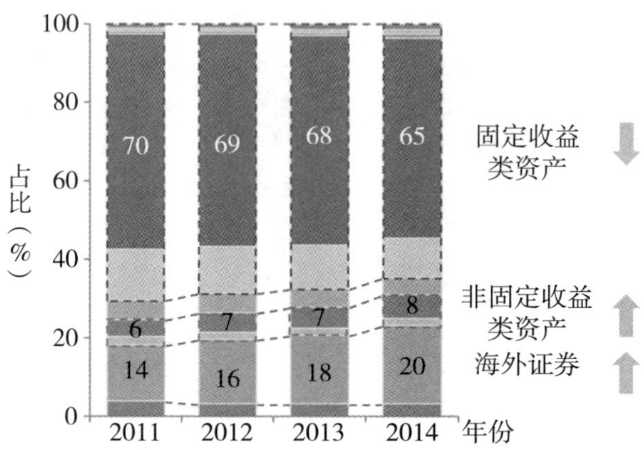

图 5.5　安倍经济政策对日本保险资产配置的影响

保险资金的投向更为保守。日本的中青年大多经历过“失去的十年”（即 1991 年日本经济泡沫破裂之后，日本经济长期不景气的时间段），在这一历史背景下成长起来也导致日本国民的资产管理风格较为保守。事实上，虽然安倍经济政策一直在推动国民将更多资金用于投资，但日本国民在股票、债券及基金方面的投资仅为 13%（美国有 47%），而在现金、储蓄方面的资金配置达 58%，在养老金及保险方面的资金配置达 29%（见图 5.6）。

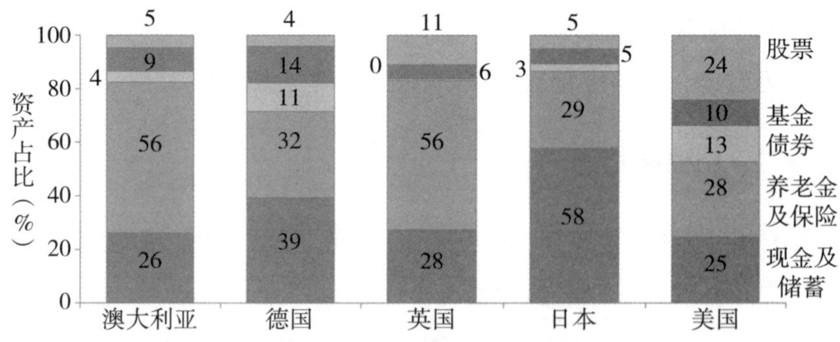

图 5.6　各国国民资产配置对比

注：由于四舍五入，部分数据之和可能不等于 100%。

从资金端产品特点来看，日本寿险的保费占比始终占据主要部分，占比约为85%，财产险保费占比约为15%。在寿险中，终身险、养老险等期限较长的产品占比逐渐升高，而期险等期限相对较短的产品占比逐渐降低。产品结构的变化将导致保险资产配置结构的变化（见图5.7）。

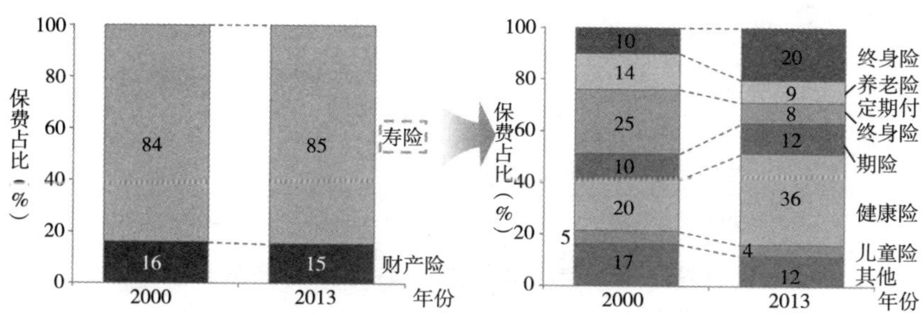

图5.7　2000～2013年日本保险市场不同类型产品保费占比

注：由于四舍五入，部分数据之和可能不等于100%。

三、资本市场

日本的金融市场过去是银行主导型，因此以间接融资为主，但受到全球直接融资比例上升的大趋势的影响，其直接融资比例一路攀升，近年达到约70%的历史新高。从债券市场来看，日本无疑是全球最发达的债券市场之一，其债券市场基础大、增速稳定，市值占国内生产总值的比重从1998年80.8%一路发展至221.4%（见图5.8）。对比其他国家，中国目前这一比重仅有42%，而众所周知的债券市场发达国家美国也仅有206%。但从产品类型来看，政府债是日本债券市场的主要产品，2016年3月，政府债体量占比已高达93%，且该比例仍在不断上升。从股票市场来看，正如前文所述，日本国民投资风格相对保守，因此过去股票市场相对债券市场而言体量较小，但近几年在安倍经济政策的刺激下，股票市场有所发展（见图 5.9）。

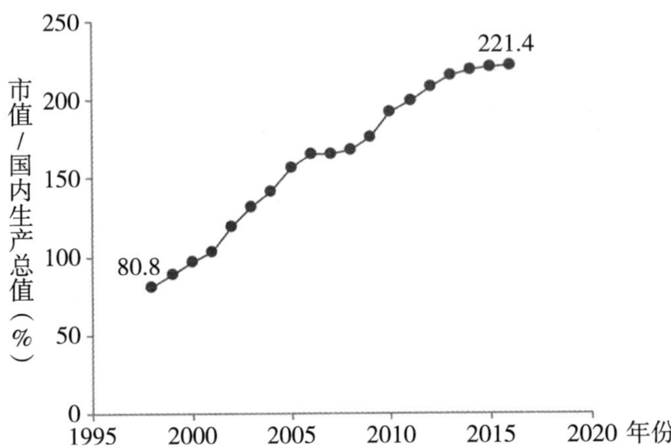

图 5.8　1995～2020 年日本债券市值占国内生产总值的比重

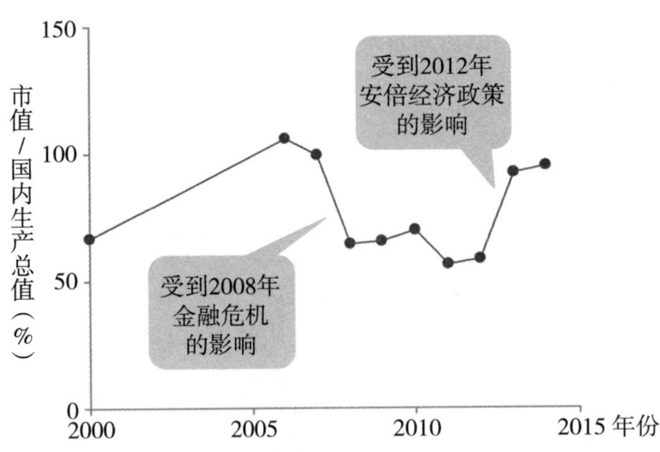

图 5.9　2000～2015 年股票市值占国内生产总值的比重

四、内部因素

日本的保险市场集中度较高。在寿险市场，排名前三的保险公司市场份额达 38.0%，排名前五的保险公司市场份额达 53.1%。财产险的市场集中度更为惊人，排名前三的保险公司市场份额逾

90%。由此可见，日本的大型保险公司体量一般较大，而如前文所述，大型保险公司对高风险和高收益资产的配置比例较小型保险公司更高。这一方面是因为大型保险公司可以聘用更专业的投资团队和信用评级团队；另一方面是因为资金规模越大，对风险的容忍度越高，可投资的资产种类也越广。因此，由于日本保险公司的特性，日本的保险资金运用将有更大的操作余地和发展空间。

第四节　日本保险公司资金运用的经验

一、泡沫经济时期日本保险公司如何走向破产

20 世纪 80 年代末，泡沫经济时期的日本见证了国内经济增长放缓、“泛资管”资金竞争加剧、以高资金成本为代价的保险资产扩张、高风险的险资配置策略、保险资金海外投资监管的放开、保险资金出海热潮等诸多现象的发展、高潮与落幕。虽然日本的具体情况与我国有所差异，但其保险业在面临这些变化时的经验与教训仍对我国当前的保险公司有着参考价值。

泡沫经济时代，日本经济增速放缓（见图 5. 10），政府试图通过降低利率刺激经济，央行在 1986 ~ 1987 年连续 5 次降低利率（见图 5. 11），造成固定收益类资产回报降低，市场流动性过剩，大量资金涌入房地产与股票市场，房价与股市出现非理性繁荣（见图 5. 12）。20 世纪 80 年代后期，日本宏观经济进入以“出口主导”向“内需主导”过渡的转型期。在这个时期，日本的人口结构也出现了初步变化。如今，日本的人口红利几乎完全消退，老龄化严重，这也是经济增速出现较大下滑的一个非常重要的因素。

针对“泛资管”资金竞争加剧，日本保险业通过销售高资金成

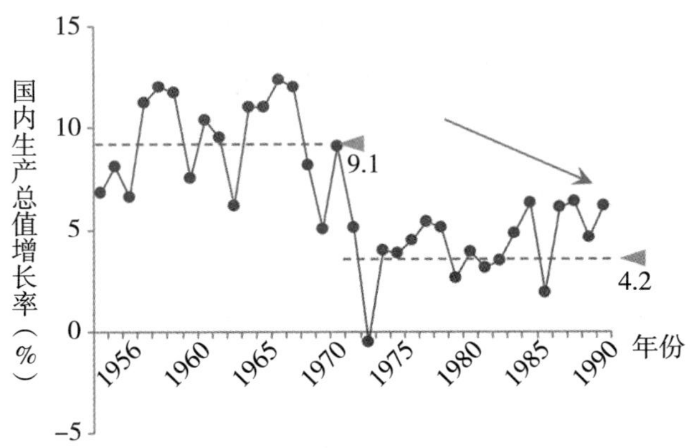

图 5.10　日本国内生产总值历史变化

资料来源：日本内阁府、SNA、经济学人数据库、波士顿咨询公司

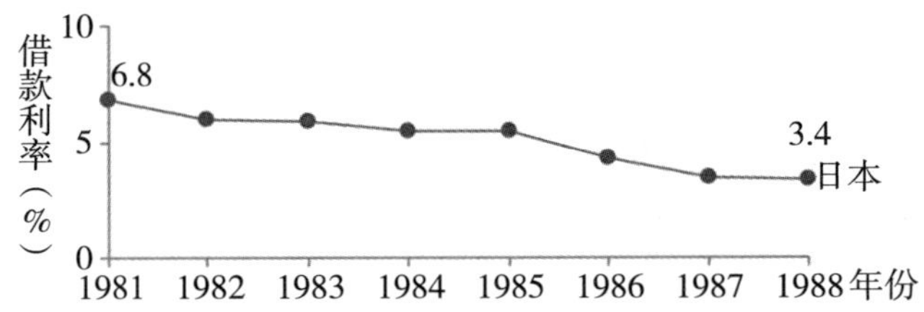

图 5.11　20 世纪 80 年代日本借款利率变化

资料来源：日本内阁府、SNA、经济学人数据库、波士顿咨询公司

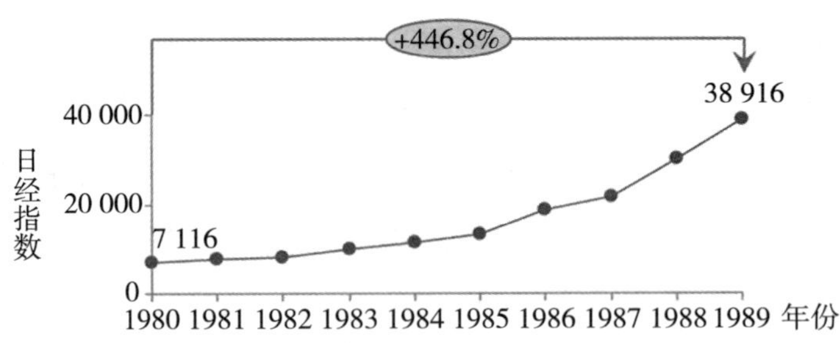

图 5.12　20 世纪 80 年代日经指数变化

资料来源：日本内阁府、SNA、经济学人数据库、波士顿咨询公司

本的保险产品迅速扩张，而在资产端，受到短期牛市的激励和负债端高资金成本的驱动，保险公司尝试投向股市获取超额收益。在上

述宏观背景下，消费者对收益率的要求随着股市收益率的上升水涨船高，银行理财和券商为争夺资金纷纷推出极高收益率的投资产品。这主要是由于两方面原因：一是面临消费者偏好的变化和“泛资管”资金竞争的压力，保险公司亟须提高收益率，以保持保险产品的竞争力；二是资产端轻而易举获得的高投资回报也让保险公司在承诺负债端收益时变得更加自信。如图 5. 13 所示，1980～1995 年，保险资产在预定利率高达 8. 8% 的年金产品与高承诺回报投资类产品的驱动下实现迅速扩张，年增长率一度达到 20% 以上。而在资产端，低利率导致固定收益类资产回报降低，为了追逐股票牛市收益，覆盖负债端高昂的资金成本和满足投资型产品的投资需求，1985 年至 1990 年，日本保险业股票配置从 17% 上升至 25%，贷款和债券配置相应减少（见图 5. 14）。同期，日经指数增长率接近 200%，为保险公司带来了巨额收益，却也留下了泡沫破裂后高位套牢的隐患。

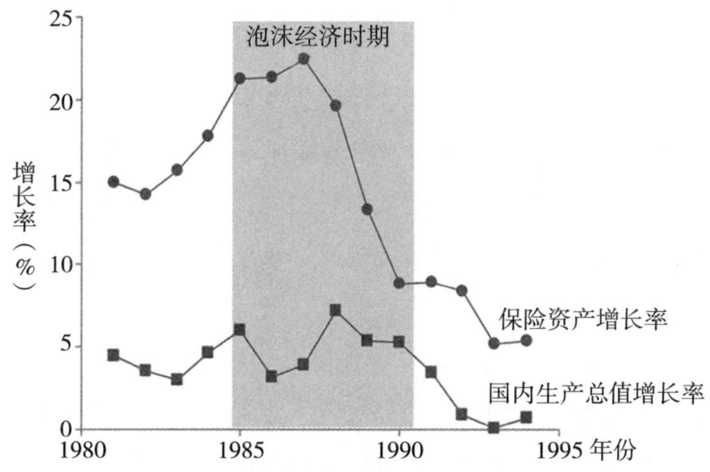

图 5. 13　1980～1995 年日本保险资产与国内生产总值增长率

资料来源：日本寿险业协会、波士顿咨询公司

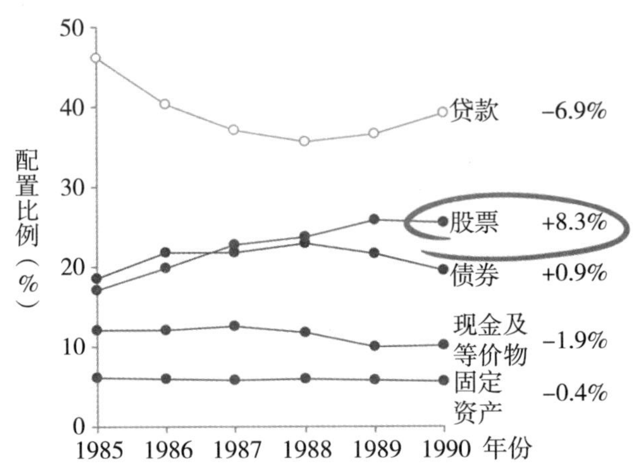

图 5.14 1985～1990 年日本大类资产配置

注：由于外国证券中股票与债券的比例披露不全，根据 1989 年已有数据，假设 1∶4 拆分，数据包括投连账户，股票占比增加背后包含股价上涨的因素，也包含保险公司增加配置的因素。

资料来源：日本寿险业协会、波士顿咨询公司

与此同时，随着国内外投资环境的变化，日本保险资金涌现“出海浪潮”，保险公司通过海外子公司、派遣学习以及与海外资产管理公司建立跨国合作，提升海外投资能力。20 世纪 80 年代后期，跟随日本全面的海外投资热潮，保险行业也兴起了一轮资金“出海热”，其背后主要有宏观环境、资金端成本压力、监管放松、风险分散等原因。日本经济转型造成增长放缓，国内投资机会减少，而央行的持续降息使得日本与英美等发达市场存在较大利差，国内固定收益类资产吸引力下降，在负债端高资金成本的压力与充足的投资资金推动下，海外投资对日本保险公司吸引力日益增大。同时，为缓解国内房地产热钱继续炒高房价，监管机构对保险资金进入国内房地产市场持反对态度，但鼓励海外地产投资，保险公司海外投资的比例限制从 10% 上升至 30%。另外，海外投资可有效分散日本地震风险的能力也为保险公司所看重。

1987 年，日本保险业海外投资占比达 15% 以上，以欧美市场为主，资产类别以债券为主，同时积极通过直投股权和房地产获取更高收益。根据《纽约时报》（*The New York Times*）的采访，以 1987 年海外投资占比高达 20% 的日本人寿为例，其共配置了 80 多亿美元美国、加拿大及澳洲债券，近 3 亿美元的美国和欧洲股票，同时在美国拥有 10 处地产，既包括初期通过合约外包本地房产公司进行投资的核心商务区写字楼，也有一些直接投资的酒店、商场等房地产。

然而，随着日元升值、泡沫经济破灭与利率持续走低，日本保险公司在国内面临股票高位套牢和资产减值的风险（见图 5.12），在海外面临汇率上升（见图 5.13）以及房地产经营不善倒闭的危机，资产端无法支持负债端的高资金成本，20 世纪 90 年代末 8 家保险公司接连倒闭。随着 1990 年日本央行调息引发经济泡沫破裂，日本股市从 1990 年起迅速下跌，5 年跌幅超过 50%，再也没有回到过之前的水平，泡沫经济时期高位进入股市的保险公司均面临巨大的投资和资产减值损失。日本保险公司的海外投资也并不顺利，一方面，由于缺少房地产经营经验，又遭遇了美国"第三次房地产危机"的房价下滑，海外房地产亏多盈少；另一方面，由于当时不存在以风险为基准的偿付能力监管，保险公司多忽视汇率风险，在被迫变现海外资产时遇上日元汇率爬坡，海外资产减值严重。在负债端，由于日本保险监管不允许公司下调预定利率，当年许诺的高预定利率年金产品因投资收益的下降造成了巨大的利差损失，而投资型产品则因无法达到预定收益率而频频遭遇提前退保，导致保险公司的新业务也受到影响。20 世纪 90 年代末起，在持续的低利率环境下，日产、青叶、东邦、第百等 8 家保险公司遭遇了破产清算。

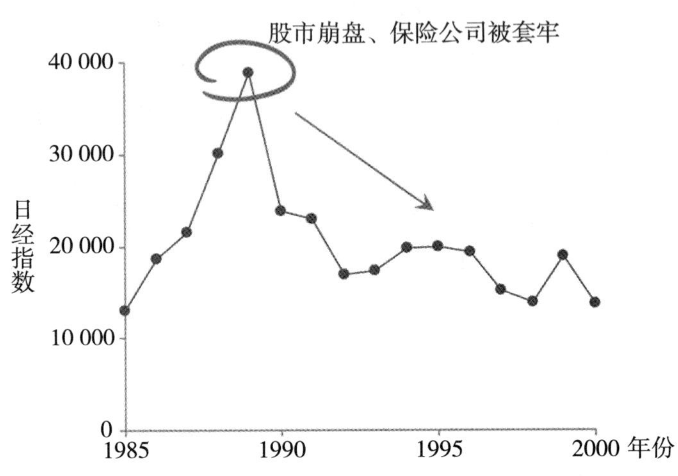

图 5.15　1985～2000 年日经指数变化

资料来源：经济学人数据库、波士顿咨询公司

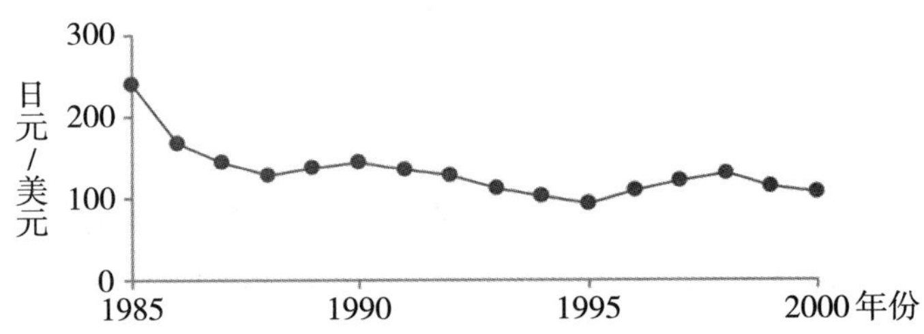

图 5.16　1985～2000 年日元兑美元汇率变化

资料来源：经济学人数据库、波士顿咨询公司

危机后，日本保险业采用更审慎的资产配置策略，即使在长期零利率环境下也以债权配置为主，在防范汇率风险的基础上增加海外固定收益类投资，同时配置海外房地产基金投资减少房地产直接投资风险。如图 5.14 所示，日本保险业在 1990～2014 年间的股权配置减少了 17%，而债权配置则增加了 22%。在应对低利率挑战时，保险公司主要依靠谨慎的海外投资策略，近年来海外投资比例再次上升至 20% 左右。

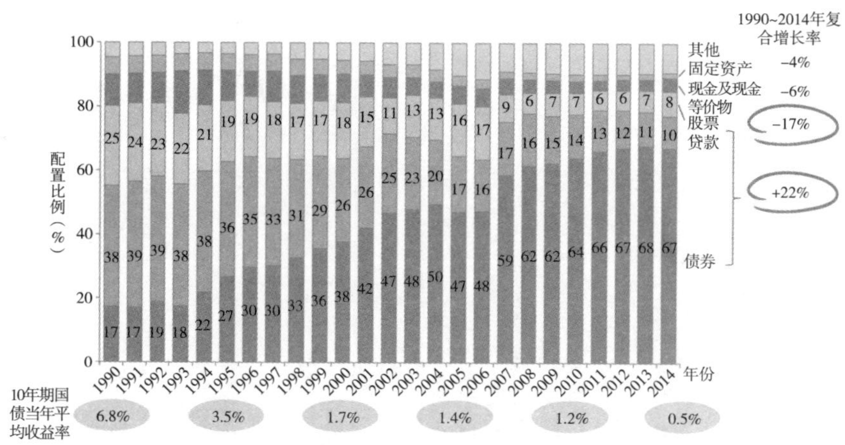

图 5.17　1990～2014 年日本保险业资产配置

资料来源：日本寿险业协会、波士顿咨询公司

此外，在海外房地产投资上，保险公司吸取了直接投资失败的教训，倾向于通过海外房地产基金进行间接投资，例如东京海上保险（Tokio Marine）便表示放弃房地产直接投资，而是通过海外合作伙伴汤森集团（Townsend）甄选全球房地产基金获取更稳健的收益。1990～2014 年日本保险业海外资产配置见图 5.15。

二、日本人寿如何打造海外投资能力

成立于 1985 年的日本生命保险资产管理公司（Nissay）是日本最大的人寿保险公司——日本人寿集团旗下的资产管理公司，其海外固定收益类投资占整体资产管理规模的 20%，海外股权投资占 17%。同为亚洲保险公司，日本生命资产管理公司如何提升海外投资能力对中国保险公司具有借鉴意义。

对于更为熟悉的亚洲市场，日本生命保险资产管理公司除了依靠内部研究团队以外，还与成熟的海外资产管理公司合作建立亚洲资产管理合资子公司，以获取投资能力。日本生命保险资产管理公

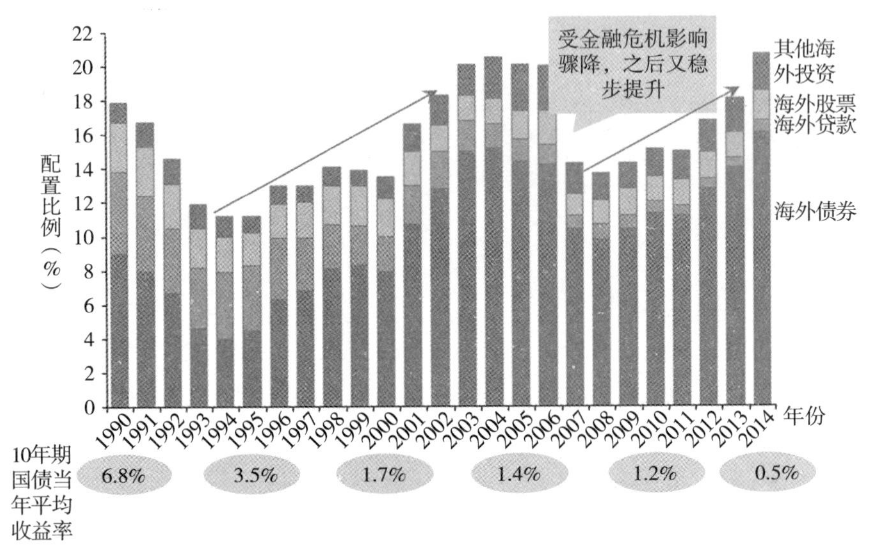

图 5.18　1990 ~ 2014 年日本保险业海外资产配置

资料来源：日本寿险业协会、波士顿咨询公司

司历来注重内部研究团队的建立，公司在东京与大阪的分析师团队是行业最大的分析团队之一，除了统筹全球投资策略和资金分配以外，还拥有较强的亚洲地区投资能力。同时，日本生命保险资产管理公司与英国施罗德（Schroders）资产管理公司合作，在新加坡建立海外合资资产管理子公司，在获取施罗德资产管理公司在多个资产类别投资专长的同时，也增进了在亚洲地区的投资能力。

对于欧美与新兴市场投资，日本生命保险资产管理公司以成立海外保险业务分支机构、与精品资产管理公司开展合作，以及战略入股海外资产管理公司并进行深入合作为基础，打造多层次的海外投资能力。

日本生命保险资产管理公司在欧美与新兴市场投资能力的打造由浅到深分为 3 个层次。

一是，日本生命保险资产管理公司充分利用母公司日本人寿集团在纽约、伦敦等地保险业务的分支机构，获取当地投资信息和当地市场研究能力。

二是，日本生命保险资产管理公司与13家全球精品资产管理公司展开战略合作，如以全球房地产投资为专长的AEW集团，以固定收益类资产投资为专长的英国保诚集团等，同时根据自身资金特性，甄选特色资产管理产品或是以委托管理的方式建立合作关系，谋求海外各个资产类别的投资收益。

三是，日本生命保险资产管理公司的母公司在布局海外资产管理业务时，曾配合保险业务的开展，入股3家美国和印度的资产管理公司，包括注重量化投资的美国Pan Agora资产管理公司、以高收益企业债券为专长的美国Post Advisory公司，资管规模在印度排名第三的Reliance集团。日本生命保险资产管理公司依托这些母公司入股的海外资产管理公司，与之建立深入的合作关系，不仅能够分享其在当地市场投资的经验和技术，还可以以更优惠的方式获取一些定制化的资产管理产品和增值服务。

综上所述，日本的保险资金运用发展经验，给予了中国保险公司3方面启示：

第一，公司整体战略方面。在“泛资管”资金竞争激烈的背景下，通过高资金成本产品吸引负债端资金，进而通过配置高风险和高收益资产组合赚取利差的激进经营策略有较大的系统性风险。日本20世纪80年代的失败教训显示，受短期牛市和“泛资管”资金竞争驱动，通过抬高负债端成本吸引资金并在股票市场追逐短期利益的经营策略是值得商榷的。一旦资产端系统性风险爆发，负债端的偿付压力会很容易让公司陷入困局。而相对短期限的负债结构也可能存在较大的流动性风险，危机爆发时资产端收益率的快速下降容易引发保险客户的集中退保或选择不续保，保险公司可能出现流动性危机。为了避免负债端受资产端收益率上升驱动而盲目扩张，或资产端受负债端收益率压力采取过于激进的投资策略，保险公司需加强两端的协调与控制机制，并在战略层面摒弃这种策略。

第二，资金运用策略方面。从资产端看，过度依赖股市获取短期高收益是不值得借鉴的，日本保险公司就曾高位套牢。虽然日本股市泡沫的情况有其特殊性，但股市较强的短期波动性仍有较大风险，保险公司在配置时应更加谨慎。

在进行海外房地产直接投资时应量力而行，日本保险公司在经历房地产直接投资损失后转为间接投资的经验显示，特定类别海外房地产直接投资及经营对保险公司能力要求较高，保险公司在海外投资初期应该量力而行，一方面要积极提升投资能力，另一方面也可以考虑通过甄选房地产基金的方式间接投资，以降低风险。

在较熟悉的市场，保险公司可以建立子公司获取投资能力，在欧美和新兴市场等欠熟悉的市场，保险公司可以考虑入股全球资产管理公司，或者与精品资产管理公司展开战略合作获取投资能力。日本人寿集团在新加坡建立子公司，与美国、欧洲与印度的资产管理公司建立以股权为基础的深入合作或与其他资产管理公司开展一般战略合作的经验显示，国际化程度较低的亚洲保险公司不一定需要像安联一样采取全球并购的方式获取海外投资能力，通过入股、合资等方式在熟悉的市场建立子公司，并在遥远市场甄选合作伙伴，针对特定资产类别或投资领域展开深入合作也是一种获取投资能力的可行路径。

第三，管理汇率风险方面。日本在20世纪80年代末期因汇率风险造成大量海外资产减值的教训显示，保险公司应该在偿二代汇率风险框架下加强对汇率风险的管理，做好必要的对冲，避免产生因政治事件或其他因素造成的汇率损失。

第六章

新加坡市场

第一节　新加坡保险资金运用监管

新加坡的保险监管由隶属金融管理局（MAS）的保险署负责，故对保险资金运用的监管也属于保险署的职责范围，但对于涉及整个金融领域的保险资金运用监管则由 MAS 统一部署。此外，新加坡保险资金运用的监管主要在偿付能力监管的框架内进行，监管过程中十分注重发挥保险行业协会的作用，并将对保险机构的日常监管交给相关的保险行业协会负责，形成了政府监管、公司治理和市场约束三位一体的监管模式。新加坡保险业针对不同的机构分别成立了普通险行业协会、寿险行业协会、再保险行业协会以及保险经纪行业协会，各协会均设有各自的专业委员会。在实际工作中，MAS 与行业协会建立了良好的互动机制。一方面，许多项目由 MAS 提出动议及要求，相关行业协会负责具体落实，对一些重要项目，MAS 甚至直接派人参与；另一方面，行业协会与 MAS 积极沟通，及时反映保险业经营与发展中遇到的共性问题。

在新加坡，所有保险公司都将遵守 MAS 的风险管理准则，对于拥有直保业务的寿险公司，其资产管理流程会根据“新加坡金融管理局 317 条例”（寿险公司资金运用管理）有额外的要求。同时，随着直保非寿险公司和再保险公司资产规模和投资活动的增长，MAS 的这些额外要求将向它们扩展。

“新加坡金融管理局 317 条例”规定，董事会批准的投资策略应该包括考虑了资产负债管理的资产配置决策。MAS 希望提供更明确和详细的指导，因为保险公司负债风险管理与其资产配置协调十分重要。资产负债管理政策包括明确资产负债管理与投资管理、产品开发和定价功能的关系。

新加坡政府于 1965 年颁布了《保险法》，1986 年又颁布了《保险法（修正案）》。20 多年来，随着情况的变化，以上述两部法律为基础，新加坡又陆续制定了一系列法规条例与实施细则，对保险业的监管不断加强。目前，新加坡的保险监管已经形成了由法律、规章、保险通告和指导原则四个层次组成的比较完整的法规体系，并随着保险市场的发展不断修改和完善。

在监管方式上，为适应市场发展的要求，新加坡 2000 年 MAS 引入了美国风险资本管理框架（简称“RBC 一代”）的保险监管办法，并于 2002 年开始正式使用。新加坡监管按照保险公司资产负债的风险情况计算出最低资本要求，并要求保险公司的实际资本不得低于最低资本要求的 120%，即偿付能力监管目标为 120%。偿付能力充足率低于 120% 的公司需要提交偿付能力改善计划，每个月提交财务报告，并可能暂停某些业务。

2012 年 6 月，结合欧洲偿二代改革进程，MAS 发布了《新加坡保险公司风险资本监管框架回顾》第一版咨询稿。2014 年 3 月，MAS 发布了《新加坡保险公司风险资本监管框架回顾》第二版咨询稿，规定将使用与银行业巴塞尔协议Ⅲ相同的方法认定可用资本。目前，MAS 已经建立了一套完整的风险管理指引，因此决定引入风险及偿付能力自评估（ORSA）。新加坡预计在 2017 年 1 月 1 日正式实施 RBC2，计划新旧体系并行一段时间，以确保新旧监管体系的平稳过渡。

新加坡对保险资金运用的管理规定是：自由购买政府债券；在同一银行集团的存款不得超过其总资产的 15%；在同一商业银行或财务公司同一集团的存款不得超过 5%；关于股权交易，其中普通股、优先股以及认股证等，不得超过总资产的 35%；直接投资（包括直接的财产投资和财产股份投资）不得超过总资产的 20%，保险公司对自用办公楼的投资一般是直接投资，如果保险公司的办公楼价值超出该规定，则不可以再做其他投资；贷款和公司债券无限额，但信用贷款不得超过总资产的 10%；购买同一企业或企业集团的信用贷款不得超过总资产的 2.5%；以外币形式进行的投资和境外投资不得超过总资产的 20%。

MAS 于 2005 年起对寿险公司开展压力测试，于 2010 年起对财产险公司开展压力测试。目前，全行业每年进行压力测试，评估保险公司承受金融危机和保险相关风险冲击的能力，及其对金融系统稳定性的潜在影响。压力情境由 MAS 设定，各保险公司预测并向 MAS 报告自身在压力情境下的财务状况、管理决策以及决策的效果。MAS 将分析管理决策的合理性，并在对保险公司进行风险评估时，参考压力测试的结果。压力测试结果行业共享。

第二节　新加坡保险资金运用的特点

新加坡保险业资金运用余额在总体上增长稳定，2005～2014年年均增长率约为7.5%，仅在2008年金融危机时有所下降（见图6.1）。

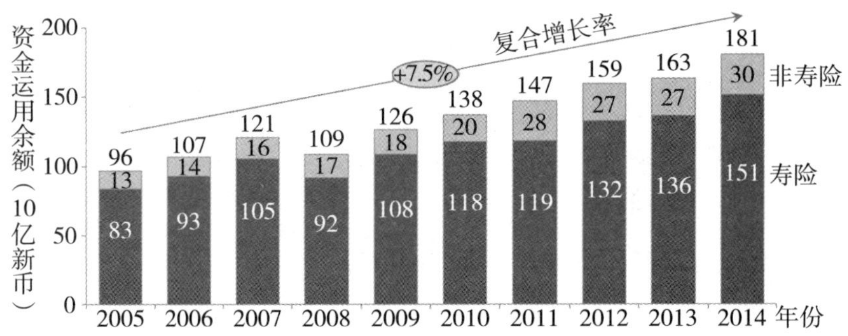

图6.1　2005～2014年新加坡保险业资金运用余额

资料来源：新加坡金融管理局

从来源看，新加坡保险业资金运用余额主要来自寿险资金，2005～2014年寿险资金占比稳定保持在85%左右（见图6.2）。从资产配置的比例上看，总体上新加坡保险资金主要配置在债券、股票和货币类资产中，2014年数据显示，三者比例分别为55%、29.9%与6.5%。同时，寿险与非寿险的资产配置存在明显差异，以2014年数据为例，寿险资金的资产配置以债券和股票为主，两者占比位居前两位，总和达到91.5%；非寿险资金的资产配置则更为多样，以债券和货币类资产为主，债券资产占比位居第一，达到40.5%，货币类资产占比位居第二，达到22.6%，远超过股票资产的10.4%，同时贷款投资也占7.6%，同样值得关注（见图6.3）。

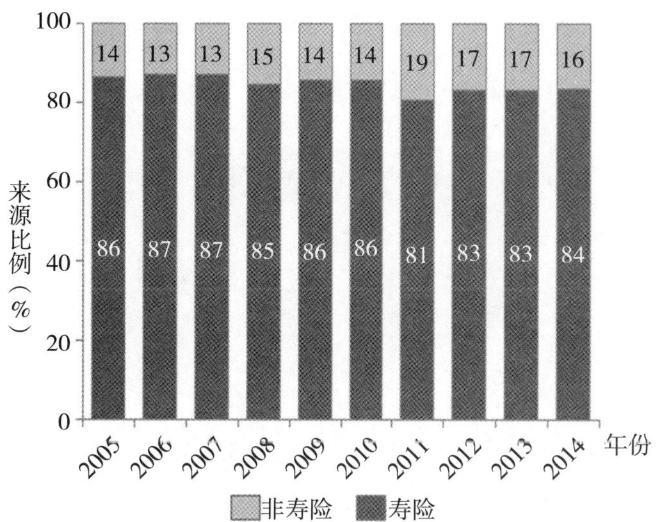

图 6.2　2005～2014 年新加坡保险业资金运用余额的来源比例

资料来源：新加坡金融管理局

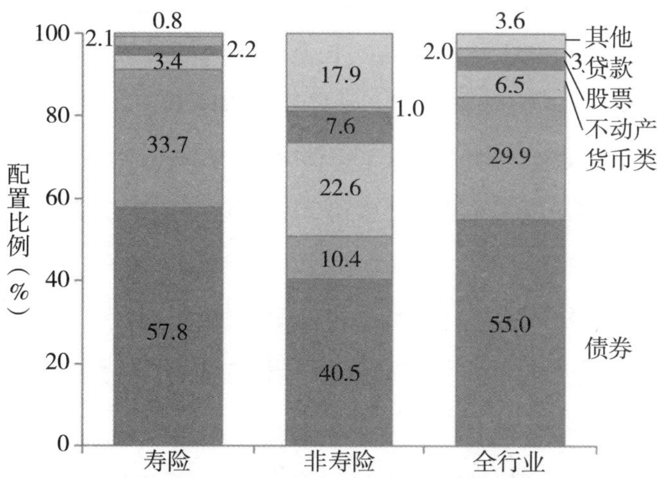

图 6.3　2014 年新加坡保险的大类资产配置比例

注：由于四舍五入，部分数据之和可能不等于 100%。

资料来源：新加坡金融管理局

新加坡寿险业的资产配置比例相对稳定，债券、股票、贷款投资、不动产的配置比例位居前四。2005～2014 年寿险业的资产配置比例见图 6.4。

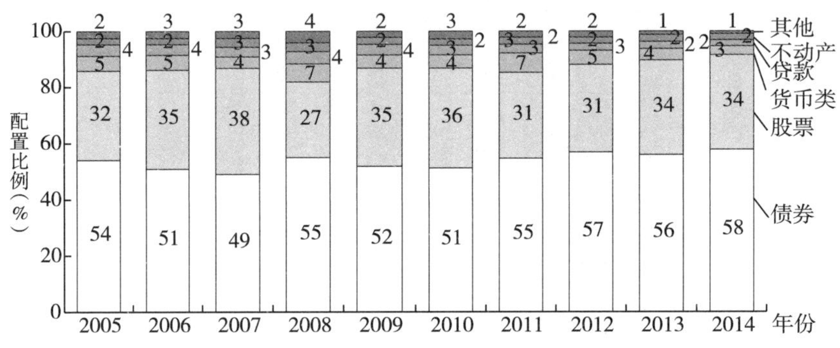

图 6.4　2005～2014 年新加坡寿险业的资产配置比例

注：由于四舍五入，部分数据之和可能不等于 100%。

资料来源：新加坡金融管理局

第一，债券比例保持在 50%～60%，在 2008 年金融危机时有明显增幅，从 2007 年的 49% 增长至 2008 年的 55%，尽管之后比例有所回落，但近几年又呈现上升趋势，2014 年已增长至 58%。

第二，股票占比保持在 30% 左右，2008 金融危机前股票占比呈现上升趋势，2007 年一度达到 38%，然而受到金融危机的影响，这一比例下降至 27%，近几年则稳定在 30%～36%。

第三，货币类资产占比呈现一定的波动，2008 年金融危机后一度达到 7%，近几年比例在萎缩，从 2011 年的 7% 下降至 2014 年的 3%。

根据 MAS 的数据，新加坡寿险的资金运用余额主要分为投连险与非投连险，其中以非投连险为主，占比为 80% 左右。这一数据在 2005～2014 年基本保持稳定（见图 6.5）。

投连险与非投连险账户的资产配置比例存在明显差异：与寿险的总体情况类似，非投连险账户的资产配置比例以债券、股票、

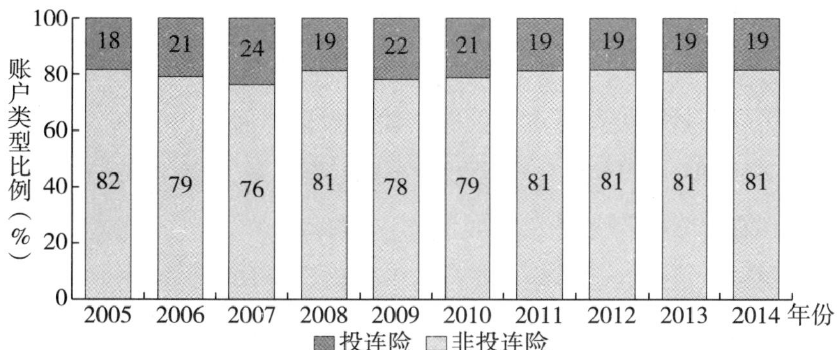

图 6.5　2005～2014 年新加坡寿险资金运用余额的账户类型比例

资料来源：新加坡金融管理局

货币类资产和贷款投资为主，债券占比超过 60%，股票超过 20%；与之相对应的是投连险账户的资产配置则以股票为主，股票占比超过 70%，债券占 15%～20%，货币、贷款与不动产则占比较少。

新加坡非寿险业的资产配置比例则相对多样，债券、货币类、股票和贷款投资占比位居前四位，总和超过 70%。2005～2014 年非寿险业的资产配置比例见图 6.5。

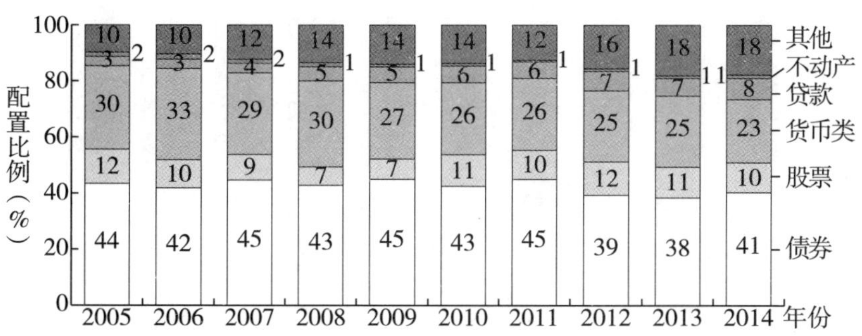

图 6.6　2005～2014 年新加坡非寿险业的资产配置比例

注：由于四舍五入，部分数据之和可能不等于 100%。

资料来源：新加坡金融管理局

第一，债券投资比例始终保持在 40% 左右，2008 年末明显受到金融危机的影响，但在 2012 年有大约 6% 的较大幅度下滑。

第二，货币类资产占比仅次于债券投资，保持在 23% ~33%，但是 2006 年 ~2014 年呈现缓慢的下降趋势，从 33% 下降至 23%，期间仅在 2008 年有 1% 的小幅回升。

第三，股票在非寿险资产配置中占比约为 10%，远小于在寿险资产配置中的占比。2008 年受到金融危机的影响有所下降，约为 7%，随后逐渐增长，近几年保持在 10% ~12%。

第四，贷款投资比例在 2005 ~2014 年呈现上升趋势，2005 年占比为 3%，2014 年已经达到 8%，增幅明显。

根据 MAS 的数据，新加坡非寿险的资金运用余额主要分为离岸账户和在岸账户，两者均为独立投资的账户。2005 年时两者总额相近，然而之后离岸账户资金占比不断上升，从 2005 年的 52% 上升至 2014 年的 64%，2011 年更是达到过 69%。在岸账户资金占比则相应地不断下降。2014 年新加坡非寿险资金运用余额以离岸账户资金为主（见图 6.7）。

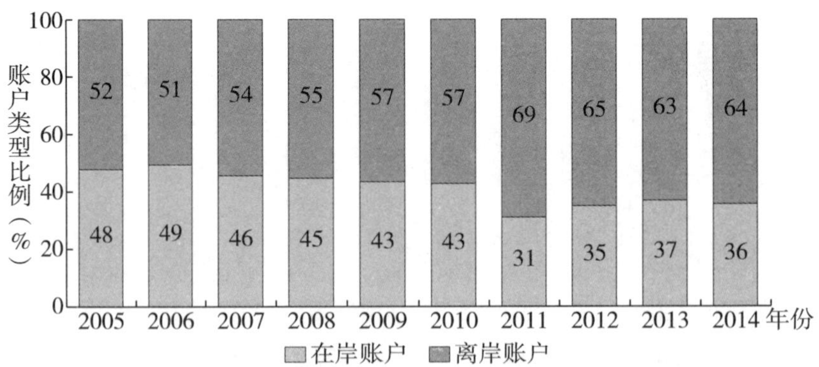

图 6.7　2005 ~2014 年新加坡非寿险业资金运用余额的账户类型占比

资料来源：新加坡金融管理局

离岸账户与在岸账户的资产配置比例也存在着一定的差异。离岸账户与在岸账户中占比排名前三的资产均为债券、货币类资产与股票，但在岸账户中债券占比更高，约为50%，且呈现上升趋势，离岸账户中债券占比约为40%，波动明显且近几年有下降趋势。另外值得注意的是，在岸账户资产中，不动产约占3%，呈现一定的下降趋势，贷款投资占比几乎为0，而离岸账户资产中，不动产占比则几乎为0，相反有5%~10%的贷款投资，且在2005~2014年呈现不断上升的趋势（见图6.8）。

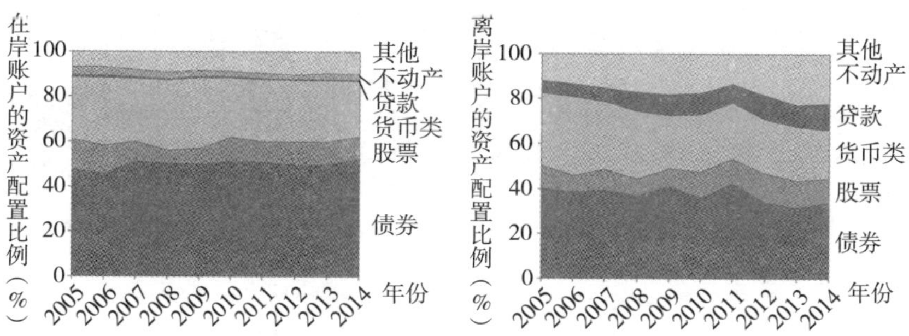

图6.8　2005~2014年新加坡非寿险业各类账户的资产配置比例

资料来源：新加坡金融管理局

第三节　新加坡保险资金运用的驱动因素

一、宏观环境

新加坡是世界上最开放的国家之一，其稳定的经济增长为保险业的发展提供了支撑。新加坡是世界上人均国内生产总值第三高的国家，近年来其国内生产总值增速一直保持稳定，虽然由于全球金融危机的影响，其国内生产总值增速在2009年略有下跌（下跌0.9%），但随着世界经济的复苏，其国内生产总值增速在2010年为15.2%，在2011年为7.4%，近年来增速几乎都保持在2%以上（见图6.9）。除了国内生产总值增速保持稳定，新加坡还被认为是世界上对国际贸易及跨境投资最为开放的国家，这为其经济增长打下了坚实的基础。稳定的经济增长又带来了可支配收入的增长，而这也将支撑保险业的发展。

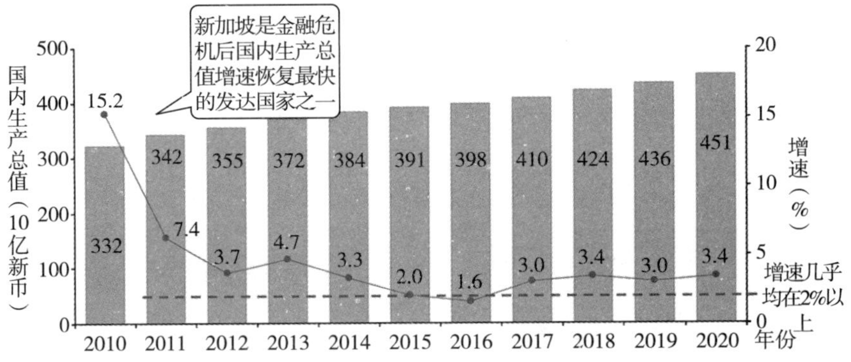

图6.9　2010～2020年新加坡国内生产总值及其增速

注：2016～2020年为预测值。

新加坡作为世界金融中心之一，与全球市场息息相关，而这也将影响其保险资金的运用（见图6.10）。事实上，受限于国土面积与资源，新加坡主要以境外投资为主。例如，截至2014年，新加坡在华累计投资金额达723亿美元，是对华的最大投资国。丰富的海外投资经历一方面为新加坡积累了丰富的经验，另一方面也削弱了新加坡市场的独立性。2008年的全球金融危机就广泛地影响了新加坡市场。新加坡FSSTI指数在2008年暴跌了49.17%，这一影响在保险资金分配中同样有所体现，以寿险为例，2007年股票在寿险资金中的占比为37.6%，2008年便跌至26.8%；而风险相对较低的债券2007年在寿险资金中的占比为49.2%，在2008年便涨至55.1%。2011年，受到欧债危机及金融危机后全球经济不景气的影响，新加坡股市再次出现暴跌，FSSTI指数在2011年下跌了

17.04%。同样地，这也反映在保险资金的分配中，仍以寿险为例，股票在寿险资金中的占比在金融危机后一直呈缓步上涨的趋势，而这一趋势在2011年终结。2010年股票在保险资金中的占比为35.6%，而2011年该占比便跌至30.6%；风险相对较低的债券2010年在保险资金中的占比为51.4%，在2011年便迅速提升至54.7%。由此可见新加坡市场与全球联系之紧密，其保险资金配置与全球市场联系之紧密。

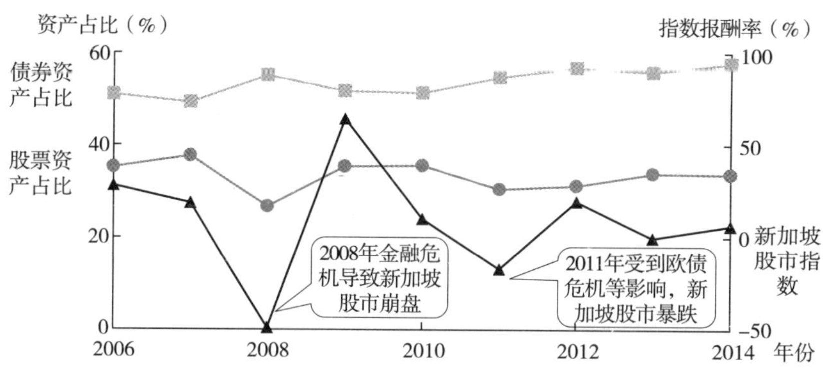

图6.10　2006～2014年新加坡保险资金配置及FSSTI指数变化关系

二、负债端特点

日益增多的老龄人口及逐渐变长的寿命驱动着寿险的发展。新加坡正面临老龄化的危险，65岁以上的人口比例在2014年为8.5%，而这一数据预计将在2025年攀升至13.2%，且人均寿命将从2010年的83.1岁上涨至2014年的84.4岁。这无疑极大地推动了寿险尤其是终身险的发展。

高净值人群的增多会推动个险尤其是投连险的发展，导致保险资金风险偏好发生变化。高净值人群（即拥有至少约300万美元资产的人群）的总财富额在2015年已达到0.6万亿美元，预计至

2018 年将达到 1 万亿美元。高净值人群的增长会使个险渗透率增加，考虑到高净值人群的理财需求，带有理财投资性质的保险产品，尤其是投连险将会有巨大的上升空间。事实上，投连险的资金配置与非投连险有很大不同：一方面，购买投连险的客户的风险容忍度相对较高；另一方面，为了保障投连险的收益，保险公司必须获得更高的收益率才能支付客户投资收益。因此，投连险的资金将更多地投向风险和收益相对较高的资产，如股票，而少投向风险和收益相对较低的资产，如债券。从数据上来看，以寿险为例，2014 年新加坡非投连险账户的股票资产配置比例为 23.4%，而同年投连险账户的股票资产配置比例达 78.9%，是非投连险的 3 倍有余。2014 年新加坡非投连险的债券资产配置比例为 67.0%，而同年投连险账户的债券资产配置比例仅为 17.4%（见图 6.11）。这巨大的反差说明不同产品的资金运用不同，因此若未来投连险得到进一步的发展，新加坡的保险行业资金运用必会发生很大变化。

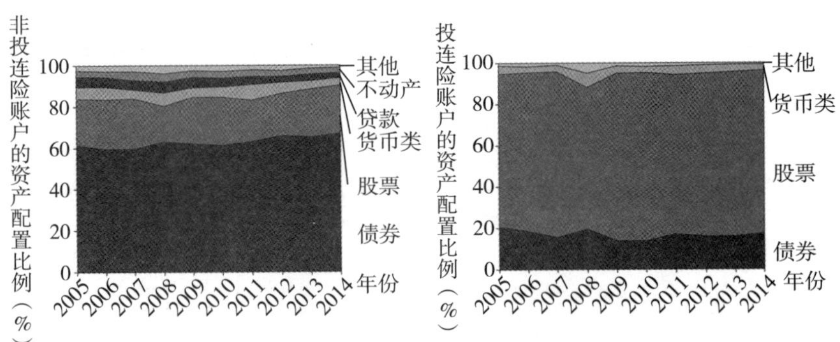

图 6.11　2005～2014 年新加坡寿险业非投连险和投连险账户的资产配置比例

资料来源：新加坡金融管理局

三、资本市场

新加坡是亚太地区最成熟的资本市场之一。从股票市场来看，回溯至1990年，新加坡尚与日本处于同一起跑线，其股票市场市值占当年国内生产总值的94.8%，而日本股票市值占当年国内生产总值的94.4%，两国股票市场发展水平相当。到2006年，新加坡的股票市场市值已占国内生产总值的260.0%，而日本仍只有105.9%。到2014年，新加坡的股票市场市值占国内生产总值的244.5%，而日本仅有95.1%。再看债券市场，新加坡的债券市场相对股票市场表现一般，但发展速度非常平稳。2000年年末，新加坡债券市场市值仅占国内生产总值的47%，经过十余年的发展，债券市场一直呈稳步上升的态势，到2016年3月，债券市场市值已达国内生产总值的78%（见图6.12）。从细分产品的角度看，政府债与企业债券占比基本达到一半对一半的格局。新加坡成熟的资本市场提供了充足的投资选择及丰富的投资经验，对保险资金的配置也有所裨益。

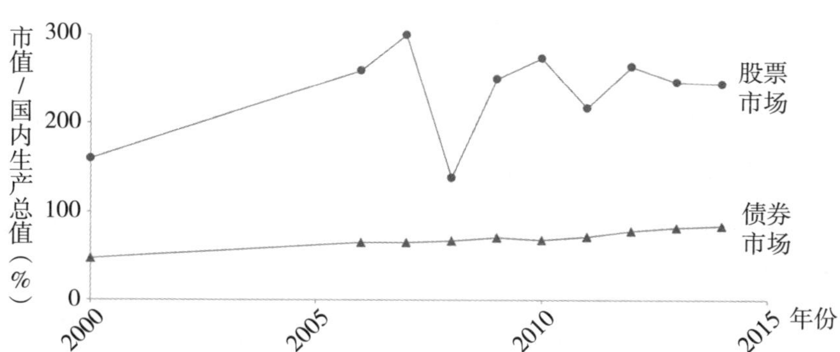

图6.12　2000～2015年新加坡股票和债券市场市值占国内生产总值比重

资料来源：彭博、新加坡金融管理局

四、内部因素

新加坡的保险行业集中度高，且以外资保险公司为主。以寿险为例，市场占有率前三的寿保险公司的占有率之和达59.9%，市场占有率前五的寿险企业占有率之和达77.4%。由此可见，新加坡的保险行业集中度非常之高。此外，在新加坡寿险市场占有率最高的友邦是外资公司，市场占有率第二的保诚也是外资公司，仅这两家公司便已占据新加坡42.8%的寿险市场。不仅如此，大部分的新加坡寿保险公司均为跨国企业，这为全球化的投资视野和资金调配打下了基础。

第四节　新加坡保险公司资金运用的经验

新加坡保险公司的资金运用主要为我们提供了两大经验：建设风险资本监管框架和结合离岸市场开展保险资金运用。

第一，建设风险资本监管框架，为保险资金运用的长期健康发展打下坚实的基础。新加坡是亚洲范围内率先改革以最低偿付能力额度为核心的传统监管体系，引入风险资本管理框架的亚洲国家。2000年MAS引入了美国风险资本管理框架的保险监管办法，并于2002年开始正式使用。这与当时以中国香港市场为代表的采用最低偿付能力额度为核心的监管框架，有着较大的差异。最低偿付能力额度关心的是贯穿于各个保险活动阶段的偿付能力计算。

历史上，新加坡采用风险资本监管框架的时间远远早于邻近市场。例如，韩国直到2009年才引入类似美国的风险资本监管制度；泰国则在2011年引入相似的监管框架；澳大利亚在2013年才引入相似的监管框架；香港直到2015年9月才正式公布关于建立风险资本监管制度的初期咨询报告，目标是在2015～2016年完成相关的框架和规则制定工作，并在未来2～3年完成最终的立法工作，随后再展开试点。

目前，新加坡也是亚洲各国中较为领先探索类似欧洲偿二代体系的国家之一。2012 年 6 月，结合欧洲偿二代改革进程，MAS 发布了《新加坡保险公司风险资本监管框架回顾》第一版咨询稿，研究对当前的偿付能力监管框架进行改革，以制定新一代风险资本监管框架。新一代《新加坡保险公司风险资本监管框架回顾》共包括六大部分：资本要求、可用资本、监管介入级别、资产负债评估、全面风险管理及实施时间表。MAS 原计划 2012 年 8 月 25 日前征求各相关组织、机构和保险公司的意见，并于 2013 年 12 月 31 日完成相应的修改，开展为期两年的新旧体系并行的试运行。但是从后续进展来看，新一代风险资本框架的推出速度不及预期。直到 2014 年 3 月，MAS 才发布了《新加坡保险公司风险资本监管框架回顾》第二版咨询稿，提出了 43 项改革措施以及 16 个问题，进一步建立了一套完整的风险管理指引，决定引入风险及偿付能力自评估。目前来看，新加坡预计在 2017 年 1 月 1 日正式实施新加坡 RBC2，计划新旧体系并行一段时间，以确保新旧监管体系的平稳过渡。新加坡是东南亚国家实施 RBC2 体系的先行者，马来西亚、泰国等国也都在积极关注新加坡的改革经验。

新加坡率先建立和完善了以风险资本为核心的监管框架体系，促使国内保险公司积极提升自身的资产负债管理能力。过去，各大保险公司都将战略重点放在了销售和渠道体系建设上，资产负债管理是次要的问题。特别是考虑到东亚市场过去几十年保持了较高速的增长，每年的现金流入显著高于现金流出，这直接导致了各大保险公司缺乏完善的资产负债管理工具和技术。新加坡在监管层面的改革促使各大保险公司重新思考自己对股东和客户的价值主张，加快研究资本集约型的资金运用策略，快速提升资产负债管理能力。它们一方面从资产端着手，研究在给定资本的情况下，如何通过更合理的战略资产配置实现更高的投资回报；另一方面加强资产和负债的匹配度，最大限度地控制利率风险。保险公司纷纷加强资产管理委员会的作用，协调投资、精算、风险管理等多个部门，强化战略资产配置的研究。此外，部分新加坡保险公司也在探索通过在未采用 RBC2 的国家（如泰国和马来西亚）提升资金运用能力，在国外配置高风险资产，实现在资本角度上更有效率的资产组合。

第二，结合离岸市场开展保险资金运用，发挥离岸市场对保险行业发展的作用。伴随着新加坡离岸金融中心的建设，保险行业顺势而为，发展壮大，积累了离岸保险业务的资金运用经验。20 世纪 60 年代，西方跨国公司的投资重点向东南亚转移，美国银行为了消除美国政府限制资金外流紧缩措施的影响，策划在亚太地区设立离岸金融中心。新加坡政府审时度势，积极发展国际银行业。1968 年 10 月 1 日，新加坡政府允许美洲银行新加坡分行在银行内部设立一个亚洲货币经营单位（Asian Currency Unit，简称 ACU），接受非居民的亚洲他国货币存款，为非居民提供外汇交易以及资金借贷等各项业务，这标志着新加坡离岸金融市场的诞生。新加坡离岸金融市场的发展大致经历以下三个阶段：

第一阶段是 1968 ~ 1975 年。在此阶段，亚洲美元市场产生并逐步发展，为离岸金融业务打下了基础。到 1975 年，新加坡境内设立 ACU 的金融机构增加到 66 家，存款总额高达 125. 97 亿美元，年均递增 85. 5%，相当于 1975 年新加坡国民生产总值的 2. 5 倍。同期，亚洲美元债券开始兴起，1972 年新加坡还首次涉足国际银团贷款，以分散离岸资金流向的风险。至此，新加坡形成了一个以经营美元为主，兼营马克、英镑、加元、法郎、日元等 10 多种硬通货的高效国际货币市场和国际资本市场。这为新加坡离岸保险业务的扩展打下了制度基础。

第二阶段是1976～1997年。正是在这一时期，新加坡政府推出了离岸保险业务。1990年新加坡非寿险业中，离岸的直接保险公司达到60家，再保险公司达31家。东南亚传统的商业风险，如财产险、水险、货物与船舶险具有巨大的发展前景。而一些新兴的领域，如能源、石油、贸易信贷、金融以及其他的意外险也快速发展。此外，随着国际和亚洲再保险公司的扩张，再保险成为新加坡离岸保险业务发展的重要驱动力。截至1992年，新加坡离岸保险业务收入达到11亿新元（折合6.82亿美元），占新加坡保险业总值的10%。

这一阶段离岸保险业务的快速发展与新加坡离岸金融中心的整体制度建设是息息相关的。新加坡政府在这一时期加快了金融改革的步伐，颁布众多措施刺激离岸金融业务的发展。例如，1978年6月1日全面开放外汇市场，取消外汇管制，以吸引外资银行到新加坡设立ACU，从事离岸金融业务；1984年，新加坡国际金融交易所（SIMEX）成立，这是亚洲第一家金融期货交易所；1990年6月，外国人持有新加坡本地银行股权限制由20%提高到40%；进入20世纪90年代末，新加坡的亚洲美元债券业务开始调整，到1997年累计发行361笔，金额为20.54亿美元；外汇交易也突飞猛进，1998年外汇业务营业额达1 390亿新元，仅次于伦敦外汇市场、纽约外汇市场、东京外汇市场，成为世界第四大外汇交易市场。

第三阶段是1998年至今。新加坡离岸保险业务经历了金融危机，保持健康发展，特别是再保险业务发展壮大。新加坡在20世纪80年代中期以后取得的发展成果，促使东南亚其他国家推出更加优惠的政策，竞相向发展国际金融中心的目标努力。然而却由于过度借贷和非居民投机本国市场，引发了席卷东南亚的金融危机。由于新加坡把离岸金融市场与国内金融市场严格区分，因此，1997年的东南亚金融危机并未对新加坡经济和金融带来致命打击。新加坡的改革措施使其金融体系从一个强调管制、注重风险防范的市场，演变成以信息披露为本、鼓励金融创新的金融中心，其离岸金融市场也从分离型市场向一体型市场过渡转型。截至2014年年底，新加坡非寿险离岸业务的年收入达到了约43亿新币，2010～2014年的年化平均增长率为9%。其中再保险业务占主要部分，2014年的净保费达到了约31亿新币（见图6.13）。净利润方面，除了2011年受到重大自然灾害（日本海啸等）产生的巨灾承保损失外，整体上也保持了较好的利润增长势头，2014年经营利润达到约13亿新币（见图6.14）。

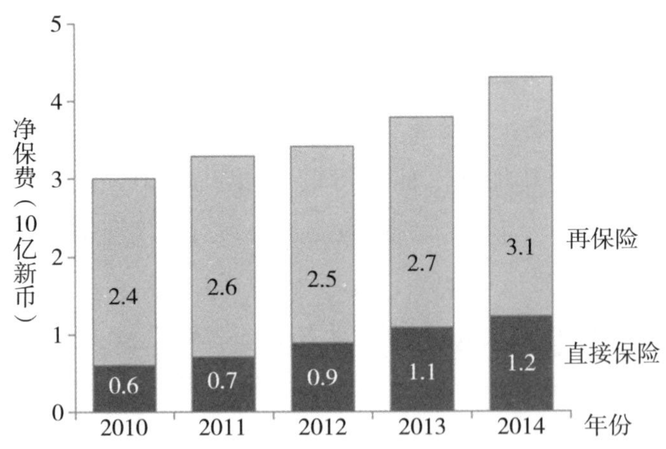

图6.13　2010～2014年新加坡离岸保险净保费

资料来源：新加坡金融管理局

2014年新加坡非寿险十大离岸直接保险和再保险公司分别见表6.1和表6.2。

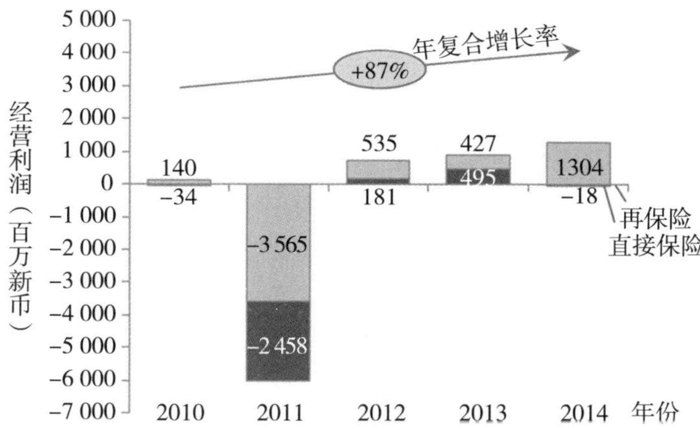

图 6.14　2010～2014 年新加坡离岸保险经营利润

资料来源：新加坡金融管理局

表 6.1　2014 年新加坡非寿险十大离岸直接保险公司

排名	公司	毛保费（千新币）
1	LLOYD'S ASIA SCHEME	700 711
2	FIRST CAPITAL	242 546
3	ALLIANZ GLOBAL C&S	173 614
4	AXIS SPECIALTY	147 156
5	RSA INS	141 278
6	SWISS RE INTERNATIONAL	92 626
7	TENET SOMPO	91 565
8	INDIA INTERNATIONAL	90 500
9	SHIPOWNERS' MUTUAL P&I 1	87 101
10	ALLIED WORLD	82 920

表 6.2　2014 年新加坡非寿险十大离岸再保险公司

排名	公司	毛保费（千新币）
1	ALLIANZ SE	645 918

续表

排名	公司	毛保费（千新币）
2	ASIA CAPITAL RE	603 120
3	SWISS RE	531 732
4	IAG RE	417 058
5	EVEREST RE	291 852
6	SCOR RE AP	235 010
7	ODYSSEY RE	221 937
8	PARTNER RE SE	197 326
9	MUNICH RE	192 500
10	ENDURANCE SPECIALTY	176 081

通过研究新加坡离岸金融市场的发展过程，其成功因素主要如下：

第一，分离型模式有利于风险防范。新加坡离岸金融市场属于典型的内外分离型。保险、商业银行和金融公司等金融机构可以兼营 ACU，但必须另立单独账户分开管理。这样就把离岸业务和在岸业务隔离开来，有效防止了资本频繁出入本国金融市场以及离岸金融交易活动影响或冲击到本国货币政策的实施，充分保证了本国金融市场的稳定和金融政策的正常发挥。这种严格分离型的离岸发展模式使新加坡在东南亚金融危机中逃过一劫。

第二，政府的扶持有利于市场发展。在建立离岸金融中心初期，新加坡仍是发展中国家，不同于伦敦、纽约等传统的金融中心，它既没有强大的经济背景作为依托，也没有完善的金融服务行业的支持。但是新加坡政府选择了建立国际金融中心，发展国际金融业务，从而带动经济贸易发展的战略，并且为此采取了一系列相关措施：放松外汇和金融管制，放宽对外国银行开立分行的限制，取消外汇存款或债券利息预扣税等。新加坡离岸金融中心地位的确立是和政府的积极政策导向分不开的。

第三，有效监管有利于市场的稳定。1971 年 1 月，MAS 正式成立，主导新加坡所有金融行政与金融业务事项，强调金融自由化与纪律化的并重，MAS 效率高、执法严，维护了新加坡廉洁高效的金融环境，确保了该国金融机构的健全发展。在其精心策划和积极推动下，新加坡离岸金融市场得以快速成长。另外，新加坡政府的行政效率得到国际社会的一致肯定，这使得外资更加乐于投资新加坡，这种高效的行政行为成为新加坡国际金融中心得以快速、健康发展的重要因素之一。

新加坡市场的开放程度高，国际保险集团大都在该市场设立机构并开展业务，其保险监管与欧美发达市场接近。中资保险公司进入新加坡市场，与国际同业交流和竞争，有利于我国保险业积累海外发展经验。同时，新加坡是再保险公司的亚洲总部基地，许多跨国和区域再保险公司都通过新加坡将业务发展到整个亚太地区。新加坡的再保险市场发展经验对我国发展再保险市场，建立国际再保险中心具有重要借鉴意义。

第七章

中国台湾市场

中国台湾保险市场高度发达，是台湾经济和金融市场重要的组成部分，保险密度和渗透率均位于世界前列。2015 年，台湾全年保费收入达到 3 万亿台币（折合人民币 0.6 万亿元左右），贡献了全台湾生产总值的 18.3%，总保险资产达 67.9 万亿台币（折合人民币 13.7 万亿元左右），占台湾金融资产的 30.32%，台湾保险业在当地经济和金融市场中占据了重要地位。而从世界排名来看，根据台湾财团法人保险事业发展中心公布的官方数据，2014 年台湾地区保费收入排名世界第九，远高于其生产总值，排名世界第二十六的地位。在保险密度与深度方面，如图 7.1 所示，2014 年台湾地区人均保费支出约 4 100 美元，位于世界第九；保险渗透率更是高达 18.9%，位于世界第一，且远远领先于第二位的中国香港（14.1%）。

台湾保险行业深度与覆盖率可以做到世界领先，主要基于客户需求、保险公司供给和政府政策 3 方面因素。

第一，从客户需求来看，台湾地区长寿化、高龄化、低生育的

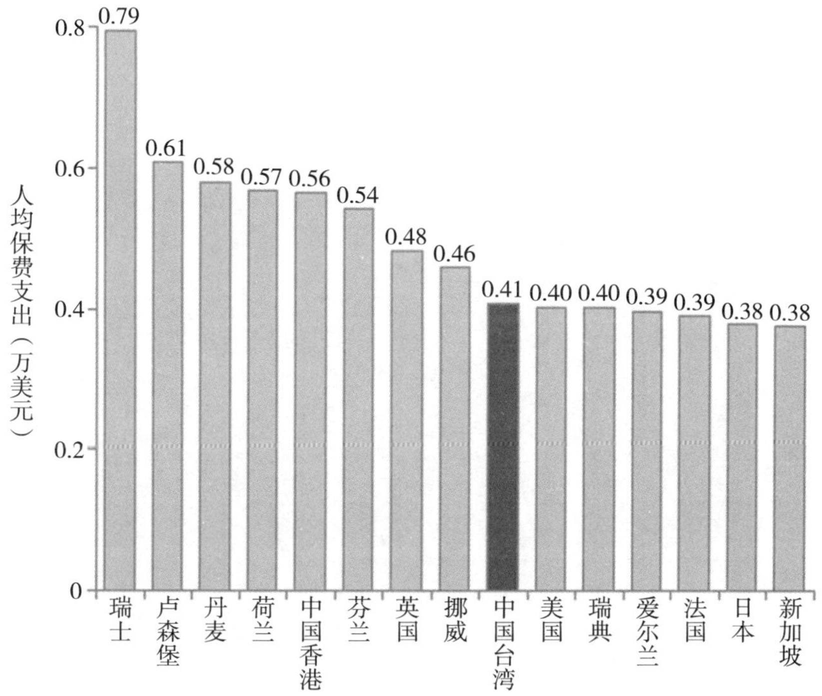

图 7.1　2014 年世界各国和地区保险密度

人口结构、自然灾害频发的地理位置，以及中产阶级壮大、性格相对保守的社会状况，为保险业提供了生长壮大的土壤。

台湾地区人口长寿化、高龄化、低生育现象严重。从长寿化来看，2014 年台湾地区人口平均寿命高达 79. 9 岁，已超过美国和欧洲发达国家和地区的人口平均寿命。从高龄化来看，台湾地区人口老化速度远超一般发达国家和地区。根据台湾地区有关部门统计，目前全社会 65 岁以上人口达 286 万，占比高达 12. 5%，预计 2019 年台湾将迈入“高龄”社会，2026 年将迈入“超高龄”社会，届时每 5 人就有 1 人超过 65 岁，中国台湾从“高龄”社会迈入“超高龄”社会的速度预计比日本快 1. 6 倍、比美国快 2. 9 倍、比英国快 7. 3 倍。从低生育来看，尽管政府和企业普遍鼓励生育，但低生

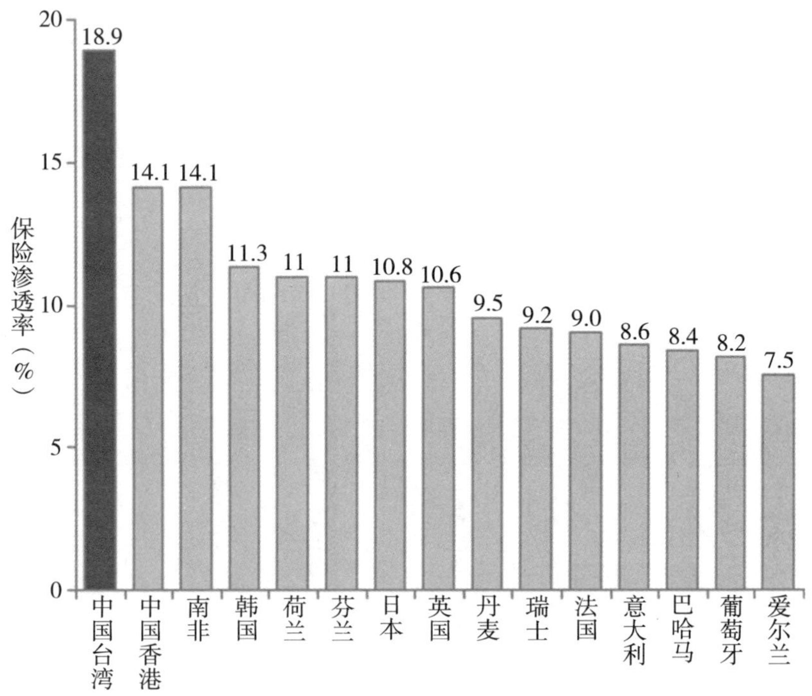

图 7.2　2014 年世界各国和地区保险渗透率

育率的趋势仍持续不断，过去 10 年间 14 岁以下幼儿的数量减少了百万人，2015 年，14 岁以下幼儿的数量约为 319.3 万人，占比仅为台湾地区全社会人口的 13.6%。过去十几年中，这 3 个因素共同发挥作用，刺激台湾地区居民通过购买保险，特别是保障型寿险、健康险和年金保险，满足人身保障的需求，这促进了该地区保险业的发展。

台湾地区多发地震、台风等自然灾害，居民保险意识较强。台湾坐落于环太平洋地震带，这是全球分布最广、地震最多的地震带。根据台湾地区交通部门统计，台湾每年平均发生 1.6 万次地震。在 1999 年造成 2 321 人死亡的“九二一”大地震爆发后，台湾强制要求在住宅火灾保险中加入地震保险，在房屋抵押贷款中，银行也要求借款人拥有地震保险。据统计，台北、新北等地震高发城市居民投保率高达33%以上。

台湾地区中产阶级壮大，且居民性格相对保守。根据2014年安联发布的《全球财富报告》，中国台湾地区人均金融资产净值高达6.6万欧元（约新台币256.1万元，人民币51.9万元），全球排名第七，在亚洲仅次于日本。近年来，台湾地区中产阶级人数继续稳定微幅增长，占到社会人口的六到七成，稳定而庞大的中产积极为保险业深耕提供了坚实的基础。在居民性格方面，如图7.3所示，根据Swiss Re和招商证券的调查，中国台湾居民在亚太发达地区中最不愿意承担财务风险，依靠保险减少老后医疗费用支出的意愿很大。

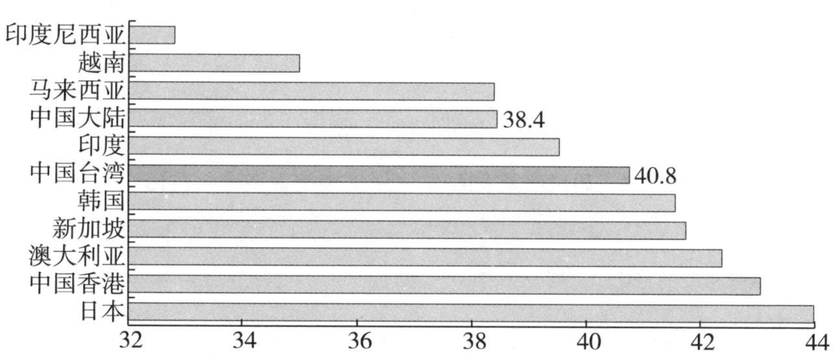

图7.3　亚太国家和地区消费者风险态度指数

注：数值越低表示越避险。

资料来源：Swiss Re、招商证券

第二，从保险公司供给来看，台湾保险业银保渠道发达，且拥有强大的直销团队，是保险业务扩张的强大基石。如图7.4所示，中国台湾新保业务保费收入中，银保渠道贡献了55.1%，贡献度远高于德国、美国等发达国家和地区，在个人寿险和年金的销售上起到了重要作用。台湾银保渠道起步较早，自2004年破除法律障碍后各类银行筹建的保险经纪和代理公司蓬勃发展，2014年各类保险经纪公司已达 488 家。一方面，保险为银行贡献了大量中间收入，甚至在经济危机时帮助银行渡过难关；另一方面，银行广泛的销售网点和资源也延伸了保险的销售触角。此外，台湾有着强大的直销渠道，如图 7.5 所示。

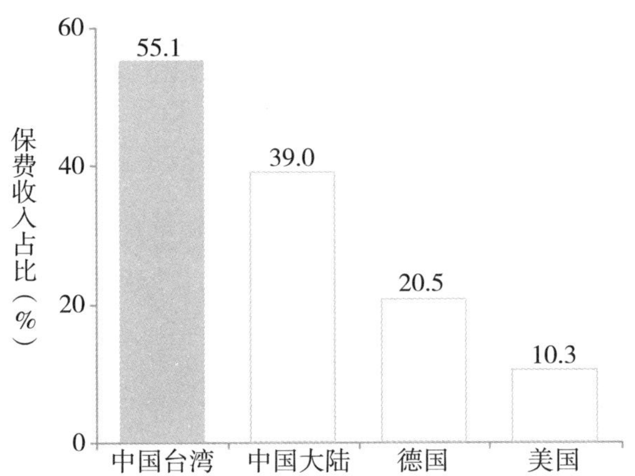

图 7.4　2014 年各国和地区银保渠道保费收入占比

资料来源：Swiss Re、招商证券、美国劳工局、德国保险业协会

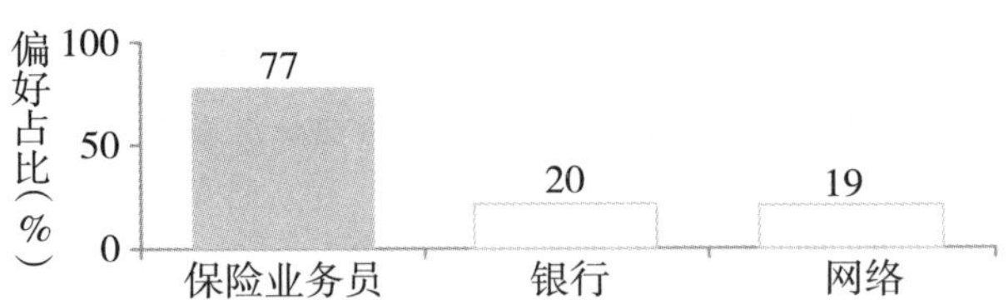

图 7.5　2014 年台湾居民保险购买渠道偏好

资料来源：Swiss Re、招商证券、美国劳工局、德国保险业协会

第三，从政府政策来看，为加强养老保障，政府对保险业推出一系列税收优惠政策，刺激保险业发展。2005 年，台湾地区进入养老保险“401K 时代”，推行劳工退休制度改革，在商业人身险领域给予每人每年约合 4 800 元人民币的保费税收减免，此外在 2007

年修订的“劳工退休金条例实施细则”，2012 年修订的“所得税法”中均有对保险业的税收优惠政策，如对符合一定条件的企业免征印花税、营业税和所得税等，优惠力度较大。在一系列优惠政策刺激下，台湾企业和居民加大了保险产品购买力度，推动了保险业快速发展。

在上述因素的共同作用下，台湾保险业蓬勃发展，保险负债端的高度发达为资产端提供了充足的投资资金，也带来了一定的资产配置压力。如图 7.6 所示，近年来保险可投资资金不断增长，2016 年已达 188 000 亿台币。中国台湾可投资资金与生产总值的比率相对美国、德国等发达国家和地区较低（见图 7.7），但仍有持续增长的空间。随着台湾地区保险公司规模的增长，一方面可以跨入更高的投资门槛，获得更高的收益，但另一方面，受限于单个资产类别中投资规模与收益边际递减的规律，台湾保险公司必须向更多元化、国际化的方向发展，对保险公司的资产配置能力构成了一定压力。

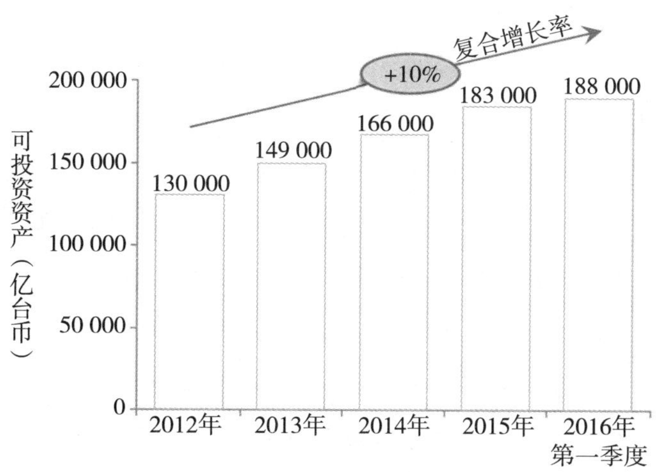

图 7.6　2012 ~ 2016 年第一季度台湾保险业可投资资产

资料来源：台湾财团法人保险事业保险发展中心

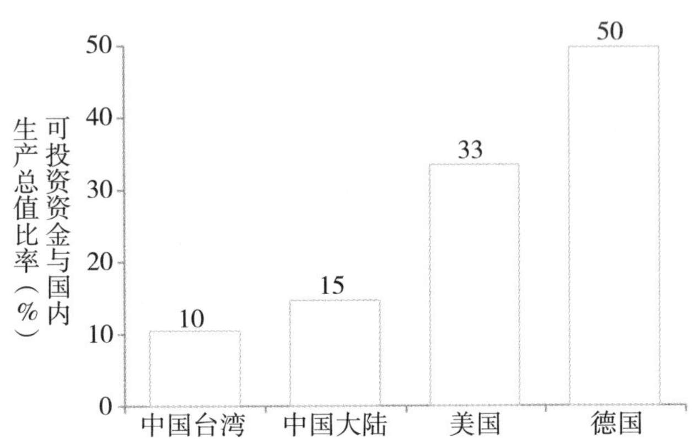

图 7.7　2014 年各国和地区可投资资金与国内生产总值的比率

资料来源：台湾财团法人保险事业发展中心

第一节　中国台湾保险资金运用监管

台湾地区寿险业的投资方式极为多元化，包括有价证券、不动产、贷款、海外投资、经主管机构核准的专项运用和公共投资等多种方式。投资方式的多元化为保险业提供了广阔的发展空间，保险公司可以根据自身的特点灵活选择投资方式，有效地进行投资组合，为保险公司规避投资风险，获取较高的投资收益创造了条件。自 20 世纪 80 年代以来，寿险投资中贷款的比重一直较高，但有价证券的比重上升较快，在寿险投资中的重要性逐渐提高。

中国台湾地区在“保险法”有关保险投资规定的基础上，为了完善投资监管以制定细则和条例等形式对保险投资方式加以较为详细规定，如相继制定了“保险法实施细则”、“保险业管理办法”、“保险业资金专案运用及公共投资审核要点”等规定，从而细化和补充了“保险法”对保险投资监管的规定，形成了由“保险法”

规定保险资金运用方式的基本轮廓，由“特别法”做出具体规定的立法体制。

台湾地区“保险法”对保险投资的形式和比例均加以规定。在投资比例方面，不仅规定高风险投资形式的比例，而且规定投资于高风险的每一筹资主体的比例，从而达到安全性、流动性和营利性的统一。

中国台湾地区“保险法”起源于1928年12月30日在中国大陆公布的《保险法》，其后于1937年、1953年、1964年、1992年、1997年、2002年多次修改。1997年修订的“保险法”进一步明确了保险资金投资的各种比例。2002年“保险法”将保险投资的渠道在原有规定上增加了投资保险相关事业，如银行、票券、证券、期货、信用卡、融资性租赁、保险、信托及其他经主管机关认定的保险相关事业；经主管机关核准从事衍生性商品交易；其他经主管机关核准的资金运用。此外台湾地区的保险投资结构还因产险、寿险投资渠道的不同而有所区别，产险的保险投资渠道主要以银行存款为主，这与产险本身属短期业务的特性有关，寿险投资渠道则较为广泛，贷款、有价证券、存款、不动产、国外投资和专案运用及公共投资等均可。

根据台湾地区“保险法”第一百四十六条，保险公司一共可以投资9种类别的资产，具体到每项资产，又规定了相应的标的要求和投资限额，例如：

（1）存款：单一金融机构存款不超过保险资金的10%。

（2）有价证券：公债、储蓄券投资无限制；金融债、可转让定期存单、银行承兑汇票、本票及其他所有有价证券相加不得超过保险资金的35%；单一公司股票、债券、证券信托基金及共同信托基金收益凭证不得超过保险资金的5%。

（3）不动产：除自用不动产外不得超过保险资金的30%，且严厉禁止保险公司囤积房产，影响岛内房产价格。

（4）放款：包括银行提供保证的放款、有资产担保的放款、有价证券质押放款及人寿保单放款四类。前三类放款金额各不超过保险资金的5%，放款总额不超过35%。

（5）保险相关事业：银行、证券、信托等监管认定与保险相关的事业，如监管为推动不动产证券市场的发展，鼓励保险公司投资不动产证券类产品等。

（6）衍生性交易：以“资金避险”为目的进行衍生品投资，包括期权、期货、远期和互换等。

中国台湾自2000年元月起，全面实施“保费不足部分，全额提存特别准备金”的新制度，寿险商品提存责任准备金的预定利率降为5.75%，计算保费的预定利率如高于5.75%标准者，其利差部分应全额提存特别准备金，以确保寿险公司的清偿能力。但寿险公司建议将所提存的特别准备金由“负债”科目转列为“业主权益”科目，以符合“保险法”第一百四十三条的规定。该建议误导了“特别准备金”设置的目的及用途，它是为保障“保户”权益而设，而非保障“股东”权益。此后，中国台湾为健全保险公司财务制度，兼顾经营绩效及风险管理，参考美国实施RBC制度，并于2000年6月26日修正“保险法”第一百四十三条，增订风险资本制度，以弥补保险业经营风险制度的缺失。

台湾地区“保险法”对于保险业资金运用设有诸多限制，并由主管机关依“保险法”规定采取监理措施，因此，保险资金管理者在决定投资组合时，会受到各种法令规范的束缚，并非享有完全的自由权。限制保险业资金运用存在多种原因，具体来说，参考专家学者、主管机关及立法机关的意见，大致可以归纳为以下几点：

第一，保护投保人、被保险人、受益人利益。保险公司可投资运用的资金来源，除保险业自有资金的权益部分外，绝大部分源自投保人缴交保险费后按比例提取的准备金，各项准备金提取的目的是为满足将来保险公司履行保险给付的需要，保险公司一旦因资金运用不当，损及财务结构，损失清偿能力，将丧失保险公司原本所具有的提供补偿的能力，严重影响投保人、被保险人、受益人权益。保险公司预收保险费，并承诺于将来特定危险事故发生时，赋予被保险人损失补偿请求权，倘若保险公司丧失清偿能力，无法履行保险契约所定的赔偿义务，将引发消费者的信心危机，冲击保险公司的声誉及形象，连带地使保险公司业务经营愈发困难，进而发生恶性循环。因此，保险公司在运用保险资金投资时，必须采取稳健的经营态度，赚取合理的投资收益，以达到永续经营的目的。

第二，稳定经济发展。保险公司通过收取保险费，汇集大量资金，除具有一般所熟知的保障及储蓄功能外，通过资金运用同样具有金融机构的功能，扮演资金供给者的角色。通过对保险公司与其他金融机构资金进行比较，可以得出，保险公司的资金对经济发展具有非常重要的作用。因此，保险公司的投资绩效如何直接关系到金融体系的稳定，倘若因保险公司资金运用不当而蒙受巨额损失，经济发展将受到剧烈冲击。由此可见，保险公司资金运用影响范围之广。如何使保险公司所累积的巨额金额发挥积极作用，促进经济发展，这也是台湾地区“保险法”对保险资金运用限制所想达成的目标。

第三，避免保险业经济力量的滥用。倘若保险业集中大量资金从事股票投资而未加以限制，势必由此控制被投资公司的经营管理，进而从事保险以外业务的经营。台湾地区“保险法”第一百四十六条第一项第三款规定：“其购买每一公司之股票总额，不得超过该保险业资金百分之五及发行股票之公司实收资本额百分之十。”其立法目的是不希望保险公司介入被投资公司的经营。此外，若对于保险业购买不动产比例不加限制的话，保险业即可进行不动产价格的炒作，带动投机风气。台湾地区“保险法”第一百四十六条第二项规定：“保险业对不动产之投资，以所投不动产实时利用并有收益者为限；其投资总额，除自用不动产外，不得超过其资金百分之三十。”除对保险业投资不动产总额设有限制外，对于不动产的取得亦设有限制，其立法目的是避免保险公司运用大量资金投资不动产，造成生产性资金比例降低，助长社会投机风气，对整体经济发展产生不利影响。

第二节　中国台湾保险资金运用的特点

从近 5 年的资金配置情况来看，台湾地区保险资金运用的主要特点是“外向”与“多元”（见图 7.8）。即从整体来看，海外投资占比极高，岛内投资充分运用公债、公司债、政府债、金融债、股票等有价证券，以及房地产，非常规类等各项投资工具。

第一，外向：中国台湾地区保险资金海外投资占比极高，海外债券和房地产是热门标的。2016 年第一季度海外投资占比高达 59%，远高于英国的 37%，日本的 20%，美国的 12% 和中国大陆的 2%。虽然台湾地区并没有披露海外投资具体标的及国家，但从新闻检索来看，可以推测海外债券，特别是在台湾国际板发行的海外债券（包括美元债券和人民币“宝岛债”）是重要的投资标的。根据中国台湾金融监督管理委员会统计，2016 年南山、新光、富邦、国泰及中国人寿一共投资了近 1.38 兆台币的国际板债券，占整体国际板债券发行量的 5 ~6 成。此外，海外的房地产也是热门

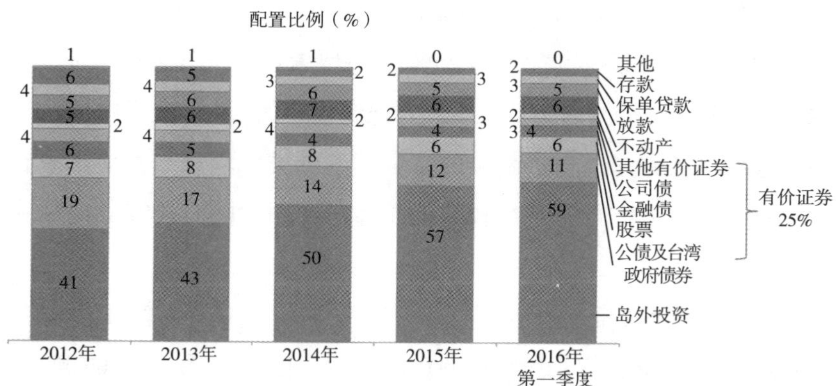

图 7.8　2012～2016 年第一季度中国台湾保险资金配置比例

注：由于四舍五入，部分数据之和可能不等于 100%。

资料来源：台湾财团法人保险事业发展中心

投资标的，自 2013 年监管放开海外房地产投资以来，富邦开始实施建立起 18 亿英镑海外地产投资组合的计划，主要的目标投资地点为伦敦、法兰克福、胡志明市、多伦多等，另外新光和南山等保险公司也在不断增加海外房地产布局。值得一提的是，此处海外投资的比例与后文中的监管上限 45% 并不矛盾。计算监管上限的资产类型与此处的披露口径存在差异，比如“宝岛债”、部分可享受政策优惠的海外投资等未列入监管计算上限的资产类型中。因此实际上海外投资的比例高于名义上的监管上限。

第二，多元：中国台湾地区保险资金在本地的投资显示出多元的特点，广泛运用各类固定收益、股票、放款、房地产等投资工具。具体而言，台湾地区保险资金配置多元的特点表现在如下几个方面：

一是银行存款占比低：2016 年第一季度中国台湾地区银行存款配置仅为 2%，远低于中国大陆的 27.1%，甚至低于美国的 7%，显示出了较强的资金配置能力。

二是对中国大陆有价证券的依赖相对较小：2016 年第一季度中国大陆有价证券投资配置为25%（股票为6%，公债为11%，金融债为4%，公司债为3%，其余为证券化产品等），由于中国台湾地区未明确披露海外投资部分的目标标的种类，较难与其他国家在大类资产配置上进行直观比较，但总体对中国大陆有价证券的依赖很低。

三是房地产投资相对较高：2016 年第一季度中国台湾本地房地产投资高达6%，远高于中国大陆的0.8%，德国的3.7%，英国的3%。

第三节　中国台湾保险资金运用的驱动因素

一、宏观环境

台湾地区生产总值体量较小，且处于低速增长阶段，导致本地投资机会有限，“险资出海”是必然选择。2015 年，台湾地区生产总值约为5 280 亿美元，低于广东、江苏等经济大省，世界排名第26 位，经济体量小。近年来，全球经济增长复苏乏力，中国大陆经济增速逐步放缓，对中国台湾地区的贸易造成负面影响，如图7.9所示，近年来台湾地区经济增速持续低位震荡，2015 年生产总值增速仅为0.8%。在本地投资机会有限的背景下，“险资出海”是必然的趋势。

近年来台湾市场利率均呈下跌趋势，如图7.9 所示，贷款利率从1993 年的8.3%一路下降至2014 年的2.9%，台湾本地投资收益率持续下跌，为寻求高收益，保险资金增加海外投资比例。

二、监管环境

与大多数发达市场一样，台湾地区保险监管也同时采用前端数

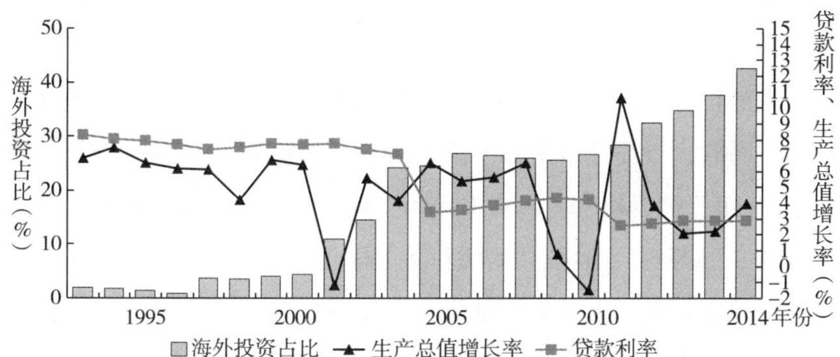

图 7.9　1993～2014 年台湾地区保险业海外投资、生产总值增长率与贷款利率占比

注：数据来自万得资讯，与台湾财团法人保险事业发展中心口径略有不同，但趋势相同。

资料来源：万得资讯

量监管与后端偿付能力监管的管理办法，双管齐下，确保保险公司投资的流动性与安全性。

在前端数量监管方面，监管机构明确了 9 个可投资资产类别，并对每个类别进行了细致的投资比例和条件限制，划定了保险资金配置的边界。在后端偿付能力监管方面，监管机构从 2003 年开始实施基于风险资本的偿付能力监管——RBC。中国台湾地区的偿付能力监管设置了 C0 资产风险—关系人风险、C1 资产风险—非关系人风险、C2 保险风险、C3 利率风险和 C4 其他风险 5 个风险模块，要求保险公司达到 200% 的资本充足率红线，否则将进入监管干涉等流程。和日本偿付能力监管模型风险系数相比，总体来说中国台湾地区的风险系数设置相对保守，对于股票和不动产的风险系数要远高于日本水平。然而，本币和外币债券及贷款并无明确风险系数差别，保险公司投资海外债券并不会遭遇明显的资本金劣势，这在一定程度上也促进了保险资金的海外投资。

近年来，台湾地区监管机构对海外投资的限额和要求逐渐放开，形成了保险资金出海浪潮。为响应保险公司进行海外投资不断高涨的需求，监管机构不断提高海外投资的限额。2003 年，台湾地区海外投资最高比例从 20% 上升至 35%，2007 年又再次提升至 45%。同时，台湾地区对海外投资的信用等级限制也逐步降低，如在 2013 年，监管机构将海外债券信用等级要求从 BBB + 级下降至了 BBB –，等等。目前，台湾保险公司可以直接投资的海外项目主要包括外汇存款、国外有价证券、海外与保险公司业务相关的投资 3 类，其他种类的投资则需要经过金融监督管理委员会批准后进行。值得注意的是，外币保单的投资，台湾本地证券市场的外币投资（即上文提及的国际板与“宝岛债”），经过金融监督管理委员会核准的海外业务扩张投资并不属于上述投资限额之内，这也解释了上文提及的保险公司对海外板债与“宝岛债”的偏爱：既不用占用投资限额，投资成本与岛外债券投资相比又较低，同时还能带来海外投资在收益率与汇率方面的优惠。

三、负债端特点

台湾地区寿险业占比远超其他国家和地区，导致了保险负债端长期限的特点，对资产负债匹配造成一定压力，保险资金有较强动力出海进行期限匹配。如图 7. 10 所示，寿险业贡献了中国台湾保险业 85% 的收入来源，该比例远高于中国大陆、英国或是德国。从微观的角度来看，台湾某大型寿险公司产品列表以终身保险或养老保险为主，年报显示该公司仍计划强化长期限产品销售，同时坚持长期照护、退休规划和健康医疗的商品策略作为主轴，预计未来一定期限内，较长的期限仍会是台湾保险业负债端的显著特点。

在需求拉动和政策推动下，近年来美元、人民币等非台币保单

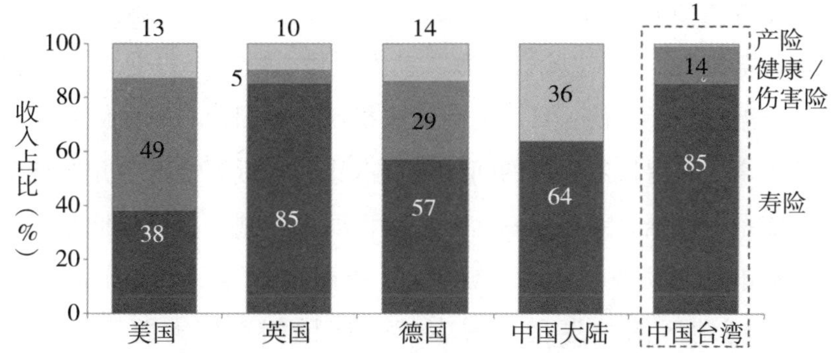

图 7.10　2014 年各国和地区不同产品类别保费收入占比

注：Timetric 与中国保险市场年报披露数据均仅区分传统寿险与财产险。

资料来源：Timetric、中国保险年鉴

实现较大发展，台湾保险负债端呈现币种多元化的特点，促进了资产端在海外进行多币种资产配置。随着居民生活水平的不断改善，台湾消费者通过全球资产配置分散风险、提高收益的需求也在相应增加。相较于其他外币，美元保单因其高度的全球流通性以及汇率波动的稳定性受到消费者青睐，成为保险公司的一大卖点。近年来人民币兑台币的不断走强也增强了消费者的货币避险需求，部分台湾寿险公司大力推广人民币保单，以此为抓手刺激负债端业务发展。此外，台湾地区监管机构也积极响应消费者需求变化，2011 年放开以外币收付的财险和再保险业务，简化外币保单相关手续，并明确将外币保单投资金额剔除在 45% 的海外投资上限以外，进一步促进了台湾保险业外币保单的发行。非台币保单的丰富与发展带来了大量非台币投资资金，促进了台湾地区保险资金海外投资占比的不断增长。

四、资本市场

中国台湾资本市场以间接融资为主，债券及股票等直接融资市

场（主要是债券市场）相对欠发达，台湾岛内市场较难满足庞大的保险资金投资需求，“险资出海”动力较强。如图7.11所示，根据相关数据显示，和德、日、美等国家相比，中国台湾地区保险公司长期以来一直保持着较高的间接融资占比，银行等金融中介在整个金融体系中占据重要地位，这在一定程度上抑制了股票和债券等直接融资市场的发展，尤其是与日本、英国、美国等发达国家相比，我国台湾地区的债券余额占生产总值比例有较大差距（见图7.12）。在岛内有价证券投资工具相对有限的情况下，台湾“险资出海”动力强烈。

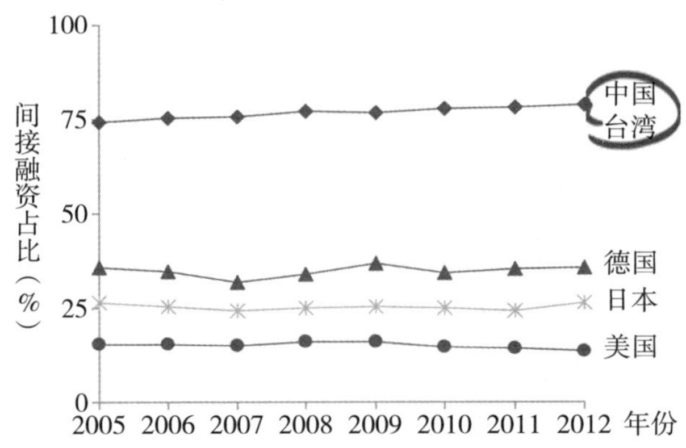

图7.11　2005～2012年各国和地区间接融资占比

台湾地区债券市场长期及超长期债券供应有限，从彭博的数据来看，无论是国债还是公司债，中国台湾市场20年及25年以上债券占总体债券市场余额的比例相比其他国家和地区显著较低（见图7.13和图7.14），说明台湾本地能够提供的长期投资工具数量有限。上文已经提及，中国台湾地区保险产品以寿险为主，期限普遍较长，在资产负债匹配的压力下，“险资出海”压力较大，动力较强。

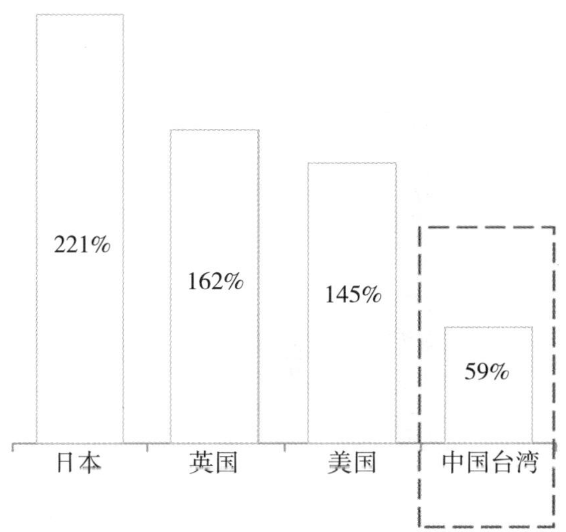

图 7.12　2015 年各国和地区债券余额占生产总值比例

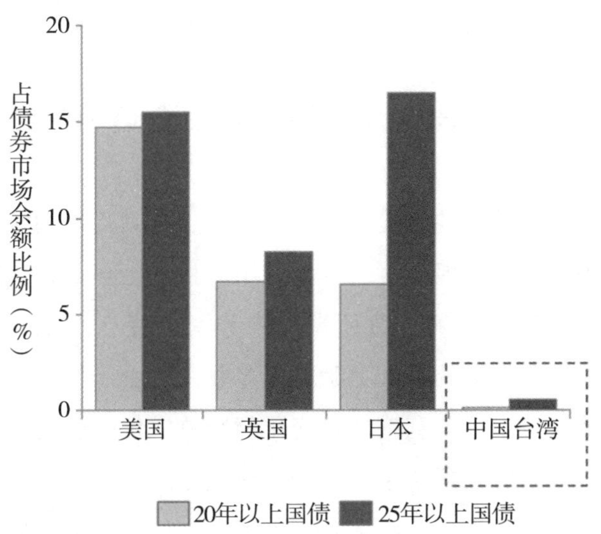

图 7.13　美国、英国、日本、中国台湾长期国债占债券市场余额比例

注：由于历史数据在彭博不可得，仅比较 2016 年当下时点数。

资料来源：彭博

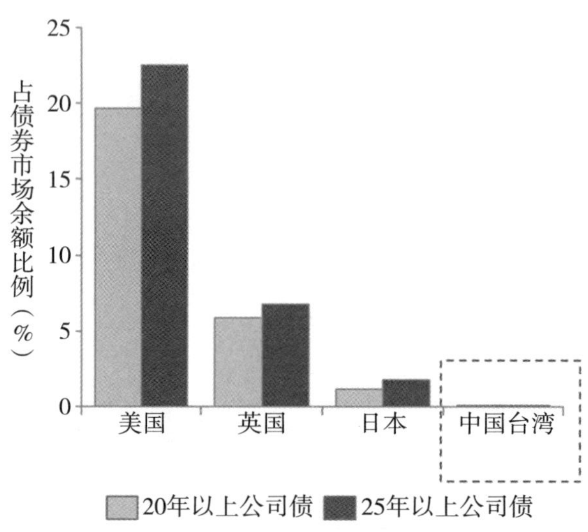

图 7.14　美国、英国、日本、中国台湾长期公司债占债券市场余额比例

注：由于历史数据在彭博不可得，仅比较 2016 年当下时点数。

资料来源：彭博

第四节　中国台湾保险公司资金运用的经验

一个国家或地区的保险资金运用的特点与其当地的宏观经济发展阶段密不可分。一般而言，资金运用的目的，多是在保证安全性和流动性的基础上，配合负债端期限和资金特点，最大化投资收益，在覆盖资金成本的基础上赚取更多收入。由于投资收益直接受到一国整体经济增速与利率环境变化的影响，保险公司的资金配置行为也会对应经济发展阶段，产生相应变化。

从宏观经济的发展阶段来看，中国台湾地区经济的发展大致可以分为“腾飞、转型、低增长”3 个阶段。

第一阶段为 1964 ~ 1980 年，台湾经济腾飞，以高达 15% 的名义生产总值增速实现了迅猛增长，人均生产总值从 1952 年的 197

美元增长至1981年的2 782美元。在经济快速增长期，银行信贷长期供不应求，贷款利率长期处于高位。

第二阶段为1980～1997年，台湾经济开始转型，生产总值增速放缓，利率呈下跌趋势。如图7.15所示，20世纪80年代以来，由于台币兑美元汇率大幅升值、工资上涨等因素，台湾劳动密集型的加工出口经济模式逐渐失去了比较优势，经济发展逐步降温，但名义生产总值平均增速仍保持在8%左右。期间由于经济处于下行走势，投资机会相对减少，再加上1989年台湾进行利率市场化改革的影响，贷款利率和利差总体处于下降水平。贷款利率从1980年的10.4%下降至1997年的7.4%。

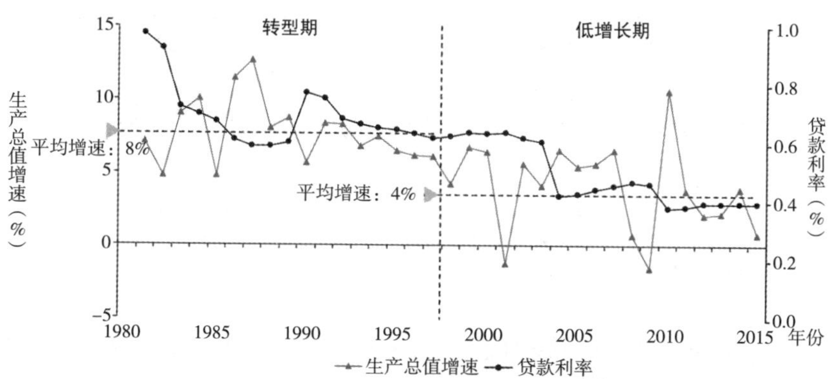

图7.15　1980～2015年台湾生产总值增速与贷款利率

资料来源：经济学人智库

第三阶段为1998年至今，台湾经济进入低增长阶段，利率快速下跌：经济增长在进入21世纪后继续处于低位，名义生产总值平均增速降至约4%，某些年甚至出现低增长。在金融危机后，受全球低利率影响，台湾利率继续快速下跌，2015年降至2.9%。

随着市场开放和法规完善，台湾保险业在20世纪80年代迎来黄金时期，然而20世纪90年代初市场竞争加剧，推动行业预定利率水涨船高，为利率下滑后巨大的利差损失埋下了导火索。在国际市场压力下，台湾保险业逐步开放保险市场，寿险产品逐步多样化，保险业迅速发展，然而如图 7.16 所示，市场竞争在 20 世纪 90 年代初趋于白热化，预定利率不断上升，部分保单预定利率甚至达到 8% 以上，但随着利率下滑，保险公司的固定收益类资产投资收益减少，资金成本大于投资收益率造成的利差损失问题日益严重。

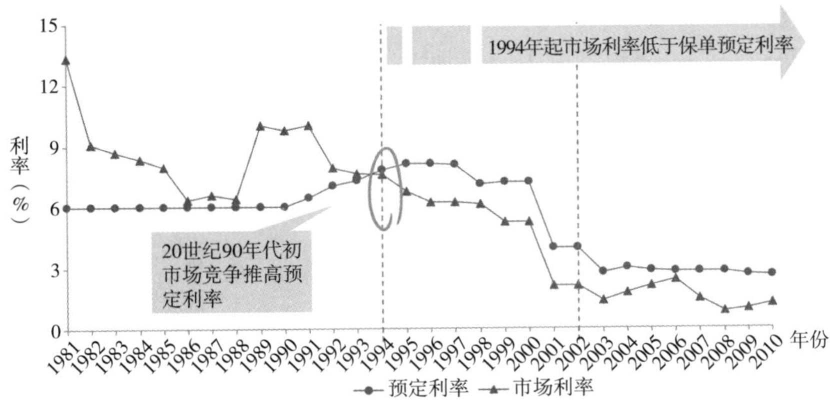

图 7.16　1981～2010 年台湾新契约预定利率与市场利率

注：预定利率为新契约商品的预定利率，市场利率为主要银行平均利率。

资料来源：新光人寿 2013 年《我国保险市场的现状和展望》讲座

为帮助台湾保险公司应对低利率带来的冲击，2002 年台湾发布了“辅导寿险业因应利率下降永续发展方案”，并在此后实行了一系列措施帮助保险公司应对低利率挑战。具体包括：

第一，提高岛外投资上限和范围。为解决台湾岛内投资标的报酬可能小于资金成本的问题，金融监督管理委员会放宽海外投资上限逐步到 45%，并增加可投资资产的范围，鼓励投资标的创新，例如，金融监督管理委员会核准了新的不动产信托收益权项目，列入“其他经主管机关核准之资金运用”项目，拓宽了保险公司获利的渠道。

第二，调整准备金及其他相关规范，帮助保险公司调整财务结构。台湾监管机构调整相关法规，如修改未满期保费准备金的计算方式及特别准备金提存规定，允许寿险公司将已提存的“特别责任准备金”有条件地部分收回，用于弥补利差损失。此外，寿险业调降3%的营业税将可在冲销逾期债权及计提坏账准备后，将余额用于增提准备金或强化财务结构。

第三，调整与保险产品相关的规范，引导开发创新产品，给予业界更大分红弹性。监管机构通过改进产品保单审查制度，减少审查时间，引导寿险公司开发投资型及变利型产品等非利率敏感型保险产品。此外，监管还修正了保单分红公式，改变原来强制分红的政策，鼓励保险公司开发不分红保单，在财务上给予业界更大的弹性。

在中国台湾监管机构冷静、即时、有效的应对和引导，以及保险公司积极的配合下，中国台湾保险业经受住了低利率的挑战，没有像日本、美国一样发生严重的破产倒闭事件。当商业保险公司受到竞争利益驱动，推高保单预定利率，显示出将要遭受利差损失冲击的时候，台湾监管机构保持清醒，主动采取措施，取得了相对成功的结果：与20世纪90年代末日产、青叶等7家日本人寿保险公司大量倒闭，20世纪80年代末美国Executive和MutualBenefit两家保险公司破产的情况相比，尽管利差损失无法避免，但中国台湾整个保险行业以相对平稳的状态度过了风险期。

第八章

中国香港市场

第一节　中国香港保险资金运用监管

香港保险资金运用监管采用政府监管和行业自律相结合的方式，其监管机构为保险业管理处。1983 年颁布、1989 年修改的《保险公司条例》是香港保险业监管制度的法律基础。该条例对保险公司的市场准入、投资及偿付能力、市场行为等进行监管。除了政府监管外，香港保险业的监管在很大程度上依靠行业自律。在保险市场发展相对不成熟时期，香港曾出现过市场效率低下、秩序混乱的问题。为了解决上述问题，香港成立有关行业协会，建立监管组织、监管机制，制定业界监管规则，并根据有关准则监管整个行业及业内所有从业人员。香港保险行业自律组织包括保险业联会、保险代理登记委员会和保险索偿投诉局。

香港政府对于保险业一直实施较为宽松的监管政策，奉行“最大的支持和最小的干预”理念，其核心内容是对保险公司的偿付能力进行监管，对实收资本、高管人员及再保险安排等做出相应规定，而对保险业务的具体活动如产品、条款、费率及手续费等不予干涉。

香港保险业监理处对保险公司的管理措施分为授权、日常管理、干预、实地考察4项。《保险公司条例》规定，保险公司在实收资本、偿付准备金、管理人员、再保险安排方面必须符合若干最低标准，方可获得授权在香港经营保险业务。保险公司获得授权后，必须继续执行符合《保险公司条例》的各项规定。在日常管理方面，香港保险业监理处主要审查保险人提交的经审核的财务报表及业务报表，确保保险人审慎经营业务，履行其责任，满足保单持有人的期望。至于其他方面的运作，如厘定费率、确定保单条款及条件等，则大多有赖于业内人士的自律。如果保险人出现引人关注的事项，《保险公司条例》授权保险业监理处对保险公司采取干预行动。

目前香港仍在采用最低偿付能力额度的监管体系。针对一般业务、长期业务及专属、自保业务的不同情况，最低偿付准备金各有不同规定。其中，一般业务偿付准备金较高，而长期业务及专属、自保业务偿付准备金较低。《保险公司条例》（第四十一章）为在香港经营业务的保险公司制定了以规则为基础的资本充足框架。资本充足水平是基于保险公司的偿付准备金（即保险公司资产价值相对其负债价值产生的超额量）来衡量的。长期业务的偿付能力要求参照保额及保单准备金计算，一般业务的偿付能力要求参照保费水平及未决申索计算。

但是在2014年前后，香港保险业监理处意识到订立资本充足水平框架应考虑不同保险公司的各类风险因素，并应积极完善保险公司的资本管理。因此，香港保险业制定了风险资本监管框架，建立起一套清晰一致的估值标准（包括计算准备金和风险额的最佳估计数额），并提出风险敏感的资本要求，不断提升公司管治水平，制定企业风险管理和公开披露的标准。2014 年 9 月香港保险业监理处发布了《香港保险业风险资本框架》咨询文件，新的风险资本框架将采用三大支柱：量化（包括资本充足水平及估值评估）、定性（包括企业风险管理和管治）及信息披露。

第一支柱是量化。具体要求有 3 条：第一，寿险和非寿险发行者应以新的资本充足率要求来取代最小偿付能力要求；第二，资本要求应与最低投资等级一致，即风险值基于 1 年期置信水平的 99.5% 计算；第三，最低资本要求应在行业量化影响研究后界定。

第二支柱是定性。定性方面的目标在于管理不能被量化的风险，以实现有效的公司治理结构。一是应加强公司管治；二是应加强企业风险管理，当中应包括风险承受能力架构及反馈环路；三是自我风险及偿付能力评估应包括持续性分析、压力及情境测试和逆向压力测试；四是投资政策应包括安全性、流动性和多元化的角度，作为资产负债管理的一部分，投资策略应考虑投资所得现金流与负债现金流在时间和金额上的匹配程度，以及该因素在不同情况下的变化；五是保险业监督应有权做出额外资本要求。

第三支柱是信息披露。目标是定期提交有关资本资源及资本要求的公开报告。

为了更好地推进改革，香港保险业监理处还提出了建立风险资本框架的 4 个发展阶段。第一阶段制定框架及主要方向。第二阶段制定具体规则，研究各类保险公司进行量化的监管改革影响，以确保新制度的可行性，避免影响香港保险业的稳定性，第二阶段应于

2015 年前后进行，随后会有另一次咨询。第三阶段会涉及修订立法，至少需要 2 ~3 年来完成所有准备工作（包括公众咨询）。第四阶段为实施阶段，新的风险资本框架预计将在 2018 年前后分阶段推出，并有充裕的磨合执行期，使保险公司有充足的时间彻底理解该等要求，并能够逐步符合所有要求。

此外，针对一般保险公司（非寿险公司）的投资行为，保险公司必须遵守以下规定：

第一是在香港维持资产。《保险公司条例》（第四十一章）第二十五条 A 款规定，除专业再保险公司及专属自保保险公司外，所有经营一般业务的保险公司须在香港维持一定的资产，数额不少于其香港一般业务净负债的 80% 及因该业务而使用的偿付准备金的总和。这项规定旨在确保一旦保险公司无偿付能力，它们将有资产在香港以应对香港保单持有人的申索。根据香港有关无力偿债的法规，此等索偿较普通债权人优先获得赔偿。

第二是资产类别上限。保险公司一般业务估值规定除了为一般业务的资产及负债估值制定了一套标准和审慎的准则外，也为各资产类别设计上限。如果某项资产高于此上限，则超出的部分不可计入财务报表，目的是确保保险公司审慎地分散投资。具体来说，土地及建筑物的资产总值不得大于该保险人合格资产总值的 30%；上市公司股票、信托及互惠基金的资产总值不得大于 30%；保险公司及其附属公司所持有的土地及建筑物、上市公司股票、信托和互惠基金的资产总值不得大于 40%；保险公司及其附属公司所持有的上市证券的总值不得大于 50%；保险公司及其附属公司所持有的非上市公司股票以及向个人和非上市公司提供的贷款的资产总值不得大于 10%。

第二节　中国香港保险资金运用的特点

中国香港保险业监理处对保险资金运用情况的信息披露与前文中各国的规定不同，其监管机构未披露长期保险（即寿险公司）的资产配置数据。针对一般保险（即非寿险公司）的资产配置数据，也仅披露了经营一般业务的保险公司在香港维持的资产投向情况。

针对香港寿险公司，结合市场调研和学术研究，我们发现其呈现以下特点。第一，香港的寿险资金投资范围广，限制极少。保险资金可以投放于全球范围内的货币市场基金、债券、环球股票、亚洲股票、行业基金、新兴市场股票、组合基金等，包括但是不限于以上形式。第二，虽然原则上没有监管限制，但是监管机构可在特殊情况下进行干预。当保险公司出现令人关注的情况时，香港保险业监理处有对保险公司限制投资的权力，可采取适当行动维护保单持有人及潜在保单持有人的权益。第三，资产配置全球化程度高。全球化背景之下的全球化投资是香港保险公司自身利润、赔付资金、红利杠杆等财务要素的重要支撑。也正是因为如此，香港的保险公司才可以在全球范围内进行风险对冲。

根据 2014 年安永会计师事务所针对亚洲 70 家主要的国际和本土寿险公司（合计资金运用余额超过 1 万亿美元）开展的调研显示，香港 6 家寿险公司的平均资产配置比例如下：债券和贷款占 81.8%，股票占 13.9%，现金和存款占 3.3%，另类资产占 0.7%。但是该数据一是基于调研，二是仅有一年的调研结果，因此仅供参考。

针对香港的非寿险公司，按照香港保险业监理处《保险公司条例》第四十一章第二十五条 A 款的规定，如图 8.1 所示，香港非寿险业的在港资产余额2014年为1 090亿港币，2005～2014年的年化平均复合增长率约为5%。但是值得注意的是，过去10年中在港资产余额并非保持直线增长，而是分别在2009、2010和2013年出现了不同程度的下跌，这与非寿险业当年的保费收入关系不大，更多地反映当年相关资产受到市场波动的影响，公允价值发生了变动。

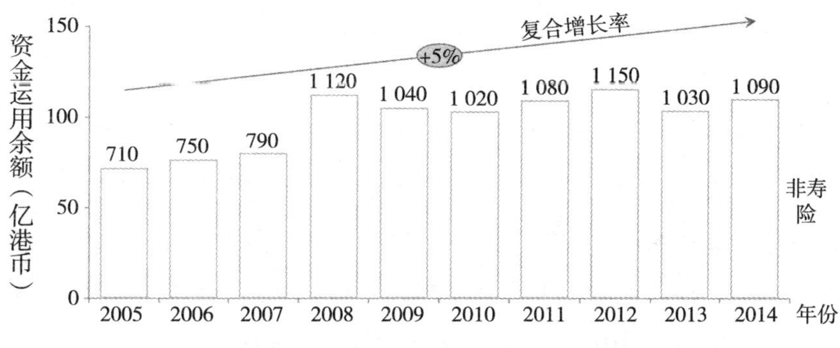

图8.1　2005～2014年香港非寿险业资金运用余额

从非寿险公司资产配置的比例来看，根据图8.2所示，过去十年最大的特点是现金和存款的资产比例大幅度上升，从2005年的24%上升到2014年年底的48%，这主要是因为同期市场对于香港房地产投资价值和违约风险的观点发生了变化。同时，住房抵押贷款组合的占比快速下降，从2005年的41%，下降到2014年的仅9%；土地及建筑物从2%上升到7%。

第三节　中国香港保险资金运用的驱动因素

一、宏观环境

香港是全球最发达的地区之一，良好的经济环境为保险业发展

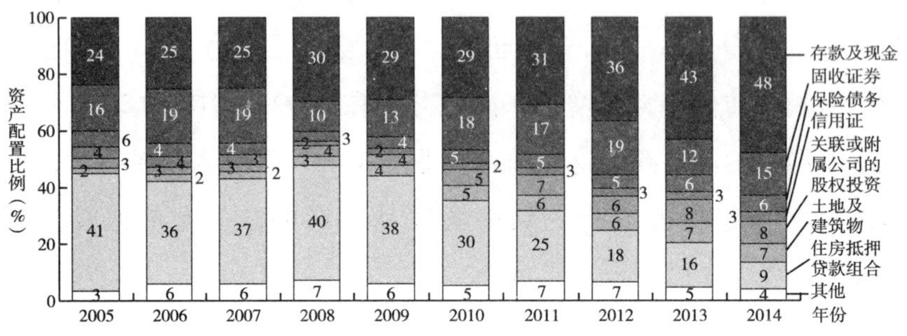

图 8.2　2005～2014 年香港非寿险业公司的资产配置比例

注：由于四舍五入，部分数据之和可能不等于 100%。

资料来源：香港保险业监理处

奠定了基础。与新加坡相似，中国香港虽然地理面积小，却是亚太地区最核心的金融中心。2010 年香港从全球金融危机中复苏，生产总值增速达 6.8%，2012 年香港虽受到欧债危机的影响，生产总值增速仍保持在 1.7%（见图 8.3）。良好的经济环境带来人均可支配收入的增长。2010 年，香港总可支配收入为 2 317 亿美元，至 2014 年，香港总可支配收入已有 2 996 亿美元，复合年增长率达 6.63%。而这些都在推动着保险业的发展，以寿险为例，2010 年香港寿险市场大小为 228 亿美元，至 2014 年香港寿险市场大小达 387 亿美元，复合年增长率达 14.1%。

二、负债端特点

香港地区人口老龄化与强制性公积金的设置助推保险发展。与亚洲其他发达国家或地区类似，我国香港也面临着人口老龄化的威胁，65 岁以上人口已从 2010 年的 13.3% 上升至 2014 年的 15%，预计将在 2019 年攀升至 18.3%。为了抵御人口老龄化带来的压力，香港政府自 2000 年推出强制性公积金（MPF），即按雇员每月收入的 10% 计算，雇主和雇员各需供款 5%，自雇人士

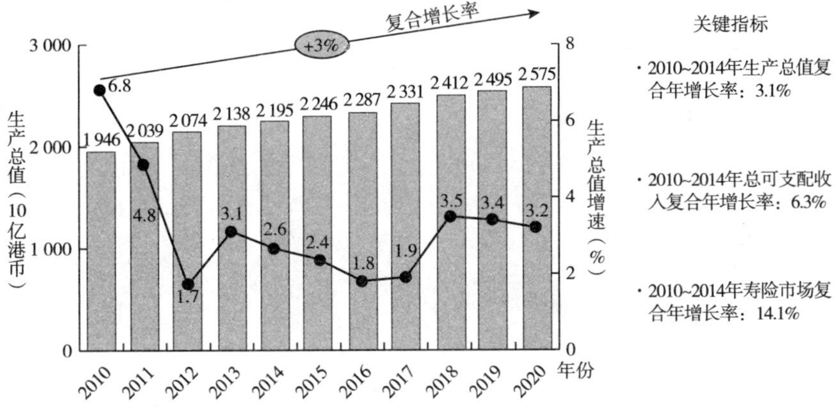

图 8.3　2010～2020 年香港生产总值及其增速

注：2017～2020 年数据为预测值。

资料来源：Timetric

也需按收入的 5% 供款。公积金由政府核准受托人管理，包括银行与保险公司。截至 2015 年 3 月，香港所有雇主与雇员以及 68% 的自雇人士均已缴纳强制性公积金。这无疑推动了保险行业的发展。

香港居民风险容忍度低，偏好购买终身险及非投连险，因此寿险占比尤其高。2014 年，香港保险市场中寿险占据高达 87% 的市场份额。在寿险中，终身险尤其受香港居民青睐，2010 年香港终身险保费额达 812 亿港币（在寿险市场中占据 27% 的市场份额），至 2014 年，香港终身险保费额达 1 589 亿港币（在寿险市场中占据 53% 的市场份额），复合年增长率达 18%（见图 8.4）。终身险是期限较长的保险产品，对保险资金的运用期限要求较弱，给予了保险资金配置更大的空间。此外，香港居民偏好购买受市场影响较小的非投连险。事实上，投连险的市场大小一直在缩水，自 2010～2014 年，其保费年复合增长率仅为 -1.0%。反观非投连险，其 2010～2014 年的保费年复合增长率达 6.0%（见图 8.5）。非投连险的增多意味着高风险、高收益资产配置的降低，保险公司倾向于将资金配置于更稳健的资产。

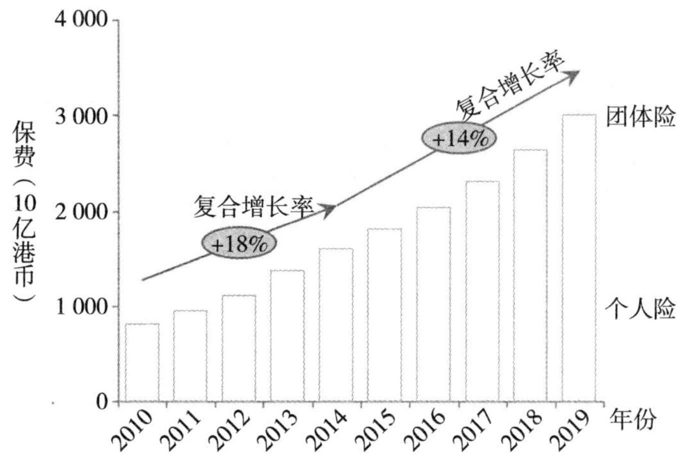

图 8.4　2010～2019 年香港终身险保费规模

注：2016～2019 年数据为预测值。

资料来源：Timetric

三、资本市场

香港是全球金融中心之一，资本市场高度发达（见图 8.6）。早在 1990 年，股票市场市值与香港地区生产总值之比已达 108.39%，至 2000 年已达 363.14%（高于新加坡目前的水平），随后更是随着全球金融市场一起发展，截至 2014 年，香港股票市场市值已占香港地区生产总值的 1 111.4%，几乎是新加坡的 4 倍。反观债券市场，香港的债券市场较股票市场相对逊色，自 20 世纪 90 年代以来一直在稳步发展，到近几年市值稳定在生产总值的 70% 左右。发达的资本市场给予保险资金配置无限的可能与成熟的产品，这无疑有利于保险资金配置的发展。

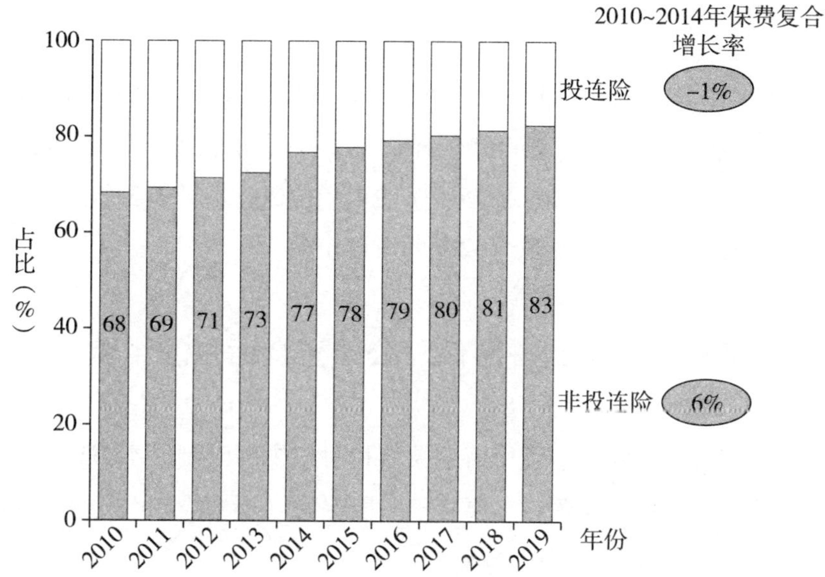

图 8.5　2010～2019 年香港非投连险与投连险占比

注：2016～2019 年数据为预测值。

资料来源：Timetric

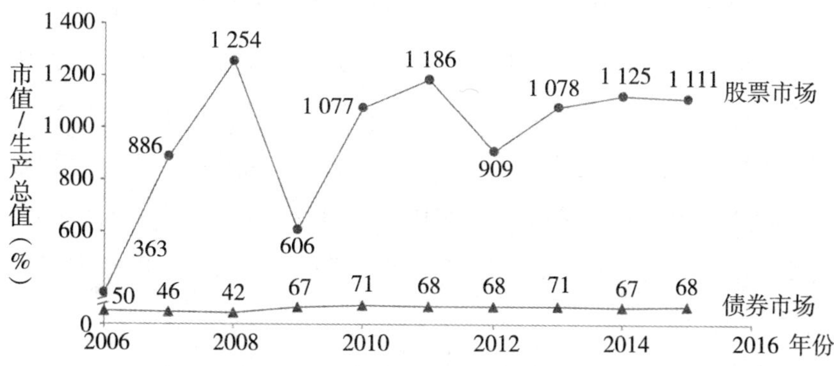

图 8.6　2006～2016 年香港股票、债券市场市值占生产总值比重

四、内部因素

香港保险业竞争激烈，促使各家保险公司优化资金配置。香港保险业不像新加坡及日本市场那样集中，以寿险为例，其市场排名第一的汇丰人寿保险仅占据15.9%的市场份额，市场排名前四的保险公司份额相近，共占据约52%的市场份额。

第四节　中国香港保险公司资金运用的经验

受到香港保险资金运用信息披露相对较少的限制，本书针对香港保险资金运用的经验将主要基于一般保险（非寿险）公司在香港维持资产的配置比例开展分析。

住房抵押贷款在2005～2010年始终是非寿险公司在港维持资产中配置比例最高的资产类型，占30%～40%。同期，第二大资产类型是存款及现金，占24%～30%。但是在2011年，住房抵押贷款不再是第一大配置资产，其地位被存款及现金取代，正式进入比例下降区间。从2010～2014年，住房抵押贷款的资产配置比例从30%下降至9%，累计下降21个百分点。而同期，存款及现金从29%上升至48%，累计上升19个百分点。研究发现，非寿险公司在港保险资金运用的偏好，从2010年年末至2014年年末发生巨大转变，减少住房抵押贷款的资产配置，增加存款及现金的资产配置成为市场主流。

非寿险公司出现上述转变的主要原因在于同期香港房地产市场价格上涨迅猛，市场有一定过热的倾向，积累了房地产的价格风险。从图8.7来看，根据1994～2015年香港私人住宅价格指数（即由中原地产和香港城市大学每月根据私人住宅买卖价格编制的中原城市价格指数），以 1997 年 7 月香港回归为基准来看，香港私人住宅市场在香港回归后经历了亚洲金融危机、互联网泡沫等多种影响，自 1997～2002 年一直处于下行周期；从 2003 年年初至 2007 年进入了第一轮反弹，但在 2008 年受到次贷危机的影响，再次下降；在 2009 年后则进入了价格快速上升的通道，并于 2012 年年初重新回到了 1997 年 7 月的历史基准水平，并且不断走高达到新的价格高点。从价格来看，香港本地的房地产市场已出现了价格过高的风险。

因此，香港政府出台了一系列举措调控房地产市场。针对房地产市场价格过高的情况，2012 年 10 月 13 日，香港特区运输及房屋局局长张炳良曾公开表示，他对目前香港的楼市感到“奇怪”，对可能出现的泡沫风险感到忧虑。香港金融管理局自 2009 年起至今也陆续推出 7 轮收紧物业住房抵押贷款规定的逆周期措施。2011 年 11 月，香港各大银行集体上调贷款利率。2013 年 2 月 22 日，香港特区政府推出上调楼宇印花税等措施严打楼市炒卖，包括规定 200

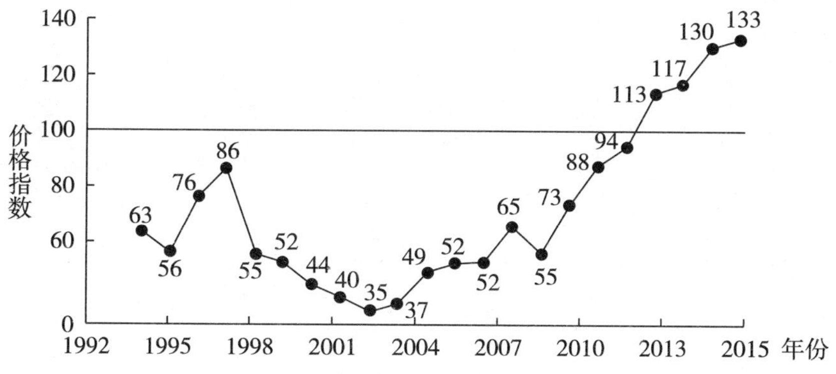

图 8.7　1994～2015 年香港私人住宅价格指数

注：私人住宅价格指数采用中原地产和香港城市大学编制的中原城市价格指数，反映所在年份的 12 月当月签署正式买卖合约时段的二手私人住宅价格，含大型单位和中小型单位；1997 年 7 月指数为 100 点。

万港币以上房产交易所征收的印花税税率增加一倍。2015 年 2 月 27 日推出的最后一轮措施包括 3 项规定，其一是调低价值 700 万港币以下的自用住宅物业的最高银行贷款成数，由七成（该上限至 2015 年已实施超过 23 年）调低至六成。同日，香港住房抵押证券有限公司住房抵押保险计划下的最高按揭成数也相应地从九成降至八成。一系列宏观举措反映香港政府对于房地产市场过热的态度，并且也为香港保险业调整大类资产配置提供了参考依据。

基于上述市场行情走势和监管的一系列举措，香港保险公司积极调整自身的策略，主动收窄住房抵押贷款的资产配置比例，转而持有风险更低的现金及存款，一方面匹配自身非寿险业务久期较短的负债端要求，另一方面管控自身投资组合的风险。从最后市场调整的结果来看，从 2015 年第四季度开始，受香港经济增长趋缓、美国加息、大陆经济结构调整等因素的影响，香港房价指数出现下行迹象，楼市开始降温，增速显著放缓。香港保险公司着眼长期的市场风险，积极调整自身的投资组合配置比例，体现出稳健、安全的保险资金运用特点，从长期看符合保险消费者和行业健康发展的利益。

第九章

国际保险公司资金运用案例

第一节　德国安联

安联是德国领先的保险公司，在全球也具有较高的地位，其资产管理业务为其亮点之一。安联的资产管理业务，不论是从资产管理的规模还是从营业利润来看，表现都非常优异。从资产管理规模来看（见图 9.1），2014 年安联所管理的资产规模已达到了约 1.8 亿欧元，过去的 10 年保持了年化 7% 的增长，在欧洲市场甚至全球市场都居于领先地位。从利润来看（见图 9.2），2014 年安联利润达到约 26 亿欧元，过去 10 年保持年均 10% 的增长，利润增幅高于资产规模的增长。

安联在全球都拥有业务布局，零售与机构渠道同样强势。安联在美国、巴西、德国、日本、澳大利亚等 19 个国家拥有业务，其中美洲是其最大市场，资产管理规模占总规模的 60%，欧洲占 29%，亚太占 11%（见图 9.3）。从渠道上来看，零售和机构这两

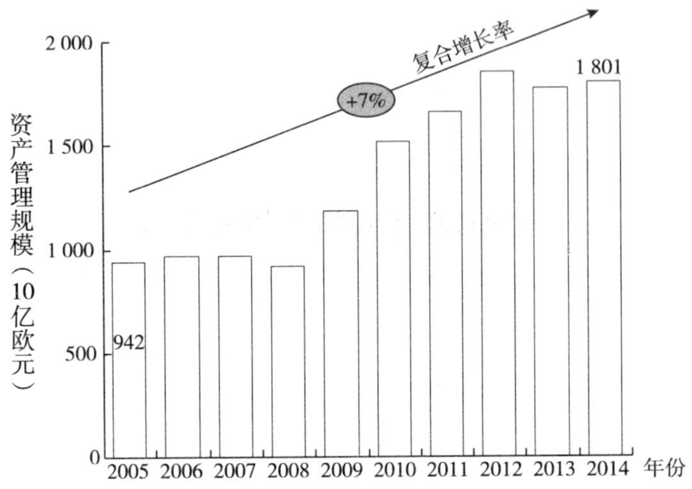

图 9.1　2005～2014 年安联资产管理规模

资料来源：安联年报、波士顿咨询公司

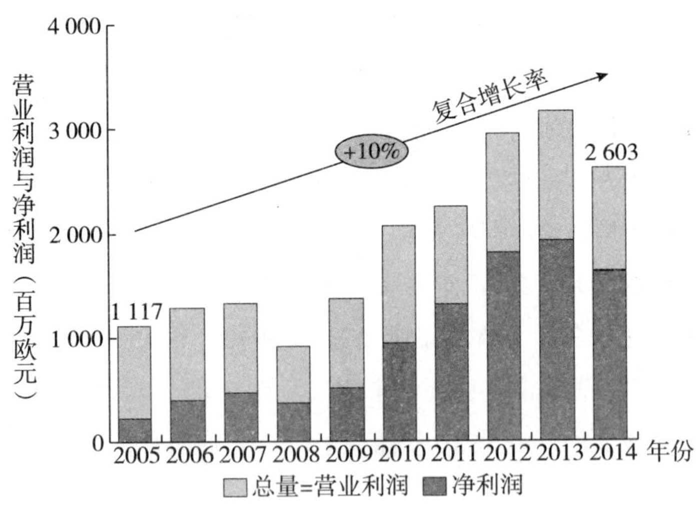

图 9.2　2005～2014 年安联营业利润与净利润

资料来源：安联年报、波士顿咨询公司

个渠道同样强势，机构投资者占资金来源的64%，零售渠道占资金来源的36%（见图9.4）。

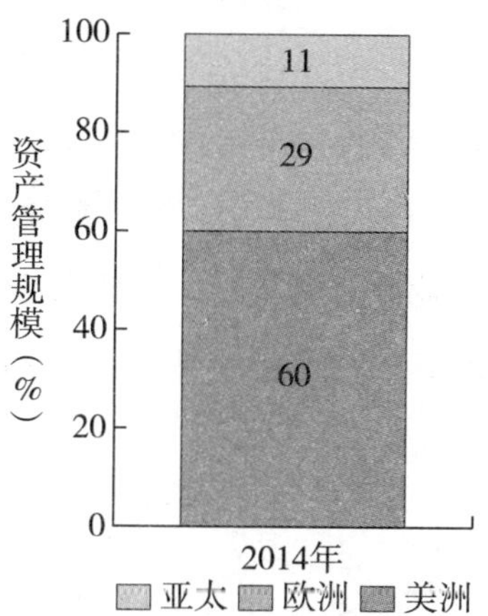

图 9.3　2014 年安联各地区资产管理规模占比

资料来源：安联年报、波士顿咨询公司

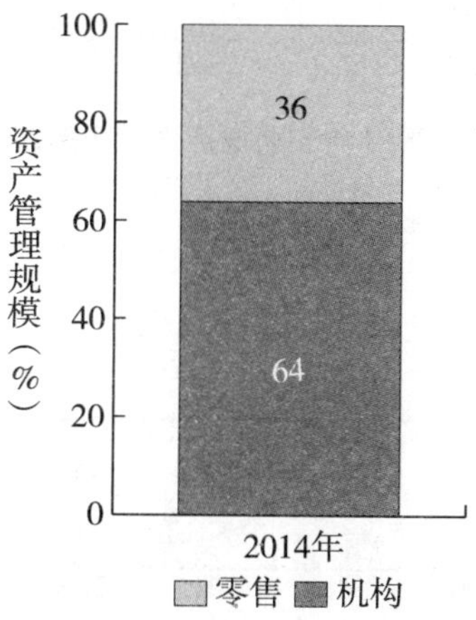

图 9.4　2014 年安联销售渠道资产管理规模占比

资料来源：安联年报、波士顿咨询公司

资产管理业务对于保险公司具有重要战略价值：第一，资产管理业务能为保险资产增值；第二，资产管理业务是养老金市场的有效补充；第三，资产管理业务能够为保险集团的股东创造增长强劲的高收益；第四，资产管理业务能够帮助保险集团获取资本市场的专业知识和一系列投资管理的技巧；第五，通过在资产管理业务上建立起来的强大能力，保险集团能够在负债端推出收益率更加有吸引力的产品，增加负债端保险业务的竞争力。当保险业务竞争力强大之后，会形成一个良性循环，使资产管理业务资产规模不断扩大。安联对资产管理业务非常重视，无论是对营业利润还是净利润的贡献，资产管理业务的占比都非常高，达到30%左右，分别见图9.5和图9.6。

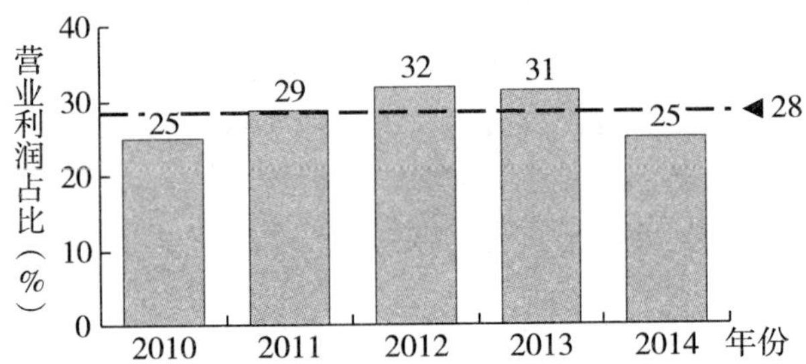

图9.5　2010～2014年安联资产管理业务占营业利润的比重

资料来源：安联资本市场日报告、波士顿咨询公司

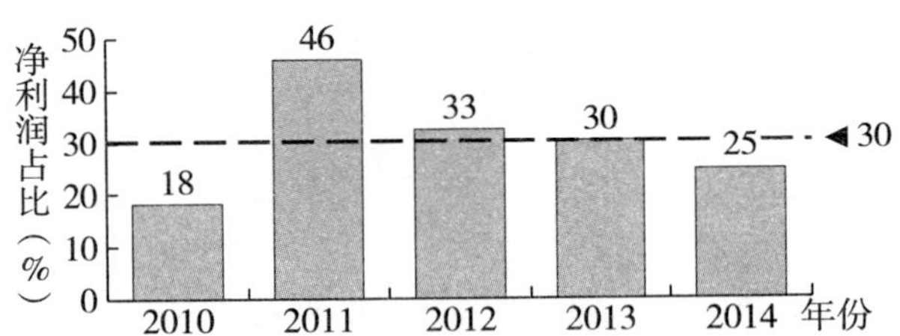

图9.6　2010～2014年安联资产管理业务占净利润的比重

注：2011年净利润占比高是由于欧债危机导致集团净利润降低所致。

资料来源：安联资本市场日报告、波士顿咨询公司

安联拥有PIMCO和AGI两家投资子公司，80%以上的集团保险资产实现内部管理。PIMCO于1971年成立，拥有750多位投资专家，目前资产管理规模为13 190亿元，占集团资产的53%，AGI

2010 年由 NFJ、Nicholas-Applegate、Oppenheimer、RCM capital 和其他多家资产管理公司重组整合而成，拥有 510 多位投资专家，目前资产管理规模为 3 150 亿元，占集团资产的约 24%。但这两家公司并不完全是依靠集团的保险资产，其管理资产规模中第三方资产占 70% 以上。

PIMCO 和 AGI 侧重于不同的特色、地域和资产类别（见图 9.7）。从特色来看，PIMCO 侧重于主动和机敏被动的投资策略，具有强大的全球平台与投资收益和增长导向的文化，致力于最高质量的客户服务，强调在风控的前提下创造高收益；AGI 则拥有全球化投资和研究能力，以及风险管理的文化，专注于提供本土化的投资咨询业务，拥有一支拥有企业家精神、有自主能力的投资团队。从地域来看，PIMCO 在美国管理的资产规模占总规模的 65%，在欧洲和亚太市场占比分别为 23% 和 12%，相对较低；而 AGI 在欧洲市场资产规模占比达到 71%，十分强势，在美国和亚太市场占比分别为 19% 和 10%，相对较低。从资产管理类别来看，PIMCO 擅长固定收益类投资，占比为 62%；相对于 PIMCO，AGI 更擅长股权分析，股权类产品占其管理资产的 38%，固定收益类产品占比相对 PIMCO 较低，为 39%。

卓越的投资表现是安联资产管理业务的主要驱动因素，2010～2014 年，PIMCO 和 AGI 投资账户收益超出对标组合收益的账户占比分别在 90% 左右和 55% 左右（见图 9.8）。卓越的投资表现驱动资产流入和资产管理规模增长。除 2013 下半年由于美国利率下降和美元兑欧元大幅度贬值造成的资产流出外，2010～2014 年安联均实现资产净流入，资产管理规模稳步增长，继而带动服务费和收入增长。

安联具有 4 个方面的核心竞争力：全球布局的高质量团队、成

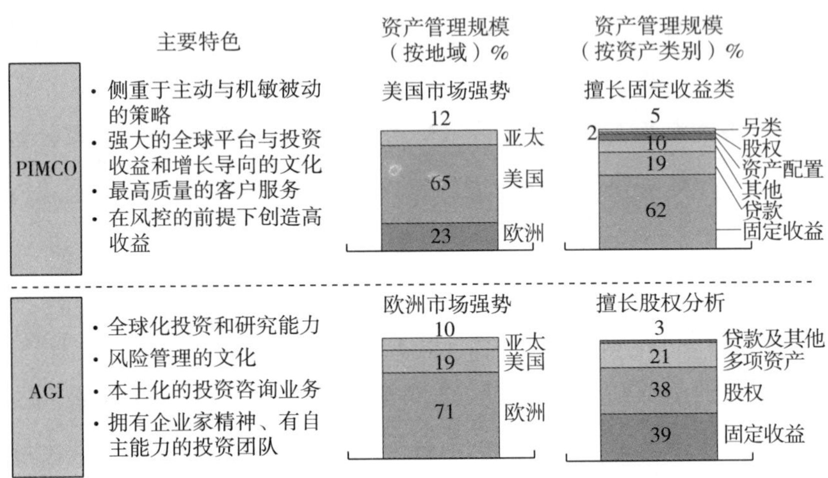

图 9.7　PIMCO 和 AGI 特色、地域及资产类型比较

资料来源：安联资本市场日报告、安联年报、波士顿咨询公司

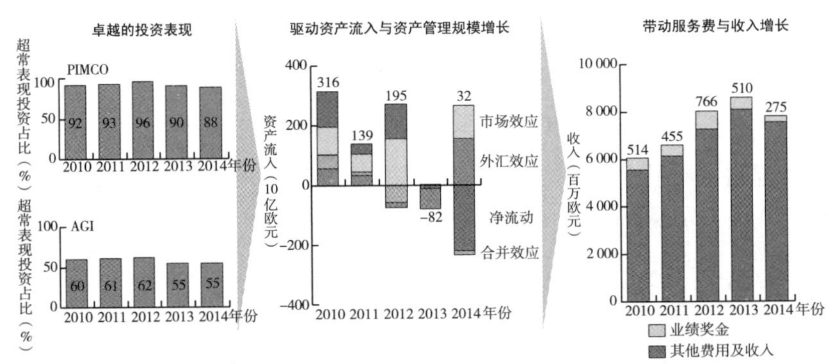

图 9.8　2010～2014 年安联的投资表现、资产流动情况及收入

注：超常表现是指投资账户收益超出对标组合收益的账户占比，常用对标组合包括 Morningstar 对标等；2013 年的净流出主要由于 2013 年下半年美国利率下降和美元对欧元的大幅贬值造成。

资料来源：安联资本市场日报告、波士顿咨询公司

熟的投资管理与风控体系、广泛资产类别的投资能力、特定资产类别的投资专长。

第一大竞争力是在全球组建高质量的专业团队。安联在过去的

15～20 年间，通过并购建立起全球布局的资产管理网络。资产管理网络的延伸给安联带来了第一手的市场信息、更大的本土客户群、不同资产管理子公司间的合作和更强的品牌效应，从而提升其投资能力。目前安联在美国拥有约 430 支专业团队，在英国拥有约 430 支专业团队，在亚太地区拥有约 130 支专业团队。安联的专业团队质量十分高，有 20 年以上投资经验的高级投资经理所占的比例大。

第二大竞争力是发展了结构化的投资流程和全面的风险管理体系（见图 9.9）。投资流程和风险管理体系是安联的核心竞争力所在。通过外部顾问和每日投资管理等途径，安联已形成了结构化的投资流程。安联也具有全面的风险管理体系。通过对市场、国家、投资风格等因素的风险分析，影响资金管理，从而为客户创造收益。

第三是发展广泛资产类别的投资能力。面对差异化的投资需求，资产管理公司需建立多元化的资产配置能力。安联受益于其庞

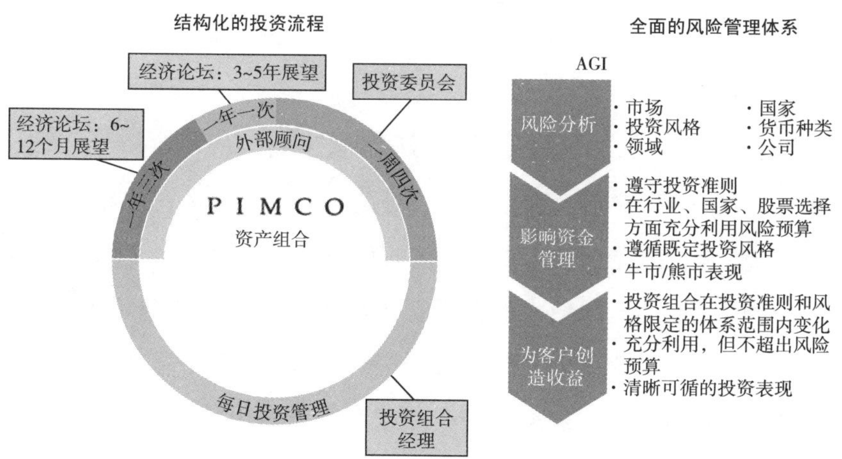

图 9.9　安联的投资流程及风险管理体系

资料来源：安联资本市场日报告、波士顿咨询公司

大的资产规模，能够在不同的资产类别建立投资能力。在固定收益、股权、贷款等多个领域，安联均有较强的投资能力。

第四是收购特定的资产管理公司，在特定的资产类别建立专长，做“资管精品店”，以获得差异化竞争优势（见图 9.10）。安联在“资管百货店”基础之上深入发展“资管精品店”，通过收购特定资产管理公司，快速获得在该领域的投资能力，获得差异化竞争优势。如安联收购了以股权价值投资为专长、专注于分红股的公司 NFJ，擅长基本面研究与价值股票筛选的公司 Oppenheimer 等。

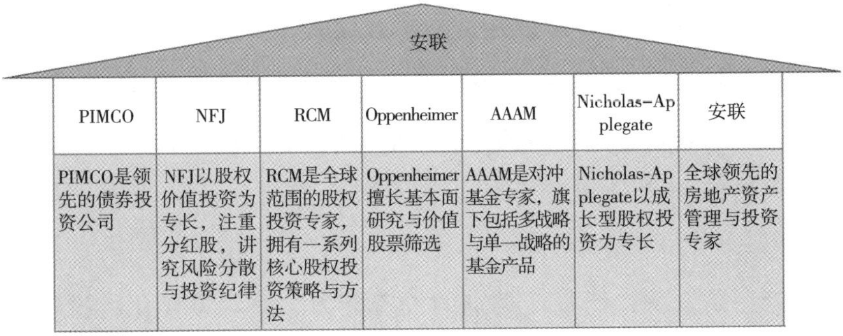

安联

PIMCO	NFJ	RCM	Oppenheimer	AAAM	Nicholas-Applegate	安联
PIMCO是领先的债券投资公司	NFJ以股权价值投资为专长，注重分红股，讲究风险分散与投资纪律	RCM是全球范围的股权投资专家，拥有一系列核心股权投资策略与方法	Oppenheimer擅长基本面研究与价值股票筛选	AAAM是对冲基金专家，旗下包括多战略与单一战略的基金产品	Nicholas-Applegate以成长型股权投资为专长	全球领先的房地产资产管理与投资专家

图 9.10　安联的资产管理公司布局

资料来源：安联年报、安联年度展示、波士顿咨询公司

第二节　法国安盛

安盛是一家总部位于法国巴黎的跨国保险集团，是全球最大的保险集团，也是全球最大的资产管理集团之一。安盛源于 1958 年设立的 Ancienne Mutuelle 保险公司；经过几次并购后，于 1982 年成为大型非国有保险集团；1985 年更名为安盛集团（AXA）。截至 2015 年 12 月 31 日，安盛在全球拥有 1.01 亿客户，旗下员工达 16.3 万人。2015 年安盛的营业收入为 985 亿欧元，净利润为 56 亿

欧元。

安盛的资产管理业务由两家著名的资产管理公司组成：AXA Investment Managers（简称 AXA IM）和 Alliance Bernstein（简称 AB）。1994 年安盛集团成立了安盛欧洲资产管理公司，后于 1997 年将其更名为 AXA IM。截至 2015 年年底，安盛集团的整体资产管理规模（含第三方）达到 1.1 万亿欧元，其中 AB 占 0.45 万亿欧元，占比为 40%，AXA IM 占 0.67 万亿欧元，占比为 60%。2015 年投资业务的总管理费和佣金收入为 43 亿欧元，其中 AB 为 27 亿欧元，占 62.8%，AXA IM 为 16 亿欧元，占 37.2%。

AXA IM 总部设在巴黎，在国际资产管理业务领域占据重要地位。截至 2015 年 12 月 31 日，其管理资产规模达到 6 694 亿欧元，其中第三方委托资产为 2 465 亿欧元。它在 22 个国家设有 21 个投资中心，服务4 700家机构客户。AXA IM 通过共同基金和专门设立的投资组合为其客户提供广泛的全球产品和投资专长。AXA IM 的专长在于固定收益、股权类主动投资策略、股权类量化投资策略、另类资产等方面，其中固定收益类投资产品在其业务中所占比重最大。

AXA IM 对资产实行模块化管理，主要包括固定收益、权益投资、多资产类型客户解决方案和房地产业务四大块。

一是固定收益。公司全球化的团队和完善的自上而下以及自下而上的研究体系，给公司全球的固定收益投资策略提供了支撑。AXA IM 投资过程的核心是专注于了解和管理信用、利率和市场风险，旨在为客户提供稳定的市场表现。截至 2016 年 3 月，公司固定收益类资产管理规模达到4 270 亿欧元，占总资产管理规模的 56.04%。

二是权益投资。公司的权益投资主要可分成数量化投资和主动性投资。数量化投资由 AXA Rosenberg 公司负责，主要是进行增强型指数投资，截至 2016 年 3 月 AXA Rosenberg 的资产管理规模为 190 亿欧元，占总资产管理规模的 2.49%。主动性投资由 AXA Framlington 公司负责，到 2016 年 3 月，AXA Framlington 的资产管理规模为 520 亿欧元，占比 6.82%。

三是多资产类型客户解决方案。AXA IM 的多资产类型客户解决方案（MACS）由超过 123 名专业人士所组建的研究和投资团队负责。他们致力于为客户设计、打造和管理卓越的投资解决方案，提供定制化的资产管理服务。截至 2016 年 3 月，MACS 的资产管理规模为 1 990 亿欧元，占总资产管理规模的 26.12%。

四是房地产业务。AXA IM 的房地产业务分布在不同的地区，通过非上市和上市投资工具同时进行股权和债权投资。AXA IM 在房地产领域是欧洲排名第一的资产管理公司。截至 2016 年 3 月，其房地产业务的资产管理规模为 650 亿欧元，占总资产管理规模的 8.53%。

值得一提的是，在传统的投资分析框架外，AXA IM 还开发了责任投资（RI）的专业知识和工具。RI 团队对所有资产类别进行全球环境、社会和治理（ESG）研究，帮助并为投资者选择最适合自己需求和目标的 ESG 一体化水平的投资机会。为了做到这一点，AXA IM 开发的 ESG 性能评估工具“RI 搜索”涵盖了 2 300 家以上的主体所发行的股票和固定收益工具，包括企业和主权国家发行者。通过基本分析、定量分析、专业外部研究和一系列的分析工具相结合，RI 利用搜索功能，对 ESG 因素进行研究，所考虑的因素种类多样，包括温室气体排放量、公司培训预算、员工流失率和高管薪酬的政策等。RI 搜索覆盖 90% 的 MSCI 世界指数（摩根士丹利资本国际公司所编制的证券指数）、80% 的花旗 Eurobig 企业指数和 150 多个国家发行者。RI 搜索可以使跨专业知识的各个领域 AXA IM 基金经理在管理基金和进行投资决策时很容易考虑到 ESG 标准和碳排放。

AB 公司是总部位于美国的全球领先的投资管理公司，截至 2015 年年底安盛持有其 62.8% 的股份。AB 为个人投资者、私人客户和包括安盛及其保险子公司在内的机构客户提供多样化的投资管理及相关服务。AB 的业务包括：通过单独管理账户、对冲基金、共同基金和其他投资工具，向诸如高净值个人和家庭、信托、房地产和慈善基金会的私人客户提供多元化的投资管理服务；为个人投资者管理共同基金；代表机构客户管理投资；为机构投资者提供股票和上市方面的基础研究、量化服务和经纪业务。2013 ~ 2015 年，AB 管理资产规模从 4 500 亿美元增加到 4 670 亿美元，复合年均增长率为 1.9%，净利润稳步增长，从 5.3 亿美元增长到 5.9 亿美元，复合年均增长率为 5.5%（见表 9.1）。

表 9.1　2013 ~ 2015 年 AB 的关键财务数据　　单位：亿美元

年份	2015	2014	2013
资产管理规模	4 670	4 740	4 500
公司总资产	74.4	73.8	73.8
总收入	30.2	30.0	29.2
净利润	5.9	5.7	5.3

AB 公司主要有四大业务：机构、零售、私人财富管理和研究服务。

第一，通过机构事业部，AB 向机构客户提供公募基金、投资顾问、投资信托基金、对冲基金、独立账户管理、投资工具和其他结构性产品等服务。在 2014 年，该机构业务部门实现 4.34 亿美元的收入，约占公司总收入的 14.4%。

第二，AB 的零售业务提供由自己独立管理的公募基金，以及与第三方合作的公募基金和独立账户产品。AB 与银行、保险、财富规划师、证券经纪人形成了健全的分销网络。在 2014 年，零售部门实现 13.97 亿美元的收入，约占公司总收入的 46.5%。

第三，通过其私人财富管理部门，AB 为私行级客户提供财富管理服务，其中包括高净值个人和家庭、合伙企业、个人和家庭企业、慈善基金会、信托和不动产等实体。在 2014 年，私人财富管理部门实现 6.64 亿美元的收入，约占公司总收入的 22.1%。

第四，通过研究服务部门，AB 向机构投资者如公募基金、对冲基金、养老基金和其他机构投资者，提供自主研发的投资组合策略、交易、中介服务及相关基础研究服务。在 2014 年，研究服务部实现 4.82 亿美元的收入，约占公司总收入的 16%。

总的来说，安盛保险资金运用的资产配置特点鲜明。从大的资产类别来说，可以分为表 9.2 所示的 8 类，其中债务工具所占比重较大，为 59.68%，其次为财务风险由投保人承担的资产支持合同，占比为 26.60%，其他资产类型所占比例较小。

表 9.2　2015 年年底安盛集团合并资产负债表表内保险资金投资资产类别

资产类别	投资额（亿欧元）	百分比（%）
房地产投资	245	3.56
债务工具	4 064	59.06
权益工具	232	3.37
非并表范围内的基金投资份额	118	1.71
并表范围内基金持有的资产	88	1.28
宏观对冲和其他衍生品	11	0.16
贷款	313	4.55
资产支持合同	1 810	26.30

具体来说，安盛资产配置中最重要的类别债权类投资，主要包

括政府和类政府债务工具和公司债务工具。按照债券发行主体分类来看，主要有表9.3所示的5类，其中政府和类政府债务工具所占比重较大，为2 263亿欧元，公司债务工具次之，为1 934亿欧元。

表9.3 2015年年底安盛集团债权类投资按发行主体分类

发行主体	投资额（亿欧元）	百分比（%）
政府和类政府机构发行的债务工具	2 263	53
其他政府相关主体发行的债务工具	82	2
公司债务工具	1 934	45
其他债务工具	3	0
对冲衍生品和其他衍生品	(21)	-0.5

从债券资产组合的评级来说，安盛持有的债券主要为投资级。AA级和A级分别占30%和22%，其他评级债权投资占48%。具体见表9.4。

表9.4 2015年安盛集团债券投资按信用评级分布

信用评级	百分比（%）
AAA级	19
AA级	30
A级	22
BBB级	23
BB级及以下	3
其他	3

针对各国政府和政府相关机构发行的债券来说，安盛持有一个以欧洲为主，但相对均衡的全球组合。如表9.5所示，2015年安盛的政府和政府相关主体债权工具投资中，法国、德国、意大利、比利时、西班牙、瑞士占比分别为20%、11%、10%、9%、7%、

6%，此外，安盛还持有日本、美国等国政府和政府相关机构发行的债券。

表 9.5　2015 年安盛集团政府和政府相关主体债权工具国家分布

国家	百分比（%）
法国	20
日本	12
德国	11
意大利	10
美国	9
比利时	9
西班牙	7
瑞士	6
奥地利	3
爱尔兰	2
荷兰	2
超国家组织	3
其他	7

安盛资金运用的成功得益于三大要素：科学的投资流程、通过灵活的方式拓展投资领域和审慎的风险管理体系。

第一，安盛建立起了一套基于 ESG 研究和 RI 搜索的科学的投资流程。利用 AXA IM 的多专家模式，安盛将 ESG 研究嵌入所有资产类别，投资者能够选择和他们的需求和目标最为匹配的 ESG 研究。通过 RI 搜索，AXA IM 专门设立了 RI 研究组，加强全球 ESG 研究能力。这一工具覆盖了超过 5 000 家公司、MSCI 世界指数的所有公司和 150 个有 ESG 研究的国家。RI 搜索为每一个有价证券评出一个 ESG 分数，并分析与可比资产相比该分数的合理性，使投资经理在做出决定的过程中能够考虑到 ESG 风险。AXA IM 的代理投票包括全球所有上市的投票，并且引导特定主题和公司的战略业务工作。RI 研究组还会为了分析 ESG 相关事项而进行专题研究，例如 RI 和“智能 β”研究、油气行业技能短缺研究、欧洲最大的公司董事多样性研究、ESG 相关的股本研究和主权债务资产类别研究等。

第二，安盛通过组建专业子公司或收购其他投资机构，不断扩大其投资和服务领域。安盛集团下设 AXA Rosenberg 全球基金投资公司、AXA Framlington 资产组合公司、安盛不动产投资公司、安盛私募基金公司、AXA Multimanager、安盛银行等，其受托管理的资产规模从最初的 230 亿欧元增长到 2007 年的 4 863 亿欧元。此外，安盛集团控股的 AB 公司是全球最大的资产管理公司之一。同时，一系列的并购活动，使得安盛在全球资产管理行业的地位日益突出。

第三，安盛对投资风险进行审慎管理。为了适应全球化与金融创新的要求，保险公司日益采取全面的风险控制体系。安盛在保险行业最早运用资产负债管理技术。2003 年，安盛建立了包括各地风险管理机构在内的风险管理体系，按照程序化、分散化、操作性的要求，严密界定风险，采取本地与全球相结合的方法，重视每日风险操作，特别是动态模式、资产负债管理、风险监控、策略优化、内部合规检查、风险报告流程等。

第三节　美国大都会人寿

大都会人寿是全美最大的人寿保险公司之一。公司创建于 1863 年，由一群纽约市的企业家筹组而成。经过 5 年的艰苦经营及多次重组，公司在1868年决定专注发展人寿保险业务，并针对中产阶层客户推销保险产品。其经营业务种类包括人寿保险、伤害保险、团体保险、健康保险、年金及投资型商品。截至2015年，大都会人寿为全球超过50个国家的1亿多客户提供着服务，拥有员工68 000多名。

大都会人寿的投资组合包括债券、股票、结构化融资、房地产等不同类型的资产。资产配置反映了大都会人寿的全球资产组合。大都会人寿保持适当水平的多元化配置和资产质量分布。具体来说，大都会人寿的资产配置主要分为9类，每年根据资产的价值和经济形势的变化对各类资产的占比进行调整，但各类资产的占比呈现稳定的趋势（见表9.6）。大都会人寿的资产配置中占据最大比例的是投资级公司债券，占比每年都会超过30%，在2013年第二季度占比高达36.8%。结构化融资的比例则从2008年年底的20.2%下降到2015年年底的14.1%。美国国债的占比则从2008年的7.2%上升到了2015年年底的13.3%。现金和短期债券近3年来则维持在5%左右的水平。此外，低于投资级的公司债券、房地产净值和公司股票等风险较高的资产则常年保持在2%～4%的低水平。

表9.6　大都会人寿各类型资产投资占比

单位：%

资产类型/时间	2016年第一季度	2015年	2014年
投资级公司债券	32.5	33.5	34.2
结构化融资	14.8	14.1	14.4
抵押贷款	14.4	14.8	13.3

续表

资产类型/时间	2016 年第一季度	2015 年	2014 年
美国国库券/政府机构债券	13.2	13.3	13
外国政府债券	11.6	10.8	11.1
现金和短期债券	5.1	4.8	4.1
低于投资级的公司债券	3.6	3.8	4.4
房地产净值	2.7	2.7	3
公司股票	2.1	2.2	2.5

大都会人寿对债券发行人进行定期分析并且监控关键的市场基本面信息，如企业基本面、货币汇率的变化、长期利率的曲线等。大都会人寿的私募固定到期日证券投资组合是最大的全球私人债券投资组合之一。

从债券的发行主体来看，大都会人寿主要持有美国政府、美国企业、外国企业和外国政府这 4 个主体发行的债券（见表 9.7），并且其中主要以美国企业发行的债券为主，占比常年达到 40%左右。

表 9.7　债券投资类型

单位：10 亿美元

发行主体/时间	2016 年第一季度	2015 年	2014 年
美国企业债券	102.1	100.8	106
外国企业债券	59.1	57.2	61.6
外国政府	56.7	050.5	52.7
美国各州和政府机构	16.5	15.4	15.2

从债券投资组合的评级分类来看，大都会人寿主要持有投资级别债券，低于投资级的债券占整个公司债券投资总额的比重常年不

足10%（见表9.8）。

表9.8 债券投资组合评级占比

单位:%

评级分类/时间	2016年第一季度	2015年	2014年
AAA/AA/A级	57.8	56.1	55.6
BBB级	33.4	34.9	34.6
低于投资级	8.8	9	9.8

大都会人寿有一个多样化的结构性金融产品组合，包括住宅抵押贷款支持证券（RMBS）、资产支持证券（ABS）和商业抵押贷款支持证券（CMBS）的投资。当承销在这些领域的投资时，大都会人寿的专家会进行产品结构、抵押品池、服务商和发行人等方面的深入分析。专有系统和流程用于建模和进行投资组合的持续监控。从结构性融资资产的类型来看，大都会人寿主要持有住房抵押贷款支持证券、资产支持证券和商业抵押贷款支持证券3种类型，住房抵押贷款支持证券占最高比例（见表9.9）。

表9.9 结构性融资资产类型

单位：10亿美元

资产类型/时间	2016年第一季度	2015年	2014年
住房抵押贷款支持证券	43	38.8	39.8
商业抵押贷款支持证券	16.2	12.6	14.3
资产支持证券	13.4	14.4	14.3

大都会人寿是商业地产和农业抵押贷款在美国保险行业最大的发起人之一，并通过地理和属性类型来多元化抵押贷款类型。大都会人寿在分析相关抵押品时遵守严格的纪律并专注于低杠杆抵押贷款投资，提供相对较高的价值和对违约风险更大的保障。从房地产

和农业贷款的投资额来看，大都会人寿主要投资在商业抵押贷款、农业抵押贷款、房地产净值和住房抵押贷款这 4 个方面，其中商业抵押借款占比最高（见表 9. 10）。

表 9. 10　房地产和农业贷款

单位：10 亿美元

资产类型/时间	2016 年第一季度	2015 年	2014 年
商业抵押贷款	46. 8	45. 1	43. 2
农业抵押贷款	13. 6	13. 5	14. 3
房地产净值	13. 3	12. 9	12. 8
住房抵押贷款	10. 5	10. 2	6. 9

大都会人寿在资金运用方面有以下 3 个特点：投资风格保守、投资组合多元化、投资成效显著。

第一，投资风格保守。在 2008 年金融危机之时，AIG 等美国保险公司遭受重创。但大都会人寿有关负责人表示，早在 2004 年，大都会人寿就及时发现了房市泡沫，并开始限制次级住房抵押贷款担保证券的投资，公司几乎没有涉足次级担保债权凭证业务，也没有涉足资产担保商业票据/结构化投资工具（SIV）业务。这一点在近几年的投资配置中也得到了延续。

第二，投资组合多元化。大都会人寿将其保险资产主要配置在 9 个领域：投资级公司债券、结构化融资、抵押贷款、美国国债、外国政府债券、现金和短期债券等。其中投资级公司债券占据主要位置，在 2016 年第一季度的报告中，大都会人寿在投资级公司债券上的资产配置达到 1 599 亿美元，占到同期总资产的 32. 5%。投资组合的多元化使得大都会人寿在 AIG、雷曼兄弟、华盛顿互惠银行以及房地美、房利美这些机构中的风险敞口相对较低，而公司流动性却更强。

第三，投资成效显著。2000～2007年，在收益方面，大都会人寿一直保持8.8%的年均复合增长率，每股营业收入年均复合增长率为18.3%。2007年，大都会人寿总投资资产的平均收益率为6.66%，年金的投资收益率为2.82%、万能寿险为1.84%、团体寿险为1.96%、退休与储蓄为1.5%。2008年，大都会人寿的总投资收益率为5.71%。2011～2015年间，大都会人寿的投资收益率分别为12.2%、2.0%、5.4%、9.4%、7.5%，一直维持在较高的水平。

大都会人寿在行业内出色的表现得益于3个因素：严格的风险管理、审慎的资产负债管理、自建债务融资业务团队和全球化的资产投资。

第一，大都会人寿能在激烈的竞争中保持整体资产负债的稳健，得益于其规范、严格、全面的风险管理体系。

在风险管理的流程方面，大都会人寿通过全球风险管理和资产负债管理部门制定了风险管理的完整流程。风险管理委员会设计并提供风险管理的统一的公司级评估和管理标准，并负责审查公司的所有重大风险。如有必要，当事件风险超过目标的可容忍值时，考虑借鉴行业最佳实践和当前的环境来解决或缓解这些风险。在大都会人寿，由公司的其他委员会和专属部门来管理资本和风险头寸，批准战略和标准，并向风险管理委员会报告。

在风险管理的组织架构方面，由首席风险官（CRO）领导的全球风险管理部门与公司业务线独立，确保所有重大风险都被正确地识别、计量、汇总和向公司全面汇报。首席风险官直接向首席执行官（CEO）汇报，并对维护和传达公司的风险政策、监测和分析所有重大风险负有主要责任。

针对利率风险管理，大都会人寿利用各种模型，包括多情景现金流预测模型分析来预计负债的现金流量及其配套投资，也包括衍生工具。这些预测包括在各种利率上升和下降的环境中评估公司大部分有效业务的潜在收益或损失。对于公司的几个法人实体，对不同的产品线大都会人寿保持分部门运营，以及为了资产负债管理和投资收益分配的目的汇总投资组合。通用的行业指标，如久期，也被用来衡量资产和负债的价值对利率变动的敏感程度。

针对外币汇率风险，大都会人寿分析发现外币汇率风险敞口主要有3种来源：在国外子公司的投资、外币投资的采购和销售某些特定的保险产品。针对以上风险敞口，大都会人寿一是在财务系统下设外汇委员会，与财务部门协调国外子公司投资的外币汇率风险。二是由投资部门负责管理外币投资的风险敞口。对未对冲的外汇投资风险敞口限制的设定由董事会授予管理层授权，管理层定期报告给董事会。三是针对各保险子公司的业务，外汇委员会负责制定风险敞口限制和管理由保险产品销售和发行造成的任何外汇汇率风险。

针对股票市场风险，可变年金的销售使大都会保险公司直接承受了市场风险。股票的市场风险主要由投资部门管理。公司也利用金融衍生品来降低变动年金的风险，并锁定股票投资的收益。这些衍生品包括股票期货、股指期权合约及股权收益互换。此外，公司还采用再保险来管理这些风险敞口。

针对债权类投资信用风险，大都会人寿建立了自己的债务融资团队，因此可以绕过商业银行和投资银行，直接对接房地产、农业、基础设施等领域的融资人进行贷款发放。仅在房地产上，公司就在全球拥有150多名专业人员。在2014年，公司成功承销了120亿美元的商业抵押贷款、17亿美元的房地产股权融资、80亿美元的公司债权及基础设施项目债权，以及36亿美元的农业贷款。在每年的资产承销总规模上，大都会人寿较保险同业遥遥领先。通过成为这些金融资产的承销人，大都会人寿能够掌握与资产表现相关的所有一手资料，对资产的质量、信用风险能够进行更准确的评估，同时能够从发放环节就着手进行风险管控，从而获得更佳的投资回报。另外，公司从20世纪80年代末就开始在负债端专门针对潜在的不良贷款计提风险准备金，对于地产业信用风险的管理方式也走在了监管以及行业的前面。这使得公司在2008年的金融危机中仍旧获得了18.12亿美元的净投资收益。

第二，大都会人寿在开展资金运用的过程中高度注重资产负债管理。公司注重平衡资产质量，分散资产组合，匹配资产负债，管理流动性、集中度和投资回报，并且设立了一系列综合投资目标，如优化所得税、优化风险调整后的投资收益、基于现金流和久期管理资产和负债。

其中，资产负债管理（ALM）是由资产负债部门、全球风险管理部门、投资管理部门、资金管理部门共担责任的重要工作，并且由ALM委员会统筹协调。ALM委员会的职责包括审查和批准目标组合、确定投资原则和限制，并定期监督ALM的相关流程。ALM委员会的指令是由管理产品类型的ALM工作小组负责颁布和监督的。一般来说，大都会人寿的ALM管理指导委员会具体负责ALM委员会的基本活动，再由ALM管理指导委员向企业风险管理委员会（Enterprise Risk Committee）报告。此外，在进行保险产品的设计和定价时，公司不让保险销售和精算部门占绝对主导，而是让投资、风控等部门也充分参与决策，保证了资产端和风控端较强的话语权。

第三，积极、持续地拓展海外投资，构建全球资产组合。大都会人寿从 20 世纪 80 年代开始逐步加快了海外投资的步伐。经过 30 多年的发展，大都会人寿的境外投资比例从 20 世纪 80 年代的不到 5% 逐步上升至目前的 15%。由于保险业的资金端性质特殊、管理复杂，20 世纪 80 年代的第三方资管也并不发达，因此保险业在海外拓展方面较少采用外包的模式，而是通过自建、并购、合资或者合作的模式。大都会人寿的海外投资一开始先从英国开始，逐步拓展到欧洲、拉美，之后再拓展到亚洲，目前投资范围已经涵盖了世界上 50 多个国家。

第四节　日本生命

日本生命保险公司（Nippon Life）成立于 1889 年，迄今已经有 120 多年的历史。公司是日本最大的人寿保险公司，同时也是日本最大的养老金发放管理机关。自创建以来，日本生命保险公司为了实现“共存共荣，相互扶持”而奋斗至今。为了不断满足客户日趋多样化的商品质需求，日本生命保险公司推出“奉献最优质综合保险服务”的经营方针。2014 年，日本生命保险公司取得了 663 亿美元的税后收入。

日本生命资产管理公司（Nissay）是日本生命保险公司下属的资产管理子公司。日本生命资产管理公司有经营规划部、合规和风险管理部、投资部、全球产品部、业务系统管理部、法人营业部和投资信托营业部 7 个部门。其中，投资部下设债券投资部、股权投资部、投资战略部、保险资产投资部、投资解决方案部、投资规划部和投资事务开发部 7 个子部门（见图 9. 11）。

日本生命资产管理公司致力于通过各方面的资产管理服务最大化其带给客户的价值，公司一直是日本养老金市场上的领先者，其

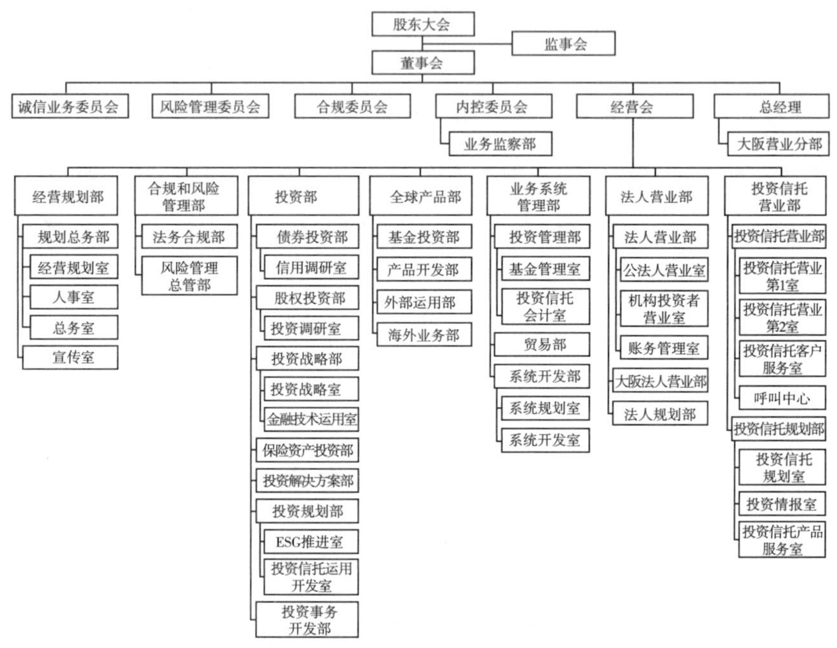

图 9.11　日本生命资产管理公司的组织架构

资料来源：日本生命资产管理公司官网

在日本私人养老金市场有着最大的资产管理规模，同时拥有 300 多家机构客户，截至 2015 年，日本生命资产管理公司总资产管理规模达到了 723 亿美元，比 2014 年增长了 20.6%。

按照业务线来看，日本生命资产管理公司 723 亿美元的资产管理总量中，583 亿美元是机构客户，140 亿美元是零售商客户，机构客户占比达到 80%（见表 9.11）。

表 9.11　日本生命资产管理公司按业务线分类的资产管理金额

业务线	金额（10 亿美元）	占比（%）
机构	58.30	80.64%
零售	14.00	19.36%

从资产类型来看，日本生命资产管理公司的投资类型主要有日本股票、外国股票、日本固定收益、国外固定收益、另类投资和其他 6 种。其中固定收益类投资总计 325 亿美元，占总资产规模的 45%。股票投资共计 238 亿美元，占比达到 33%（见表 9.12）。

表 9.12　日本生命资产管理公司按资产类型分类的资管金额

资产类型	金额（10 亿美元）	占比（%）
日本股票	11.57	16.00
外国股票	12.29	17.00
日本固定收益	18.08	25.00
国外固定收益	14.46	20.00
另类投资	4.34	6.00
其他	12.29	17.00

日本生命资产管理公司的成功经验主要源于 3 个因素：积极的管理、深入的基础研究和严格的基金管理。

第一，积极的管理。利用市场的不完备性，日本生命资产管理公司通过资产的市价和公允价值之间的差额来盈利。公司会着眼于长期的竞争环境和战略成本，基于公司和市场情况做出长期（一般为 5 年）的盈利预测。基于客户多元化的产品服务需求，公司以优化的产品渠道组合来扩展自己的客户群。

第二，深入的基础研究。日本生命资产管理公司有 24 位拥有 10 年以上行业经验的分析员，每年会访问超过 3 000 家公司。公司专注于那些有相对较少的卖方分析员覆盖的中型股票。强大的研究分析能力为日本生命资产管理公司的投资策略打下了坚实的基础。

第三，严格的基金管理。日本生命资产管理公司运用一套严格的风险管理流程来不断地修正投资策略，以此来追求稳定卓越的市场表现。公司根据每只股票的市价和公允价值之间的波动性来自行给股票评级。公司自己的风险管控着眼于长期的市场策略和竞争环境。严格的风险控制体系为日本生命资产管理公司在投资市场上的表现创造了良好的环境。

第十章

中国保险资金运用的发展方向

从负债端考虑，中国保险资金的总量将在未来5年经历高速增长，这将带来大量机会（见图10.1）。但是，目前市场上对投资资金的激烈争夺、监管方面的“最低收益保障”要求，以及隐性的“刚性兑付”预期将使保险资金成本在中短期内仍维持较高水平。

如前文所述，目前中国保险业渗透率较低，有较大发展空间。人口老龄化、独生子女政策带来的人口结构问题加剧、家庭财富的不断积累、养老金的增加，以及新“国十条”的政策红利等各类因素，也都会助力保险业负债端的扩张。

同时，较高的负债端资金成本将是行业普遍面临的挑战。一方面，近年来“泛资管”间的各类金融机构对投资资金的争夺愈发激烈，这在一定程度上推高了客户的预期收益率。具体到保险业内，中小保险公司为了迅速获取市场份额，大力推广短久期、高收益的万能险与投连险。另一方面，出于保障投资者权益和培育市场的考虑，保监会仍然对保险产品定价设定最低收益保证。同时，投资者对保险产品的“刚性兑付”预期短期内较难打破。上述各方面原因

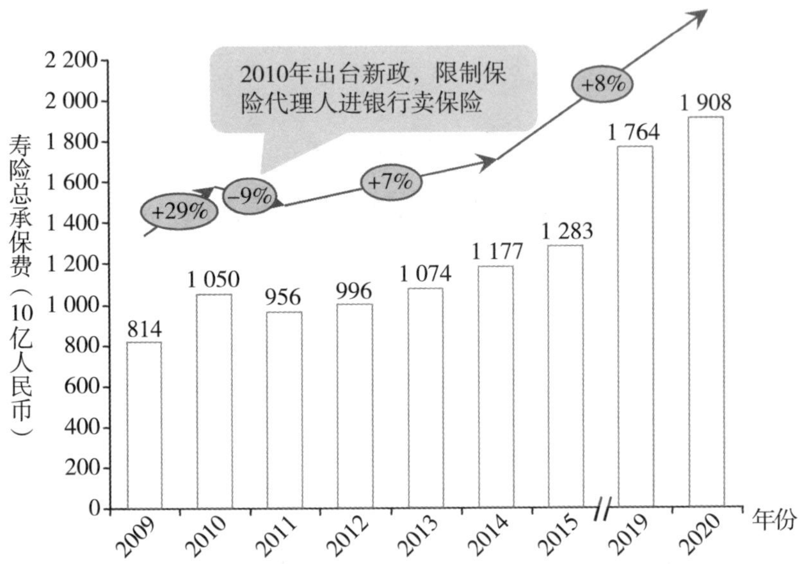

图 10.1　2009～2020 年中国保险市场寿险总承保费

注：寿险总承保费包括健康险与意外险；2014～2020 年数据为预测值。

资料来源：中国保险年鉴、Lloyds 全球保险预测模型、国际货币基金组织、世界银行

导致保险业负债端资金成本在中短期内将保持较高水平，从而对资金运用甚至整体经营带来挑战。

而从资产端考虑，监管的日趋放开与资本市场的不断成熟将为保险公司提供更多的投资机会。但在这个过程当中，如何在低利率、“资产荒”、信用风险累积、海外投资经验尚浅的客观条件下建立优异的投资能力，并同时在偿二代监管要求下进行风险控制，是保险业共同的挑战。

偿二代放开了投资的前端限制，使保险公司可以在更广泛的资产类别与投资地域寻找机会，获得了更多施展空间。同时，资本市场的日趋成熟也为保险公司投资带来了新的机会。具体而言，随着直接融资渠道的深化与整体资本市场的成熟，适合险资的投资工具

种类将愈加丰富。例如，随着债券市场的大发展，固定收益产品将不断增加；伴随机构投资成为主流、参与者更加理性，股票市场波动幅度缩小；在多层次的资本市场里，出现大量的另类资产投资机会。如何把握这些机会将是保险公司制胜的关键。

公开市场固定收益产品的回报率将不断走低，这会导致投资机构现有资产局部的信用风险积累，从而导致投资速度放缓、新上项目减少，又进一步导致市场上对优质资产的渴求与竞争，从而引发“资产荒”和对投资机构投资能力的挑战。虽然保险公司开始寻求海外投资机会，但由于尚未积累足够的经验和人才储备，短期之内难以迅速建立较为成熟的投资能力。最后，在偿二代实施后，如何应对要求更高的偿付能力监管与资产负债匹配，也是保险业普遍面临的问题。

第一节　战略把控:方向性长远布局

一、资产端

让我们回顾一下德国安联的案例：安联旗下的保险公司不仅将资产委托给旗下的 AGI 和 PIMCO 两大资产管理公司，也将其资产中的一部分交给如 BlackRock 等外部管理机构。同时，AGI 与 PIMCO也不仅管理来自安联的保险资产，它们同时还管理大量来自市场上第三方机构的保险与非保险资产。同时，AGI 也委托很大一部分资产给 PIMCO 管理。为了保证上述复杂的管理关系不影响到管理和投资的表现，安联保险公司与旗下资产管理公司之间的协议均按照市场化的方式操作和定价。德国安联给中国保险机构在投资端的启示有以下两点：

第一，由于保险机构的资金体量大，因此在资产配置上一定要足够全面、多元，并且在各个资产类别的投资上均没有短板，这样才能最大化保险公司的投资收益。中国的保险机构，一方面要加紧培育系统内部保险系资管公司的投资能力；另一方面在整体资金配置时，应正视自身投资能力的局限性，在委托上对内部、外部的资管机构都要进行综合考虑。例如，对自身存在投资短板的领域，要提高对外部资管人的评估、选择和议价能力。

第二，保险系资产管理公司也应当将自己的思维从“买方”逐步切换为“卖方”，将自己定位为专业的投资机构，注重培养自身专业的产品化能力和投资能力，才能吸引更多的资金。这要求保险系资产管理公司在投管体制上更加市场化，在市场的竞争中学习、成长，以最终抓住大资管发展的机会，在泛资管的竞争环境中站稳脚跟。

同时，美国大都会人寿和美国保德信（Prudential US）的例子说明，保险公司若能在传统公开市场以外建立更强的投资能力，则可获取更持久、稳定的投资回报。这两家保险公司在非公开市场外的比较优势主要体现在以下几个方面：

第一，能够依靠自己在某个行业的投资专员网络直接获取第一手的优质资产，并从发起源头把控风险。

第二，在个别领域（如房地产）建立起包括发起、承销、风险管理、物业管理等全价值链的能力。

第三，在非公开市场、结构性融资上拥有了类似商业银行所具备的系统、信用风险评估体系和定价能力。

上面的先进经验告诉我们：保险机构需要建立多层次的资产配置体系，利用保险资金的长期性和灵活性优势，在如基础设施、不动产、非上市公司股权、非上市公司结构性融资等类型上大力提升配置能力。具体来讲，中国保险公司下一步开展非公开市场的股权和债权投资，可以围绕经济转型、国家战略调整的大方向，在符合政策导向和经济转型方向的新兴产业，对优质资产进行重点挖掘和投资。

同时，应积极在海外寻求投资机会，尽早布局、长期投入，以建立全球资产配置能力。长期来看，领先保险公司随着规模扩大，均会提高对海外资产的投资比例。海外投资能够降低投资组合的系统风险，通过更广泛的资产选择将投资曲线有效前沿向更有利的方向移动。由于海外投资能力的门槛较高，长期来看更可能成为投资竞争力的一个重要组成。而从安联、大都会人寿等全球领先保险公司的历史经验来看，海外投资能力的建设不可一蹴而就，需要提前布局和长期投入。

短期来看，虽然发达国家公开市场的资产收益率目前因低利率而吸引力不高，但是在房地产、基础设施领域和私募股权等投资上仍然存在具有一定吸引力的投资机会，另外，海外部分新兴市场（如加勒比海区域）的债券产品也具备一定吸引力。目前，中国公司出海投资发达国家的房地产已经有了初步探索，未来在监管允许的范围内，可以考虑通过加大与海外机构的合作，进一步拓展在私募股权领域、基础设施、公共事业类项目上的跟投机会。

但是，海外投资要注意汇率风险，利用衍生工具做好风险对冲。发达国家领先公司均非常注重控制海外投资的货币风险，一般并不对汇率变动下注。美国保险公司大部分投资的海外资产都是美元资产，或者是当地货币与美元变动完全挂钩的资产。对于非美元资产，一般会利用远期、互换合约进行风险对冲。

二、负债端

在应对低利率、“资产荒”、“泛资管”、消费者需求多元化等机遇和挑战时，仅从资产端进行调整远远不够，保险公司必须从负债端进行一定调整，才能为资金运用持续“输血”。参考部分日本和美国领先保险公司经验，我们认为有以下几个方面需要考虑：

首先，在消费群体细分方面寻找有高增长潜力的客户群，为其量身打造相应的产品。例如，安盛日本（AXA Japan）针对年龄在30至40岁的工作女性提供简单易懂的定制化年金产品，配合相应的女性咨询顾问和电话客服代表，并启用了一系列女性视角的营销广告策略，取得了很好的结果。

其次，针对消费者对财富管理需求的不断增长，进行产品结构或定价创新，获取新的增长点。例如，针对日本消费者的日元贬值预期与低利率环境下对收益率的要求，日本Gibraltar保险公司推出了以美元计价的年金产品，并向投资者充分披露外汇波动风险。上文德国市场经验教训中提及的安联与安顾保险公司推出更注重收益的创新型养老金产品也属于此类。

最后，在互联网保险发展的大环境下，考虑充分利用互联网在平台、渠道、客户体验等方面的优势进行创新。例如，美国奥斯卡互联网保险初创公司的健康险界面美观整洁，只需回答几个简单的问题即可获得保险产品定制和推荐，成立仅两年获得了巨大的成功。美国Allstate保险公司针对年轻的有车一族推出互联网创新车险产品，以网上学习中心的形式排版保险信息，并通过手机应用程序实现汽车维修和保单偿付进展的实时监控，受到市场欢迎。

第二节　资产配置调整：应对低利率

次债危机后，无论欧洲还是美国都面临着长期低利率的挑战。从欧美发达国家的调整上看，与寿险相比，产险普遍在大类资产配置上的调整较少，这主要是因为产险较短的负债特性决定了其投资端必须保持较高的流动性，从而天然上对应对长期低利率拥有优势。从寿险来看，我们观察到欧美保险机构主要进行了以下两方面的调整：

一、增加低流动性资产的配置比例，以获取流动性溢价

例如，大都会人寿近几年加大了对房地产和农业贷款的发放力度。从 2012 ~ 2014 年，其针对商业地产发放的年度新增抵押贷款从 96 亿美元快速提升至 120 亿美元；针对农牧林业发放的年度新增贷款从 2012 年的 30 亿美元增加至 36 亿美元。同期，美国保德信的商业贷款占总资产的比例也显著上升，从 2012 年的 9. 7% 增加至 2014 年的 11. 7% ，而其非公开固定收益类产品的比例也从 2012 年的 12. 0% 增加到 2014 年的 12. 3% 。

从全行业来看，根据美国保险监督官协会的统计数据，美保险业整体的房地产投资（包括贷款和股权投资）比例从 2010 年的 7. 1% 增加至 2014 年的 7. 5% ；Schedule BA 类资产（最主要的两类是对冲基金、私募股权并购基金等）资产更是增加迅速，从 2010 年的 4. 6% 提升至 2014 年的 5. 4% ；在 Schedule BA 类资产中，私募并购基金的占比从 2010 年的 20% 上升至 2014 年的 22% 。

同时，如图 10. 2 所示，欧洲保险公司也在积极探索非公开资

产的投资领域，包括需要较长期能力建设的并购型收购和基础设施股权投资，需要强大个案分析能力的夹层融资、非控股股权和私募债权，以及短期内较容易参与，从而吸引力也较高的房地产股权与房地产抵押贷款。

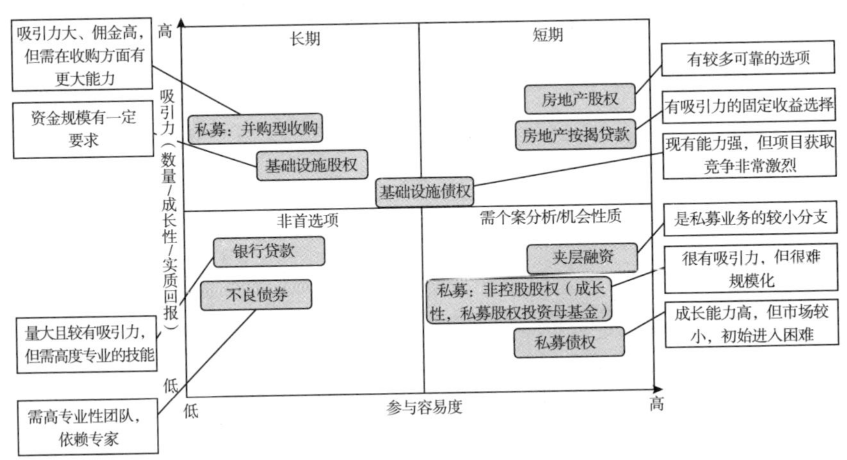

图 10.2　欧洲寿险公司的投资领域比较

二、投资略微向高风险端移动，以获取更高的风险收益

根据高盛 2012 年针对全球保险及保险资产管理公司 152 名首席投资官（CIO）的调查，大多数欧美保险公司表示在未来一年将提高对高收益、高风险的资产类别的配置权重。如图 10.3 所示，在公开市场投资类别中，最受欢迎的资产类型包括高收益债、公司债务（美国为主）；而在非公开市场类别中，希望增加的资产类型包括新兴市场债务、非上市股权、银行贷款以及夹层债。上述各类资产风险相对较高、预期收益也相对较高。除了对资产配置进行调整，寿险和产险公司也都较为积极地通过降低费用、提高产品定价，以及降低预定利率来减少低利率对盈利的影响。

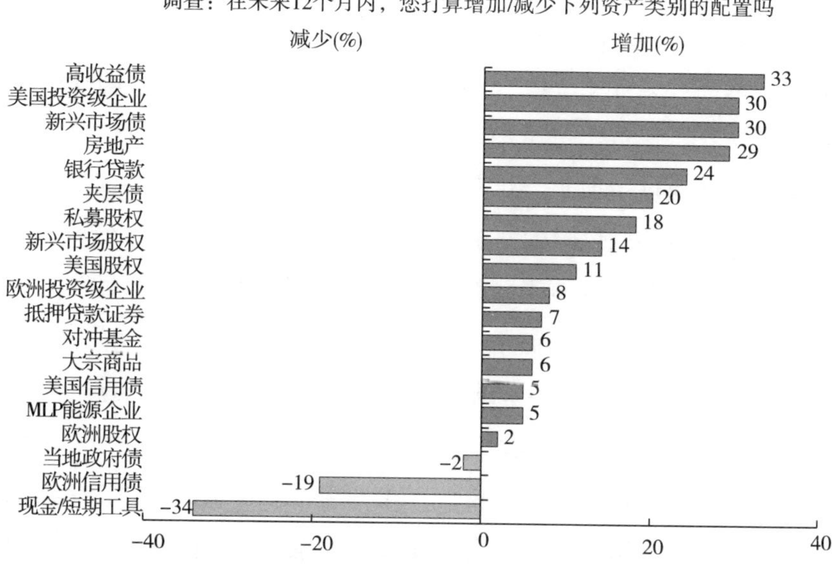

图 10.3　欧美保险公司首席投资官对各资产类别权重的观点

资料来源：高盛集团 2012 年报告

第三节　关键支撑能力提升：风险管理

有效的资金运用不仅取决于资产配置策略，还与风险管理能力息息相关。在引入偿二代后，对于投资所占用的资本规定更为复杂、细致，因此加强保险机构系统性的风险管理能力愈加重要。与国外保险机构相比，中国保险机构在风险管理上的整体意识比较薄弱，在资产负债匹配管理的实践上存在相当差距。随着资本市场和利率市场波动的不断加大，以及负债端产品的现金流变得越来越复杂，更优的资产负债匹配管理、更系统规范的风险计量及管理控制流程，能够改善偿二代下的资本利用效率，从而提高保险公司的股权回报。加强风险管理能力是一个较为漫长的过程，从发达国家经验来看，确保风控部门的独立性和整体协调能力，以及对其建立一套完整的以风控为导向的绩效考核体系，是落实风控的关键。

在我国，随着经济进入“新常态”，经济增长从极高的速度变为稳健增长，在这个过程中，信用风险也会随之加剧。这意味着，保险机构在通过增加非公开市场债权资产来应对低利率的同时，也应着重增强对信用风险的甄别和定价能力。一方面，应尽量均衡对各类不同行业和类型的债权资产的投资，避免因在某一具体类型的资产上配置集中度过高而承担较高的局域系统性风险；另一方面，也应尽力通过创新的交易结构以及条款设计获得最佳的风险收益比。

随着利率市场化和“泛资管”参与者增多，负债端的竞争越来越激烈，部分保险公司不可避免地通过提高承诺回报率来获得更快成长。但由更高的回报率所推动的投资策略往往隐含着更高的风险和收益的不可持续性，对资本占用也非常高。在市场情况发生非常不利的变化时，上述因素可能导致保险公司突然遭受非常大甚至无法承受的损失。例如，20 世纪 80 年代末，在宏观经济遭受挑战的时候，美国两家曾盛极一时的保险公司均因在某一类较高收益的资产上配置过度集中而走向破产。而导致其孤注一掷地投资高风险资产的主要原因之一就是强销售、弱投资和风控的团队构成和企业文化。我们认为，中国部分销售文化主导的中小保险公司，应该借鉴美国机构的历史教训，在业务快速增长时要努力建立投资和销售活动之间的沟通和联动，对投资端的风险进行充分考虑，避免陷入对高风险资产的盲目追逐，更不应为了短期的收益提升牺牲公司中长期的整体稳定。